经济管理学术文库·管理类

设备维修经济学原理与方法

——设备维修的黄金原则

Economics of Equipment Maintenance
Principle and Method

陈后宋／著

经济管理出版社
ECONOMY & MANAGEMENT PUBLISHING HOUSE

图书在版编目（CIP）数据

设备维修经济学原理与方法：设备维修的黄金原则/陈后宋著. —北京：经济管理出版社，2018.9
ISBN 978-7-5096-5947-2

Ⅰ. ①设…　Ⅱ. ①陈…　Ⅲ. ①企业管理—设备管理　Ⅳ. ①F273.4

中国版本图书馆 CIP 数据核字（2018）第 192513 号

组稿编辑：杨国强
责任编辑：杨国强　王　洋
责任印制：黄章平
责任校对：张晓燕

出版发行：经济管理出版社
　　　　（北京市海淀区北蜂窝 8 号中雅大厦 A 座 11 层　100038）
网　　址：www. E-mp. com. cn
电　　话：(010) 51915602
印　　刷：三河市延风印装有限公司
经　　销：新华书店
开　　本：720mm×1000mm/16
印　　张：18
字　　数：283 千字
版　　次：2018 年 11 月第 1 版　2018 年 11 月第 1 次印刷
书　　号：ISBN 978-7-5096-5947-2
定　　价：88.00 元

自　序

机器设备是现代工业生产的物质基础。在市场激烈竞争的时代，机器设备生产率的高低和现代化水平如何，直接关系到企业的生死存亡，也关系到一个国家综合实力的提升。

机器设备是物化了的资金，马克思说它是固定资金或固定资本。如何提高这种固定资金的效率，增强企业的竞争力是本书研究的一项主要课题。它主要涉及企业设备管理与维修领域的两个最根本的问题：一是机器设备最佳的使用期（更新周期），马克思说的是“机器的中年期”；二是机器设备最佳的修理间隔期，降低设备维修费，马克思说的是“追加资金”。本书的使命就是要在理论上为解决这两个最根本的问题提供基本思路。因为各种机器设备由于工作环境不同，其平均寿命也不一样。因此，在处理同一个问题时不可能采用同一个时间标准，故在理论上只能提供基本思路。

马克思之所以提出“机器的中年期”这个概念，无非是为了提高固定资金的利用效率，减少追加资金的预付，提高企业的竞争力。问题是“机器的中年期”这个概念缺乏可操作性，到底使用到何时才算是“机器的中年期”？这在国内外也可能根本就没有人研究过。我对这个问题之所以感兴趣，因为我是个集技术、经济、管理和实践经验于一身的人，喜欢从技术、经济和管理这几个方面来探索设备管理中的一些难题，在理论上，主要是研究以上所说的“设备管理与维修领域的两大最根本的问题”。

在 20 世纪 80 年代初，我国经济学家遇到一个难题：那时我国固定资产（设备）的折旧率很低，平均只有 3%左右，因而企业里的机器设备使用时间很长，长达三四十年，其所带来的后果是生产效率很低，维修费用很高，企业经济效益很差。那时有些经济学家提出要求提高我国固定资产折旧率，加快老旧设备更新。但按照我国传统的折旧理论，提高固定资产折旧率，就意味着增加产品成本，减少利润，减少国家财政收入。这就是当时我国固定资产折旧率长期冻结的原因所在。对此，经济学家们也束手无策。

为了解决这个难题，也是为了让“机器的中年期”这个概念具体化，我前后花了几年时间对这个问题进行全面的研究。研究的结果与传统的折旧理论（观点）刚好相反：提高设备折旧率，缩短相应更新周期，不仅不会增加生产成本，反而会降低生产成本，增加企业利润。为此，我在20世纪80年代初发表的4篇文章表明了自己的观点（见第四篇的“论文集”1~4这几篇文章）。在文章中提出了设备使用周期（更新周期）从原来的平均30多年缩短到12年左右（即两个大修周期）也不会增加生产成本。这也是设备最佳的更新周期，还相当于马克思说的“机器的中年期”（详见第二篇）。我的观点得到了我国已故著名经济学家孙冶方同志的认可和支持，当时他就将我的《让重工业为主的整个工业充满活力》这篇文章发表在1982年2月8日的《世界经济导报》上。

由此可见，我的理论与方法不仅得到了我国著名经济学家的赞同，同时也使“机器的中年期”这个概念中国化、具体化、公式化、表格化（见表9-1），从而使其具有可操作性。“机器的中年期”，从表中可以看出，对一般设备来说，应在两个大修理周期；对于大、精、尖设备可延长至三个大修理周期比较合适。一个大修理周期一般在6~7年左右（指两班制）。

这在理论上解决了设备管理与维修的第一个最根本的问题——最佳的使用期（更新周期）。所谓“最佳”就是只有一个标准，就是机器设备使用到第几个大修理周期，其年度折旧费和维修费之和最少？也只有用这个标准才能符合马克思说的“机器的中年期”的本意。这里说的将它中国化，主要理由是我在研究这个问题时所采用的各种参数都来自于我国企业里的原始数据，如最主要的参数有“设备修理周期结构”和“维修费用”以及“大、中、小修理费用与设备原值之比值的关系”等，都是我平常在工作中积累起来的一些原始数据。

“机器的中年期”也可以理解为“设备的经济寿命”——设备使用到哪一年份其年度维持费用最低。现在各种教科书中讲的“经济寿命”计算起来都很复杂，而且都不接地气，因为它们用的原始数据（每年的维持费）都是假定的。本书用的原始数据都来自于企业里的实际维修费和折旧费，所以表中所列的“折旧费和维修费之和”是接地气的，故它完全可以让“机器的中年期”这个概念具体化和数字化。除此之外，我想再也不会有其他更科学的办法来解释“机器的中年期”这个概念，更不会有人用更先进的方法来确定设备最佳的使用期（更新周期）了。

通过表格不仅能使“机器的中年期”这个概念具体化、数字化，同时还能使经济寿命和设备寿命周期费用的计算表格化。如表 2-1 最后一行“设备寿命周期维修费用与原值之比（倍数）”，分别为 7.7、5.5、3.51、1.94 和 0.7，也就是说，当机器设备使用到 5 个大修理周期时，其一生的维修费相当于原值（购置费）的 7.7 倍，当用到 2 个大修理周期时，其比值为 1.94 倍。以此类推。如当时购置费为 10 万元，使用 2 个大修理周期，其寿命周期费用为 10+1.9×10=10+19=29（元）。如用 1 个大修理周期，则其寿命周期费用为 17 万元（10 万元的购置费加上 7 万元的维修费）。那为什么“机器的中年期”定为 2 个大修理周期而不是 1 个大修理周期呢？因为两个大修理周期的两项费用之和最低（折旧费+维修费）。我们从表 2-1 第 1 行可以看出，设备折旧年限分别为 30 年、24 年、18 年、12 年和 6 年时，其相对应的两费之和与原值之比（第 4 行）分别为 28.9%、27.0%、25.5%、24.4%和 28.2%，由此可见，12 年（两个大修理周期）的最低，1 个大修理周期，一般为 6~7 年左右，所以从理论上说，无论是经济寿命，还是最佳更新周期，或是最佳折旧年限，或是“机器的中年期”都是 2 个大修理周最合算。也就是说，设备使用年限从原来的 30 年缩短到 12 年也不会增加生产成本，因为“年度维修费”的节省额大于“年度折旧费”的增加额。年度维修费节省额：25.7%-16.5%=9.2%；年度折旧费增加额：8.3%-3.3%=5%，由此可见，从理论上论证了设备使用时间从原来的 30 年（5 个大修理周期）缩短到 12 年（2 个大修理周期），不仅不会增加生产成本，反而会降低生产成本，增加企业利润，增加国家财政收入。这就是我这个理论的核心所在。

这个核心有一条黄金原则：当设备使用到 2 个大修理周期需要大修时，不管有无精神磨损，不要再安排大修，必须及时更新这些老旧设备，将省下来的大修理费，加上10多年的折旧费（折旧基金）用于设备更新。这是上乘之策。这就是所谓的设备维修的黄金原则——设备不得不修，但也不宜多修；也可以称为“设备更新的黄金原则”。或写成“设备维修（更新）的黄金原则”——只有及时更新已折旧完而又需要大修的旧设备才是最合算的。

由此可见，我设计出的这张表格所列的这些内容不仅解决了当年我国经济学家们都难以解决的问题，同时，还使“机器的中年期”这个概念用数据来说话：这个“中年期”就是2个大修理周期（12年左右）。

这里必须强调的是，无论是经济寿命，还是最佳的折旧年限，或最佳更新周期，讲的都是2个大修理周期而不是12年。因为2个大修理周期（12年）是按两班制作业为依据推算出来的，如果是一班制作业的，其大修理周期就不是6年了；如果是三班制作业，其大修理周期应更短一些。在实际工作中，这一切都要以企业里的各种机器设备的实际大修理周期为依据，即使有些企业不搞大修或没有明确的修理周期结构也没有关系，因为设备在一个大修周期内它的维修工作总量是固定的，设备的磨损并不因你的修理周期结构不同而改变。这也是我采用“大修理周期”作为分析比较单位的原因（见表2-1第1行）。

以上所讲的是“设备管理与维修”的第一个最根本的问题——设备最佳使用周期（更新周期），即马克思说的“机器的中年期”。下面再讲第二个最根本的问题——如何确定机器设备最佳的修理间隔期。

我们知道，我国的设备修理过去是等到设备坏了再修，不坏是不修的。这样就带来一个后果——设备事故频发。后来引进苏联的计划预修制，做到有计划地进行维修，但这个维修计划不一定都能科学地反映设备的磨损情况，要么造成过度维修，要么造成维修不足。在20世纪80年代又引进了美国和日本的生产维修设备，它主要是通过设备的各种点检（日常点检、专业点检等）来发现问题，再来编制维修计划。但这样就带来了大量的点检工作，而日常点检是由操作工人负责的，这样时间一长他们就会偷懒，应付一下了事，这就直接影响到点检的质量。更何况一台设备由许多个零部件构成，你不可能都进行点检。因此，如何使每个零部件都能修得其所，提高设备维修的经济性和可靠性，就成了设备维修管理工作的一大难题；或者说如何确定设备最佳的修理间隔期是设备维修管理的一大难题。

根据我的经验，我们在修理设备时更换下来的零部件，其中有一些是提早更换了，其实它们还可以使用很长一段时间（叫剩余寿命）；有一些其剩余寿命短一些，也有一些是损坏了，不能再用，这就不安全了，可靠性低。鉴于这些实际情况，我提出了“零部件寿命残存率”这个概念。它是零部件剩余寿命与其平均寿命之比。据此我总结出一条基本原理：“零部件寿命残存率与经济性成反比，与可靠性成正比”。也就是说，提早更换了的零部件其经济性差（浪费大），但安全性好，即与可靠性成正比。设备维修经济学就要在经济性与可靠性（技术与安全）两方面做文章，根据不同的对象处理好这两者的关系。本书第三篇讲的就是这个问题。它通过三个计算公式对相关要素进行量化，也就是说设备什么时候修，零部件更换的周期长短都用数据说话，不是像以前那样凭经验、拍脑袋。这就是所谓的“设备量化维修管理模式”。它在理论上要使每个零部件根据其所处的重要程度和价值高低来考虑其寿命残存率应该是多少，以实现设备修理间隔期最优化。如同样是发动机，装在飞机上，它的可靠性要求是100%；装在汽车上，它的可靠性有80%就可以了；装在拖拉机上，它的可靠性要求还可以更低一些，如平均寿命相同的发动机装在拖拉机上可以使用更长的时间（更换周期更长一些），这样就能提高它的经济性（物尽其用，尽量少浪费）。在工厂里的各种生产设备所有的零部件都可以按此原理确定它们各自合理的可靠性，并以此来确定它们合理的更换周期（即最佳的修理间隔期）。这就是“设备量化维修管理模式”的全部含义。这种维修管理模式在国内外设备管理史上还是第一次。2014年我提出《设备量化维修管理模式》（中国的TYZ）后，就得到了中国现代设备管理研究院院长、国际著名设备管理专家李葆文的赞同和肯定，并获得了2014年度该院优秀论文奖。

本书除了以上讲的两个设备管理最根本的问题之外，还提出了对“超期服役设备不能低评，更不能不评”的理念（主张）。这个理念（主张）关系到国有资产的增值、保值或减少和防止国有资产流失的问题。这个问题也是从我国实际存在的情况提出来的，详见本书第四篇“论文集”中的《设备资产评估的理论与实践》这篇文章。其他文章也都针对我国在设备管理与维修领域中存在的问题发表我的观点和看法。它们也都构成了这本《设备维修经济学原理与方法》的重要内容。

作　者

2018 年 5 月 20 日

前言

设备是靠不断地维修延长其使用寿命的，如单从技术角度而言，设备的使用寿命如同人一样可以长命百岁；但维修是要产生各种费用的，这就是“设备维修费”。马克思称它为“追加资本”。设备维修的价值在于它的经济性，而这种经济性不是无限的——设备越修越旧，费用越修越高，效率越修越低。因此，这种经济性是有一定限度的。为此，有关研究设备维修经济性限度的理论与方法也就构成了设备维修经济学的重要内容。这里，笔者今天提出了一条设备维修的黄金原则：设备不得不修，但也不宜多修。它是市场维修的产物，是设备维修经济学赖以建立的客观基础。建立这个新学科的宗旨是：使设备用得合理，修得其所；其目标是追求设备有比较合理的更新周期和修理间隔期。

马克思说过：“机器越是超过它的中年期，因而正常的磨损越是增多，构成机器的材料越是消耗和衰老，使它维持到平均寿命的末期所需要的修理劳动就越频繁、越多。正像一个老年人，为了防止不到时候就死去，必须比一个年轻力壮的人支付更多的医药费”。①

从马克思这一段论述中我们不难看出，机器设备也同人一样有它的中年期，超过这个中年期再继续使用，在经济上不一定合算。笔者认为，马克思有关“机器的中年期”的学说，应是国有资产管理和设备维修管理的重要理论依据，也是设备维修经济学的理论基础。

设备维修经济学是以马克思有关“机器的中年期”这一重要理论为指导思想，以“设备维修的黄金原则”为客观依据，来研究设备维修的经济性的。这就

---

①《马克思恩格斯全集》第 24 卷，第 195 页。

是设备维修经济学的使命。我国现在至少有几千万亿元的设备固定资产，要想提高这些固定资产的经济效益，必须从技术、经济和管理几方面进行综合研究各类机器设备最佳的更新周期和修理间隔期，不断降低设备一生的维修费，真正能做到“设备不得不修，但也不宜多修”。这是一门大学问，也是一门新学问。这门全新的学问就是设备维修经济学。它不是来自各种本本，而是来自笔者从事设备管理40余年的实践经验。笔者在这40余年里也发表了20多篇论文和110万字的专著——《现代工业设备管理》。这些学术成果于2003年编入由中央文献出版社出版的《强国丰碑——人才强国科教卷》，编辑部对笔者的评价是：“陈后宋这些著作和论文最大的特点是技术与经济和管理相结合。这是他一生的成功之处。”本书也是一本集技术、经济和管理于一体的专著。

本书与同类书最大的不同在于它的独创性与新颖性，是一本集技术、经济、管理和实践经验于一体的代表作。本书第一次提出了“设备既是生产者又是消费者”和“零部件寿命残存率与经济性成反比、与可靠性成正比”等设备维修经济学基本原理（第一篇）；第一次将马克思有关“机器的中年期”的思想中国化、具体化；第一次提出了“缩短设备更新周期，相应提高折旧率，不仅不会增加生产成本，相反，会降低生产成本”的观点；第一次提出了“设备维修的黄金原则”（第二篇）；第一次提出了“设备量化维修管理模式”（第三篇）。这些“第一”构成了本书两大特独的理论体系：一是研究设备维修经济性的理论体系；二是建立了设备量化维修管理模式的理论体系。

第四篇的“论文集”应证了中国人民大学经济系沈亮安教授于1985年为拙作《现代工业设备管理》写的“序言”中的一段话：“陈后宋同志是从事设备管理工作多年的工程师，不仅具有较丰富的实践经验，更可贵的是他对设备的经济管理问题有着浓厚的兴趣，能够从技术和经济两个侧面探索设备管理中的一些重要问题，并且曾经提出了某些值得人们重视的改革意见。”收集在这个“论文集”中的16篇文章，都是笔者早在20世纪80年代初就开始探索设备管理中的一些重要问题，直到2014年发表的最后一篇文章《试谈中国的TYZ》。这些文章都反映出笔者几十年如一日地重视从技术与经济和管理三方面来探究设备管理的重大问题。笔者今天可以说，这种“结合”早已融化在本人的血液中。就拿本文开头这一段内容来说，设备维修本身是技术问题，从技术上来说，设备可以像人一样长命百岁。这是技术问题。但维修是要发生各种费用的，这种费用与设备使用时间是成正比的；如何降低这种费用，就需要研究设备维修的经济性。这是经济问题。在研究这种经济性的基础上提出"设备维修的黄金原则"，这是管理问题。由此可见，这一段简短的论述，实质上就体现出这种"结合"已深深地融化在笔者的理论与观念里。这本书就是这种"结合"的代表作，也是我国经济管理领域的一大创举。

过去，我国的设备维修管理模式都是学习外国的，如20世纪50年代先是学习苏联的计划预修制，80年代又开始学习美国的生产维修（PM）和日本全员参加的生产维修（TPM），以及英国的《设备综合工程学》等。本书的正式出版，不仅标志着中国也有了自己创造的"设备维修经济学"，同时，也标志着我国在设备管理领域终于有了一本完全具有自主知识产权的作品——《设备维修经济学原理与方法》。

笔者已是87岁高龄的老人了，这本书也是本人从事设备管理工作40余年唯一能留给后人的代表作。

笔者在《中国设备工程》2004年第8期上发表了《设备维修经济学初探》，14年后的今天将当年的"初探"修成了"正果"——《设备维修经济学原理与方法》。这本书的正式出版，也就实现了本人的中国梦！说实在的，80多岁了还出书不是为了评职称，总想为社会、为国家发最后一点点余热罢了！

限于水平，书中有不当和错误之处，敬请读者批评指正。

陈后宋

2018年5月于杭州

目　录

第一篇　设备维修经济学原理

第二篇 设备维修的经济性研究

第三篇　设备量化维修管理模式（TYZ）

第四篇　论文集

第一篇　设备维修经济学原理

第一章 设备既是生产者又是消费者

机器设备如同人一样，既是生产者也是消费者；人有黄金时代，机器有最佳更新期。人的劳动力随着年龄的增长而不断地下降，设备的生产率（可利用率）也随着使用年限的增长而逐年降低。另外，设备的消费也如同人一样，随着年龄的增长医药费（维修费）越来越高，这些都是客观规律性使然。

在设备一生的全过程中，我们不能像人一样让它自然地死去——不能按自然寿命抛弃它，而应该在不能获利的时刻（经济寿命）终止它、更新它。只有能为企业获利的设备才是好设备、有使用价值的设备。为此目的，我们就要及时地进行更新换代，将那些不能为企业获利的设备淘汰出局。尤其是对那些落后的、高能耗的设备必须及时地淘汰更新。我们国家近几年在这方面做得很好，各行各业都淘汰了很多落后的设备。

一、设备自身的两重性原理

这里说的设备既是生产者又是消费者，这就是设备固有的两重性。它与人一样，既能生产产品，也要消费各种原材料。

（一）设备是生产者

它为我们生产出各种各样的产品，我们现在所用的各种消费品无不是机器设备给我们生产出来的。然而，一台设备在它的一生中所能生产的产品，与我们每个人为社会作出的贡献一样都是有限的，而这种贡献随着时间的推移会逐渐减少。这都是一种规律性的东西，谁都无法改变它。

当然，设备一生贡献的大小与我们每一个人一样，身体越强健长寿，能为社会服务的年限就越长、贡献也越大。如何让机器设备延年益寿，能为我们作出更多的贡献，这就是设备管理与维修需要研究的一个重大课题，也是现代设备管理学需要研究的重大课题。

（二）设备是消费者

设备与我们人一样，既能生产也要消费。世界上没有只生产不消费的设备。这里讲的消费主要是指让机器设备转动起来的动力，如电、煤等各种能源的消耗，此外，设备经常会发生故障，需要修理的费用；为了设备正常运转每天还需要维修保养的费用，如设备的润滑，每天要不断地加油等。这种消费也与人一样，随着年龄的增长而增加。由此可见，设备与人一样，它也有黄金时代——经济合理地使用设备的年限；超过这个年限再继续使用就会变得不经济了。

二、设备都有最佳使用周期

这条原理确切地说应是：从经济角度而言，凡是机器都有它最合算的使用周期。笔者在“前言”中说过，马克思对机器的属性有过经典的论述：“机器越是超过它的中年期，因而正常的磨损越是增多，构成机器的材料越是消耗和衰老，使它维持到平均寿命的末期所需要的修理劳动就越频繁、越多。正像一个老年人，为了防止不到时候就死去，必须比年轻力壮的人支付更多的医药费”，“这个特点在确定任何类型固定资金的平均寿命时都应当考虑的，否则，势必要把巨额追加资金用于维修工作。作为使用价值的固定资金并非永远的，不是无限期的范畴，它们具有完全确定的平均寿命，这个平均寿命取决于物质和精神的磨损”。

这里说的“机器”必须具备三个条件：一是要有动力系统（如电动机或发动机）；二是要有传动系统（减速或增速机构）；三是要有工作系统（指完成各种生产任务的机构）。如工厂里的各种生产设备均称为机器或机器设备，但工厂里的变压器、锅炉和其他压力容器就不能称为机器了。

马克思说的这些话有些比较难理解，这里做些解释：“机器的中年期”这个概念的现实意义，在于使用机器设备尽量不要超过它的中年期，否则，就变得不经济、不合算了。“机器的中年期”相当于它的经济寿命，或最佳更新周期，超过这个时期再不及时地更新（更换），在经济上就不合算了。

这里说的“固定资本”或“固定资金”都是指机器设备，是物化了的资金；“固定资金的平均寿命”是指机器设备的平均寿命；“追加资金”或“追加投资”均是指设备的维修费用；“它们具有完全确定的平均寿命”是指合理的更新周期或经济寿命；“物质的和精神的磨损”是指机器设备有形磨损和无形磨损——即由于使用引起的物质磨损和由于科学技术进步引起的精神磨损——使现有的机器设备的价值贬值。

马克思这一段精辟的论述应是当代设备管理最高的指导思想，是设备技术经济学最根本的一条基本原理。一句话，这里既有技术问题，也有经济问题，还有管理问题。它的本意就是告诉我们：任何一种机器设备都存在物质磨损和精神磨损（即有形磨损和无形磨损）。为此，在市场经济条件下必须充分考虑机器设备的平均寿命，即及时地进行更新换代，以减少这两种磨损所带来的经济损失，也就是要按各类机器设备“最合算的使用周期”进行更新换代。

三、设备的两种磨损的补偿方式

（一）对有形磨损造成的实物形态的改变及补偿方式

机器设备在使用过程中由于多种原因必然会造成零部件的磨损，当它们磨损到一定程度时就会使原来的尺寸变小，或发生断裂，以致造成机器设备丧失功能（这是实物形态的改变）。为了恢复机器设备的功能必须进行修理，这就是对有形磨损的补偿方式，为此所发生的各种费用就是设备维修费——“追加资金”。随着使用时间的延长，这种追加资金也就不断地增加，它往往大于原投资的好多倍，这是不合算的（详见第二篇）。

（二）对无形磨损造成的价值形态的改变及补偿方式

任何一种机器设备无论你用或不用，它都存在着无形磨损（精神磨损），这完全是由于科学技术不断地进步引起的。这种科学技术的进步也会引起技术寿命提前结束。如随着彩电的问世，原来的黑白电视机不仅在价值上遭受贬值（这就是价值形态的改变），它的技术寿命也会提早结束——如现在再也没有人生产黑白电视机了，它的技术寿命已经结束。但尽管如此，却不会影响它的使用价值。如黑白电视机尽管不能与彩电相比，但它仍然可以看。而机器设备就不能这样了，尤其在激烈的市场竞争中，你不及时更新这种在技术上已经被淘汰的机器设备，你的产品就会缺乏竞争力，你的企业就会被人家打败。这就是说机器设备的平均寿命长短完全取决于它们的有形磨损和无形磨损。科学技术进步越快，技术寿命就越短。像当今的手机这类电子产品就是如此，它们的技术寿命最多也只有一两年，短则几个月。

（三）两种磨损同时存在的补偿方式

在现实生活中，单纯无形磨损（精神磨损），即机器设备长期停止不用的情况是不多的，最多的情况是机器设备在使用过程中，既有实物磨损（有形磨损），也有精神磨损（无形磨损）。碰到这种情况的补偿方式也应视具体情况而定。当机器设备的使用时间还没有超过一个大修理周期时，如果无形磨损还不很严重，即技术状况还不是很落后，在修理设备时可进行局部的现代化改装，提高它的现代化水平，以减少无形磨损。当设备已使用到接近一个大修理周期，而又需要进行大修时，这时如果无形磨损比较严重，市场上已出现比它更好的新设备，这时应立即更新换代。此时，可将省下来的大修理费和几年的折旧基金一并用来购置新设备，那就更合算了。如果设备已使用到第二个大修理周期，设备需要进行中小修理，无形磨损还比较轻，此时比较好的方法还是进行修理，同时进行适当的现代化改装；如果无形磨损比较严重，还是尽早更新比较合算。以上就是对机器设备几种有形磨损和无形磨损如何补偿的问题做的简要论述。

本章思考题

1. 重视设备自身两重性有何现实意义?
2. 在计划经济时代为什么不提重视设备的两重性?
3. 为什么要研究设备最佳使用周期?
4. 何谓设备的无形磨损?
5. 如何避免或减少设备的无形磨损?

第二章　中国化的“机器的中年期”

一、理解马克思的“机器的中年期”

马克思所说的“机器的中年期”这个概念，它只是定性的表述，如一台机器设备到底用到何时才算是它的中年期？人的中年期可以说是在30~50岁左右。而机器的中年期过去从来也没有人去研究过。所以说，这个概念缺乏可操作性。本书第二篇就解决了这个问题。笔者当年从研究我国设备固定资产最佳折旧年限着手，不仅提出了最佳的折旧年限，同时也解决了机器设备最佳的更新周期，这个“最佳更新周期”的含义与马克思说的“机器的中年期”的含义应该是一致的——超过这个“最佳更新周期”（机器的中年期）再继续使用就变得不经济、不合算了。

马克思还指出：“由固定资本损耗而引起的价值转移，是按固定资本的平均寿命计算的，而确定这个平均寿命本身，又是以维修所需要的追加资本的不断预付为前提的。”这句话是比较难理解的。笔者在研究设备最佳折旧年限时所采用的理论、方法和术语同马克思这里所论述的本意似乎是相同的。如笔者在研究这个问题时所用的几个术语：一是设备折旧年限，二是设备折旧率，三是设备年均维修费，四是设备一生维修费用总额。马克思说的“固定资本损耗而引起的价值转移，是按固定资本的平均寿命计算的”。这就是本书所说的“设备折旧”，实质上，它是指固定资产的折旧。“而确定这个平均寿命本身，又是以维修所需要的追加资本的不断预付为前提的”。这是讲如何确定机器设备的平均寿命。“追加资本”就是本书说的“维修费用”。因为机器设备每年都需要维护修理，这就是“追加资本”的不断预付，一直预付到更新为止。所以，设备一生的维修费用是很大的，它相当于设备购置价格的好几倍。设备使用时间越长，这个倍数越大。到底使用多长时间最合算（如何确定“机器的中年期”），这就是本书第二篇的精华所在。第二篇内容既解决了我国设备资产最佳的折旧年限，也使“机器的中年期”这个概念中国化、具体化、公式化和表格化。笔者有一篇文章（第四篇中的《让重工业为主的整个工业充满活力》）得到了我国已故著名经济学家孙冶方同志的大力支持，将它刊登在 1982 年 2 月 8 日的《世界经济导报》上，它解决了当时我国经济学家们都无法解决的难题，同时也将马克思的“机器的中年期”这个概念中国化、具体化—— 一般设备的中年期应在两个大修理周期（10~14 年）；大精尖设备可以延长到三个大修理周期（15~20 年）。这与“设备的最佳折旧年限”或“设备最佳更新周期”这两个概念是一样的。

二、确定设备最佳折旧年限

马克思说的“固定资本损耗而引起的价值转移，是按固定资本的平均寿命计算的”。这就是本书所说的“设备折旧”，实质上，它是指固定资产的折旧。“而确定这个平均寿命本身，又是以维修所需要的追加资本的不断预付为前提的”。这是讲如何确定机器设备的平均寿命，或者说如何确定设备最佳折旧年限和最佳更新周期。笔者采用“年度设备维修费和折旧费之和”为主要依据来确定设备最佳折旧年限，这与马克思说的“而确定这个平均寿命本身，又是以维修所需要的追加资本的不断预付为前提的”这个理念基本上是相通的。

马克思说的“固定资本损耗而引起的价值转移，是按固定资本的平均寿命计算的”。问题是当“固定资本的平均寿命”尚未确定之前“固定资本损耗而引起的价值转移”（即年度折旧率）多少是无法确定的。为了找到设备的最佳折旧年限，根据年度维修费和折旧费之和最低的年份定为最佳折旧年限（见表2-1第4行）进行试算法。

（一）设备修理周期结构的概念

过去，在我们的企业里设备维修或多或少是按设备修理周期结构编制修理计划的。实践经验告诉我们，按这种修理周期结构编制的修理计划，一般来说能完全确保设备的正常工作；这种修理周期结构基本上也符合设备磨损规律和各类维修工作量的需要。各企业也都根据各自的实际情况对这种结构经常不断地进行调整和改进。所以，这种修理周期结构各企业也都不大一样。但对一般通用设备来说，大多数是采用以下的修理周期结构：

新设备—小修—小修—小修—中修—小修—小修—小修—中修—小修—小修—小修—大修

这是讲从新设备开始使用到第一次小修直到第一次大修所经历的时间，一般为6年左右；其修理间隔期约半年——每次修理之间的间隔。这种修理周期结构叫作1：2：9，即一个大修周期内有1次大修，2次中修，9次小修。这是一种比较典型的修理周期结构（也有1：2：6或1：1：4等）。笔者的推算方法就是按此修理周期结构来确定维修费用（维修工作量）。尽管现在有些企业不完全按此修理周期结构进行修理，但不管你的维修方式如何变化，要想使设备正常运转，其维修工作总量是不变的；即使有些企业不搞大修，但取消大修后，相应的中小修次数就会增多或中小修（项修）工作量就会增加。因为设备的磨损是不以人的意志为转移的，每次修理的工作量取决于无修理工作时间的长短。再说，笔者采用的比较和推算的方法不是采用维修费的绝对数，而是采用维修费与原值之比的相对数；不管维修费如何变化（按同一比例增减），不同更新周期的这种相对数之差的变化总是很少的。这是此法的优越性所在，以下会做详细的介绍。

（二）设备最佳折旧年限的推算方法

为了便于分析研究，这里把第一次大修费定为设备原值的30%（原值为1），以后每次大修费按原值的10%递增（最后一个大修周期虽不大修，但中小修费用仍按递增后的大修费推算）；中小修费用为该期大修费的 50%和 15%。这样才能体现出设备越修越旧，费用越修越高的规律。表 2-1 是将不同更新周期按此比例推算的结果。

我们先从 6 年的更新周期开始推算：按前面讲过的修理周期结构是 1∶2∶9。因为只用一个大修周期，就不搞大修。这样，在一个大修周期内只有 2 次中修和 9 次小修。它的寿命周期维修费用之和为：

$K = 2 \times 50\% \times 30\% + 9 \times 15\% \times 30\% = 30\% + 40\% = 70\%$。

这就是相当于原值的 70%，也就是说其寿命周期维修费用相当于原值的 0.7 倍；将此比值除以 6（年），就得到年均维修费与原值之比（11.6%）。与 6 年更新期相对应的年折旧率为 16.6%；将这两个比值相加，就得年度两费（维修费和折旧费）之和与原值之比（28.2%）。

下面再推算更新周期为 12 年的各种比值：使用两个大修周期更新的设备，在第一个大修周期内要进行一次大修，第一次大修费按原值的 30%推算，该期中小修费用按大修费的 50%和 15%推算。第一个大修周期的维修费用为：

$K1 = 30\% + 2 \times 50\% \times 30\% + 9 \times 15\% \times 30\% = 30\% + 30\% + 40\% = 100\%$（相当于原值）；在第二个大修周期内没有大修，只有 2 次中修和 9 次小修，其维修费为：$K2 = 2 \times 50\% \times 40\% + 9 \times 15\% \times 40\% = 40\% + 54\% = 94\%$；两个大修周期维修总费用为：$K = K1 + K2 = 100\% + 94\% = 194\%$。

即寿命周期维修费相当于设备原值的 1.94 倍。将此比值除以 12（年），即可得出年均维修费与设备原值之比（16.2%）。与 12 年折旧相对应的折旧率为 8.3%，将这两个比值相加，即得年度两费之和与原值之比（24.5%）。

下面再推算更新周期为 18 年的各种比值：在第一个大修周期内的维修费与前面讲的一样，$K1 = 100\%$；第二个大修周期内有一次大修，大修费为原值的 40%，故该期维修费为：

$K2 = 40\% + 2 \times 50\% \times 40\% + 9 \times 15\% \times 40\% = 40\% + 40\% + 54\% = 134\%$；第三个大修周期内没有大修，只有 2 次中修和 9 次小修，故该期维修费为：$K3 = 2 \times 50\% \times 50\% + 9 \times 15\% \times 50\% = 50\% + 67\% = 117\%$；三个大修周期的维修费用为：$K = K1 + K2 + K3 = 100\% + 134\% + 117\% = 351\%$。

它相当于原值的 3.5 倍，将此比值除以 18（年），即得年均维修费与原值之比（19.5%）；与 12 年相对应的折旧率为 5.5%；将此两个比值相加，即得年度两费之和与原值之比（25%）。在第三个大修周期内虽没有大修，但中小修费用仍按大修费的 50%和 15%推算，而大修费是原值的 50%（每次递增 10%），以此方法类推就可算出更新周期 24 年和 30 年的各种比值（见表 2-1）。

表 2-1　大修费为原值 30%的设备最佳折旧年限估算

设备更新周期（折旧年限）	30 年	24 年	18 年	12 年	6 年
相对应的折旧率（%）	3.3	4.1	5.5	8.3	16.6
年平均维修费与原值之比（%）	25.7	22.9	19.5	16.1	11.6
年度两费之和与原值之比（%）	29	27.0	25	24.4	28.2
设备寿命周期维修费用与原值之比（倍数）	7.7	5.5	3.51	1.94	0.7

（三）对维修费变化敏感性的检验

经过以上方法推算的结果，一般机械设备的最佳更新周期为两个大修周期（12 年），这是一种偶然，还是有它自身的规律？下面就变更大修费与原值的比例和中小修费用与大修费的比例进行敏感性检验。

现设定第一次大修费为原值的 40%，以后每次大修费仍按递增 10%推算。中小修费用与大修费的比例不变。推算结果如表 2-2 所示。

表 2-2　大修费为原值 40%的设备最佳折旧估算

设备更新周期（折旧年限）	30 年	24 年	18 年	12 年	6 年
年平均维修费与原值之比（%）	28.3	27.5	24.4	20.8	15.7
相对应的折旧率（%）	3.3	4.1	5.5	8.3	16.6
年度两费之和与原值之比（%）	31.6	31.6	29.9	29.1	32.3
设备寿命周期维修费用与原值之比（倍数）	8.5	6.6	4.4	2.5	0.94

为了便于分析比较，下表是第一次大修费按原值 40%计算的年均维修费与设备原值之比的寿命周期维修费用与设备原值的比值的对照表。

下面就具体介绍表中的这些比值是怎样推算出来的。

（1）先推算折旧年限为 6 年的各种比值：因为只用一个大修周期，所以不搞大修。其寿命周期维修费为：

$K = 2 \times 50\% \times 40\% + 9 \times 15\% \times 40\% = 40\% + 9 \times 6\% = 40\% + 54\% = 94\%$，它相当于原值。将此比值除以 6（年），即得年均维修费与原值之比（15.7%）；相对应的折旧率 16.6%，将这两个比值相加即得两费之和与原值之比（32.3%）。

（2）推算 12 年（两个大修周期）的各种比值：第一个和第二个大修周期的维修费分别为：

$K1 = 40\% + 2 \times 50\% \times 40\% + 9 \times 15\% \times 40\% = 40\% + 40\% + 54\% = 134\%$（大修一次）；

$K2 = 2 \times 50\% \times 50\% + 9 \times 15\% \times 50\% = 50\% + 9 \times 7.5\% = 50\% + 67.5\% = 117.5\%$（没有大修）；

$K = K1 + K2 = 134\% + 117.5\% = 251.5\%$。这就是 12 年更新周期的寿命周期维修总费用，相当于原值的 2.5 倍；将此比值除以 12（年），即可得年均维修费与原值之比（20.8%）。与 12 年相对应的折旧率为 8.3%，将此两个比值相加即得两费之和与原值之比值（29.1%）。

（3）18 年（三个大修周期）的更新周期各种比值：

$K1 = 134\%$（与 12 年的第一个大修周期一样）。

$K2 = 50\% + 117\% = 167\%$（与 12 年的第二个大修周期一样，再加上一次大修费 50%）。

第三个大修周期维修费为：

$K3 = 2 \times 50\% \times 60\% + 9 \times 15\% \times 60\% = 60\% + 9 \times 9\% = 60\% + 81\% = 141\%$（没有大修）。

三个大修周期维修总费用：

$K = K1 + K2 + K3 = 134\% + 167\% + 141\% = 442\%$，它相当于原值 4.4 倍。将此比值除以 18（年），即得年均维修费与原值之比（24.4%）；与 18 年相对应的折旧率为 5.5%，将这两个比值相加即得两费之和与原值之比（29.9%）。

（4）24 年（四个大修周期）的更新周期各种比值：

$K1 = 134\%$；$K2 = 167\%$；$K3 = 60\% + 141\% = 201\%$（加一次大修费 60%）。

$K4 = 2 \times 50\% \times 70\% + 9 \times 15\% \times 70\% = 70\% + 9 \times 10.5\% = 70\% + 94.5\% = 164.5\%$。

四个大修周期的维修费用为：

$K = K1 + K2 + K3 + K4 = 134\% + 167\% + 201\% + 164.5\% = 666.5\%$。相当于原值的 6.6 倍。将此比值除以 24（年），即得年均维修费与原值之比（27.5%）。与 24 年相对应的折旧率为 4.1%，将这两个比值相加即得两费之和与原值之比（31.6%）。30 年的推算从略。表 2–2 是第一次大修费按原值的 40%推算出来的各种比值。从表中的第 4 行可以看出，最佳更新周期（折旧年限）仍然是 12 年（两个大修周期）。两费之和与原值之比还是 12 年的最低（29.1%）。我们还可以看出，将设备更新周期 24 年缩短到 12 年，年均维修费下降的幅度比折旧率增加的幅度还是高出 2.6%。由此可见，一是不管维修费与原值之比如何变化，最佳更新周期还是两个大修周期：二是维修费与原值之比下降的幅度仍然是大于折旧率增加的幅度。由此可以得出结论，经过这样的敏感性检验，这种方法可以说是简捷的、正确的、实用的。因而这种方法的科学性也就得到了进一步的检验。它的实用性主要体现在不管各企业的维修费用有多么大的差异，只要确切掌握某台设备的大修周期，也不管你采用何种维修方式，设备的经济寿命就是两个大修周期。

由表 2–2 我们还可以看出，设备的更新周期（折旧年限）由 24 年缩短到 12 年，年均维修费与原值之比由 27.5%降低到 20.8%，降低了 6.7%；而折旧率由 4.1%提高到 8.3%，增加了 4.2%，两者相抵，维修费还节省了设备原值的 2.6%。如果由 24 年更新周期缩短到 18 年，年均维修费与原值之比降低了 3.3%（27.5 – 24.4 = 3.1）；而折旧率只增加了 1.4%（5.5 – 4.1 = 1.4），两者相抵，年均维修费的节约额也相当于原值的 1.7%。而 12 年的降低 2.6%，所以，12 年是最佳更新周期（两个大修周期）。

现再将中小修费用分别改为相当于大修费的 40%和 10%（降低中小修费用的比例），而第一次大修费仍按原值的 40%推算，看看其结果有何变化。这里仅以 24 年、18 年和 12 年的为例加以对比，按以上的方法推算：它们的寿命周期维修总费用分别为原值的 5.24 倍、3.45 倍和 1.93 倍；年均维修费与原值之比分别为 22%、19%和 16%；相应的年折旧率分别为 4.1%、5.5%和 8.3%；两费之和与原值之比分别为 28.1%、24.5%和 24.3%。这进一步说明不管维修费与原值之比如何变化，12 年（两个大修周期）仍然是最佳的更新周期。因为 24 年与 12 年相比，12 年的年平均维修费与原值之比降低了 6%（22%~16%）；而年折旧率只增加 4.2%（8.3%~4.1%），两者相抵，年均维修费与原值之比降低了 1.8%（6%~4.2%）：这 1.8%是降低中小修费用比例后的年均维修费节约额与原值之比。

通过以上几种方法的敏感性检验，更进一步验证了这种理论和推算方法的正确性。

三、“机器的中年期”的估算方法

马克思说：“机器越是超过它的中年期，因而正常的磨损越是增多，构成机器的材料越是消耗和衰老，使它维持到平均寿命的末期所需要的修理劳动就越频繁、越多。正像一个老年人，为了防止不到时候就死去，必须比一个年轻力壮的人支付更多的医药费。”现在的问题是怎样确定“机器的中年期”？

（一）确定“机器的中年期”

马克思说的“机器越是超过它的中年期”是怎样一种含义？它又是怎样确定的？这在市场经济条件下的现代设备管理就显得更为重要了；它应成为设备技术经济学的一大课题。为了探究机器这个“中年期”，笔者早在 20 世纪 80 年代初就开始研究这个问题。过去我国的设备使用年限很长，短则 20 多年，长则 30 多年，还有更长的。那时我国的固定资产折旧率也很低，只有 2%~3%，相应的折旧年限就是 30 多年或 50 多年。这个“中年期”到底是 30 多年，还是 50 多年，抑或是 10 年？我们只能用数据来说话。因为机器越是超过它的中年期，它的磨损就越多，维修费就越高。所以，这里就采用两种数据加以比较。一种是折旧费，我们知道，设备的年度折旧费随着折旧年限的延长而减少；另一种是维修费，维修费则是随着使用年限的延长而增加。从折旧费来说，折旧年限越长年度折旧费越低；从维修费来说，使用年限越长则维修费越高。为此，必须把这两组费用逐年（周期）加总，看哪一年或哪一个周期的费用最低，就是经济合理的，就是机器设备的“中年期”。表 2-1 上的数字都是相对数，都是与设备的原值之比——把设备的原值当作 1 加以比较。我们从表中可以看出，表的第四行是年度两费之和与设备原值之比，这个比值最低的是 12 年或 18 年（约两个大修理周期至三个大修周期）。这相当于人的中年期一般是在 30~50 岁。这就说明机器设备的“中年期”应该是 12~18 年。大型和精密设备应取 18 年左右（约三个大修周期），一般通用设备取 12 年左右（约两个大修周期）。为了方便起见，这里采用大修理周期作为比较单位，一个大修理周期约 6~7 年（指两班制）。

表 2-2 的第一行是折旧年限或更新周期，从 6 年到 30 年分为五个方案进行比较；第二行是平均年度维修费与设备原值之比；第三行是相对应的年度折旧率；第四行是两种费用之和（2 + 3）与设备原值之比；第五行是设备寿命周期维修总费用与设备原值之比，相当于设备原值的多少倍。

（二）算法的客观依据

为了研究工作的需在，笔者过去花了很多时间到企业里收集了很多的原始资料（设备维修费的原始数据）。现摘录如下：

如杭州钢铁厂金工车间 1979 年大修 5 台刨床，其每台大修费分别为：5004 元、4932 元、3378 元、3085 元、2936 元。当时这种机床的价格是 5000 元，一次大修费与设备原值之比最高的达 96%，最低的也达 56%。

北京汽车厂有些设备一次大修费与设备原值之比历史最好水平是：冲床类 38%~42%；车床类 47%~53%，1977~1980 年，这种比例高达 66%~99%。

上海第二耐火料厂 1985 年对几台摩擦阻压力机进行维修经济性分析，据 1980~1983 年的统计数据，其大修费平均相当于设备原值的 35%。

再来看企业里设备的中小修费用情况：如杭州钢铁厂二轧分厂某一年的大修费是 15 万元，而中小修费用合计 45 万元，相当于大修费的 3 倍；济南钢铁厂 1978 年的维修费合计 1425 万元，中小修费用 988 万元，是大修费的 2 倍多；该厂全年的维修费约占产品总成本的 14%左右。

下面再来看国外的维修费用情况：据苏联1978年出版的《设备维修和技术的组织》一书介绍，苏联每年用于维修的费用平均为设备原值的30%，其中金属切削机床整个寿命周期的维修费用高于设备原值2~4倍。天津出版社出版的《成本研究班教材》中也提到："据国外统计数字表明，一种设备在它的正常寿命期内，它的原始费用只是整个寿命周期费用的一部分甚至于一少部分。一台机器设备原始费用只占寿命周期费用的33%。"这就是说一台设备在正常使用期内的维修费用相当于其原值的2倍多。1992年由海洋出版社出版的《设备寿命周期费用方法与应用》一书，其所介绍的国外几种耐用设备的寿命周期费用与投资费（设备原值）的比例，其中通风设备和空调装置的比例分别是4.8倍和3.3倍；战斗机和装甲车分别是2~3倍和3~5倍。这相当于表2-1中12~24年的使用年限。

再看由徐扬光编著、国防工业出版社1988年出版的《设备综合工程学概论》一书中也有这方面的统计资料可以作为佐证。其第四章第三节"维修工程费用的估算"在其表4-4设备可变费用分配示例中有"材料费用"，分配比例为1~2倍的原值；运转操作动力费用，分配比例为6~10倍的原值；维修费用分配比例为3~5倍的原值。在其表4-9中，列举的C620-1车床维修费用估算中，该车床大修3次，中修6次，大保养9次（相当于小修）和检查54次，合计维修费用28335元，其原值是6300元，这说明该车床一生的维修费用相当于设备原值的4~5倍。

由以上国内外这些统计数据也可以证明这种计算方法是完全正确的。无论是从国内还是从国外的统计资料都能证明以上用的计算设备"中年期"的办法是可靠的，是符合国内外的维修费用实际情况的。

为了要正确地分析与计算设备的"中年期"，除了维修费用以外，还要掌握设备大中小修之间的费用比例关系。因为这里用的分析与计算办法是以一次大修费为标准的。如在同一个大修周期内，中小修的费用分别相当于大修费的60%和15%左右。再考虑到设备越修越旧，费用越修越高这个规律，设第一次大修理费用为设备原值的30%，第二次大修理费用为设备原值的40%，即每次提高10%，以此类推。

四、设备寿命周期费用的简算法

这种理论与推算方法也为大家估算设备寿命周期费用提供可靠依据。我们知道，中国设备管理协会的设备寿命周期费用委员会于 1992 年专门组织编写了一本《设备寿命周期费用方法及其应用》，目的是宣传和推广设备寿命周期费用的重要意义和计算方法。书中所介绍的各种估算和计算方法都很烦琐，也很复杂，一般人不大愿意下功夫去研究这些烦琐的数学公式，更何况你真想要掌握或计算设备寿命周期费用还得要有具体的原始统计资料，如年度的设备维修费用，以及能源、动力消耗费用等；如果没有这些原始资料你是无法计算设备寿命周期费用的。本书讲的这种理论与推算方法完全可以代替烦琐而又复杂的计算。如表 2-1 第五行各列的数字实际上就是设备寿命周期费用商数，只要知道设备的购置费（设备的原值）就能知道设备寿命周期费用了。具体方法是：将设备的购置费（原值）乘以表 2-1 中第五行的相对应的倍数，就等于设备寿命周期费用。如使用 30 年的设备，其寿命周期费用相当于设备原值的 7.7 倍；使用年限在 6~24 年的，它们的寿命周期费用分别相当于设备原值的 0.7 倍、0.19 倍、1.94 倍和 5.5 倍。这是指按表 2-1 的第五行上的几组数字来说的。这种估算方法完全可以满足以设备寿命周期费用为依据的各种投资决策。

本章思考题

1. 设备的两重性原理说明了什么？
2. “机器也有中年期”是个什么概念？
3. 设备最佳更新周期意味着什么？

4. 设备寿命周期费用简算法有无科学性和客观依据？

5. 机器的“中年期”应在哪些时间段？为什么？

6. 机器到了“中年期”应该怎么办？

7. 为什么设备第一次大修理费用分别按其原值的 30%与 40%估算，对确定最佳更新周期有没有影响？为什么？

第三章 设备维修的黄金原则

一、设备维修黄金原则的含义与来历

当企业里的机器设备使用到两个大修理周期或三个大修理周期末期需要大修时，不管它们有无精神磨损（有形磨损），都必须及时更新，将省下来的大修理费，加上10多年的折旧费（折旧基金）用于设备更新，可获得技术更先进、效率更高的机器设备。这是上乘之策，也就是所谓的设备维修（更新）的黄金原则。

早在1981年，笔者寄给财政部一封信，建议《加快企业设备更新，提高生产资料消费水平》，财政部主办的《信访摘报》全文刊登了这封信。在那个时候笔者就提出了“提高生产资料消费水平”，后来的实践证明这个理念是正确的。现在我们国家不也是提倡大家积极消费、促进生产发展吗？不管生产资料和生活资料只要消费水平提高了，生产就能发展；否则，生产就会停滞不前，整个国民经济也发展不起来。笔者当时给财政部的建议信中也算了很多账（详见本书第四篇“论文集”中的第二篇文章）。

在那个时候我国固定资产折旧率还是很低的，企业里的设备使用时间长达30多年或更长；企业里的机器设备很少有更新，造成机械工业饥不择食，以致整个工业不景气。这是笔者当时给财政部写这个“建议”的时代背景。

当时笔者之所以要给财政部提这个“建议”，是因为我国传统的折旧理论严重阻碍了提高固定资产的折旧率。后来笔者在 1984 年又在《财会通讯》杂志上发表了《必须改造落后的折旧观》的文章。

1985 年，国务院颁发了新的《全民所有制工业企业固定资产折旧条例》（试行），其中设备的折旧年限大大地缩短了，从过去的 30 多年立刻缩短了一大半，设备折旧率从过去的 3%提高到 8%。仅从这一点来看，无疑会增加企业的生产成本：折旧率提得越高，生产成本就越高，企业越会减少利润。这是传统的折旧观。于是，我国固定资产综合折旧率过去一直停留在 3%左右。但这种观点致命的地方在于不知道在固定资产中约有 2/3 是各类机器设备。它们“既是生产者又是消费者”，使用时间越长，维修费用越高，生产效率越低。从系统的、辩证的观点来看：提高设备折旧率，相应缩短设备更新周期，就能提高设备新度（成新率），设备新度提高了，就能节省维修费。这样每年节省下来的设备维修费完全可以弥补增加的折旧费（可对照表 2-1 的第 2 行和第 3 行）。这两种费用是此消彼长的——设备使用时间（年限）与年度维修费成正比，与年度折旧费成反比。当找到这两种费用之和最低的年份就是最佳的折旧年限，也是最佳的更新周期。

笔者在《中国设备工程》2005 年第 4 期上发表的《以科学发展观统领设备管理》这篇文章，就特别指出“希望大家不要穿新鞋走老路”——及时地更新已折旧完的老旧设备。否则，企业的生产成本就会增加，利润就会减少，竞争力也会不断地下降。

我国在 1985 年颁发新的《全民企业固定资产折旧条例》，其中机械设备的折旧年限大多在 10~14 年，即两个大修理周期。就算你的设备在 2000 年购置的，到现在也已经使用了 18 年，它们早已进入更新期，也早已超过马克思说的“机器的中年期”了；在这以前购置的设备更不用说了，如果再不尽快更新这些老旧设备，势必会影响到企业的竞争力和国家综合实力的提升。这是笔者今天提出“设备维修（更新）的黄金原则”的来历和本意。

二、黄金原则是“陈氏理论”的灵魂

这条“黄金原则”是笔者借以建立这套独特的理论体系的灵魂；也是“缩短设备更新周期，相应提高折旧率，不仅不会增加生产成本，相反会降低生产成本，增加企业利润和国家财政收入，促进整个工业发展”这一核心观点的灵魂。

这里所说的“灵魂”是指只有这样做，在经济上是合算的，是设备更新的上乘之策。笔者所创立的这个独特的理论体系（可以称为“陈氏理论”）完全建立在这条黄金原则基础上。当设备使用到第二个或第三个大修理周期时，不管设备存不存在无形磨损（精神磨损），都不要安排大修而要及时地进行更新，将节省下来的这笔大修费（约占设备原值的40%~50%）和以前每年的折旧费（折旧基金）用于设备更新。只有这样，才能做到将设备折旧率从原来的3%，一下子提高到8%，也不会增加生产成本，反而会降低生产成本。因为在生产成本中与设备有关的费用（要素）不仅只是折旧费，还有设备的维修费、各种油料消耗，等等，这些费用都与设备使用时间成正比。传统折旧理论认为，固定资产折旧率过高，会减少利润；折旧率过低，会造成虚假利润。这种折旧理论主要是不了解“设备既是生产者又是消费者”这个基本原理造成的。不仅如此，设备的新度（成新率）与生产效率是成正比的：设备新度越低生产率越低，设备新度越高生产率越高；此外，设备越修越旧，维修费用越修越高。因此，设备不得不修，但也不宜多修。所以说，这个“灵魂”完全是由多种辩证思维构成的。

在激烈的市场竞争中，机器设备的使用年限，按马克思说的不要超过它的“中年期”。这个“中年期”在“陈氏理论”中就是两个大修理周期（大精尖设备是三个大修理周期）。关键就在于当设备使用到第二个或第三个大修理周期需要大修时，不管它们有无精神磨损都要及时地进行更新换代，以此不断提高企业技术装备现代化水平，增加企业的竞争力。这样不仅不会增加生产成本，从系统的、辩证的观点来看，反而会降低生产成本。这就是笔者所建立的这个独特的理论体系的核心，它的“灵魂”就在于及时地更新已折旧完的旧设备。在此，笔者也有理由说，自己是中国第一个发展了马克思有关“机器的中年期”的思想，使其中国化和具体化的人。这里关键的一点就是要及时地更新已使用到第二个大修理周期末期需要大修理的旧设备；如果这时设备还不需要大修，又无严重的无形磨损（精神磨损），那么，设备还可以继续使用下去，直到需要大修时，必须及时进行更新。

三、黄金原则关乎微观经济和宏观经济的发展

企业如能及时地更新这些老旧设备，在经济上绝对是有利的。这里有几笔账可以算：新设备的年度维修费肯定要比老旧设备少；新设备的生产率肯定要比老旧设备高；新设备的各种油料消耗肯定要比老旧设备低；新设备的产品正品率肯定要比老旧设备高。仅就这几项生产要素相比，及时更新老旧设备，采用新设备的生产成本肯定会比旧设备的生产成本低。尽管因设备的折旧年限大幅度缩短后势必增加了年度折旧费，但这种增加的份额完全可由年度维修费的节省额予以弥补（见表 2-1 第 2 行和第 3 行）。也就是从系统的、辩证的观点来分析这个问题，笔者就敢于否定我国传统的折旧理论。因此，笔者早在 1980 年的处女作《提高设备折旧率，增加财政收入》就是发表在《杭州会计》上；《必须改造落后的折旧观》发表在 1984 年的《财会通讯》上。笔者当年所建立的这套独特的理论体系，无论从微观经济还是从宏观经济上来看，对加速我国的经济发展都具有一定的现实意义。1982 年发表在《世界经济导报》上的《让重工业为主的整个工业充满活力》就是这种理论体系的集中表现。文中也算了很多的经济账（详见第四篇“论文集”），以此来表明大幅度提高设备折旧率，相应缩短设备更新周期，这对微观经济和宏观经济的发展都有很多的好处。这篇文章当时之所以能在这样的大报上发表，主要是得到了我国已故著名经济学家孙冶方同志的大力支持。

四、大力宣传黄金原则的现实意义

笔者在前文说过，“工厂企业如能及时地更新老旧设备，这对微观经济和宏观经济的发展都有好处”。但现在的问题就在于有些企业，也可能是有很多企业没有意识到这一点，也可能根本就不知道这其中的奥妙，还是老习惯——用了修，修了用，一直修到不能修为止。这就是笔者所比喻的“穿新鞋走老路”。

笔者将发表在《世界经济导报》上的《让重工业为主的整个工业充满活力》这篇文章送给当时正在杭州参加全省冶金工作会议的、分管设备的嘉兴冶金机械厂副厂长看，他看后对我说，他准备回到厂里马上找有关部门商议，决定原先准备大修的几台旧设备都不再安排大修了，能用的再延迟维修一些时间，不能修不能用的马上更新。

当时也有几位读者看了这篇文章后给笔者来信，说这篇文章写得好，早应该这样做——指文中讲的加快老旧设备更新的重大意义。这就说明笔者所建立的这套独特的理论体系能改变人们的思想观念——改变原来那套“新三年、旧三年，修修补补又三年”的传统习惯思维。

问题是笔者这些文章当时都发表在有关的经济刊物上，又有多少人能看到这些文章呢？因此，这里笔者提出“大书特书设备更新的黄金原则”就是想通过这本书的正式出版，让更多的人知道这种独特的理论体系和思想观念其中的奥妙——按照现行的各类设备折旧年限，及时更新已折旧完的旧设备，尽管折旧率比过去大幅度提高了，但只要按这条黄金原则办事，就不会增加产品成本，反而会降低产品成本，增加利润，好处多多。也可以说，这条黄金原则能发家致富，是企业增强竞争力的一大法宝。

笔者认为，国家综合实力的提升，不仅要靠新经济，也要靠挖掘旧经济的潜力。我国旧经济体量很大，其潜力也很大，笔者提出的“大书特书设备更新的黄金原则”，其本意就是要挖掘我国存量固定资金（设备资产）的巨大潜力。笔者希望让全社会，至少让我国所有的企业决策人员都能知道“设备更新的这条黄金原则”的现实意义。因此，希望我国新闻部门予以大力支持。

李克强总理在 2014 年 9 月 24 日召开的国务会议上指出：“顺应新技术革命潮流，推动中国经济向中高端水平迈进，必须更大力度推进企业技术改造。要用既利当前、更惠长远的改革办法，完善现行固定资产加速折旧政策，通过减轻税负，加快企业设备更新、科技研发创新，扩大制造业投资，促进大众创业，这对于传统产业‘破茧化蝶’，增强经济发展后劲和活力，实现提质增效升级和持续稳定增长，具有重要意义。”

在那次国务会议上有关完善现行固定资产加速折旧的政策问题，其中有一条规定：“从 2014 年 1 月 1 日购进的设备，允许按规定年限 60%缩短折旧年限，或按双倍余额递减折旧法折旧。”这里讲的“按规定年限”肯定是按 1985 年国务院颁发的《全民所有制企业固定资产折旧条例》（试行）中规定的，设备折旧年限大多是在 10~14 年（两个大修理周期），如果真的缩短到 60%折旧，折旧年限是在 5~7 年，即一个大周期。如果你再不及时更新已折旧完的设备，那问题就大了！所以说，这条黄金原则也适用于这个新政策——当设备用到一个大修理周期后不要再安排大修而是要及时进行更新，这才符合“加快企业设备更新”的要求。

按 2014 年国务院新规定折旧的企业，因为折旧年限很短，平均 6 年左右（一个大修理周期），其折旧率高达 17%（1/6 = 0.166），如果没有特别的措施，势必大幅度增加产品成本，产品就会缺乏竞争力。这样的企业首先生产任务要饱满，设备要开足三班制作业，这样可以降低单位产品成本。否则，势必会影响到企业的经济效益。也就是说，快速折旧必须要采取加速使用设备，以最大限度提高设备利用率。从经济角度而言，只有这样快速折旧才是合理的。

宣传“设备维修（更新）的黄金原则”，实际上也是在宣传马克思的“机器的中年期”这一学说。确切地讲，设备更新的黄金原则就是对马克思有关“机器的中年期”这个概念的中国化、具体化和精准化，使其具有可操作性。马克思说的“机器的中年期”这个概念，到底机器使用到何时才不超过它的中年期呢？笔者提出的“设备维修（更新）的黄金原则”，实质上就是回答了这个问题。只有按这条黄金原则办事，才符合马克思说“机器的中年期”的本意。

本章思考题

1. 设备维修（更新）的黄金原则说明了什么？它是否符合马克思说的“机器的中年期”这个概念的本意？

2. 这条黄金原则的来历是否具有科学性，是否符合逻辑？

3. 为什么说这条黄金原则是“陈氏理论”的灵魂？

4. 笔者把所建立的这套独特的理论体系说成是“陈氏理论”是否合适？

5. “陈氏理论”的核心内容是什么？为什么说这条黄金原则是这个核心的灵魂？

6. 为什么说这个“灵魂”关系到微观经济和宏观经济的发展？你有何不同的见解？

7. 按照我国现行各类机器设备的折旧年限，一般通用设备的最佳更新周期定为两个大修理周期是否合适？这里为什么只强调两个大修理周期而不强调 12 年？有何区别？

8. 为什么说快速折旧必须要提高设备利用率？

第四章　零部件寿命残存率是 TYZ 的根

一、零部件的寿命残存率概述

设备是由很多种零部件组成的，其可靠性无疑取决于组成它的零部件的潜在寿命（或叫残存寿命）。

（一）零部件的寿命残存率

我们知道，组成机械设备的每一个零部件，都有一定的使用寿命（物质寿命），当零部件失效时（不可修复的零件），其寿命也就终止；对可修复的零件，是指无故障工作时间，或故障间隔期。

如果在零部件失效或发生故障时，进行更换或修理（即事后修理），这时零部件的寿命已终止，如果在零部件没有失效或在发生故障前进行更换或修理（即预防维修），这时零部件的寿命没有充分利用，这叫作潜在寿命，所谓“过剩修理”，实质上就是指潜在寿命还比较长，即零部件还不到应该更换时而被更换了，因而造成人力、物力的浪费。只有精准掌握零部件寿命残存率，才能对设备维修进行有效的管理。

（二）零部件残存率的计算公式

零部件残存寿命与使用寿命（平均寿命）的比值就是零部件的残存率。其计算公式为：

$$零件寿命残存率 = \frac{潜在寿命}{使用寿命} \times 100\% \tag{4-1}$$

这个比值的大小可以说明现行的修理间隔期或修理周期是否合理，也可以用一个合理的比值来确定设备的修理间隔期或修理周期。

（三）以零部件合理的寿命残存率为依据的可靠性维修

设备修理间隔期不仅与零部件失效时间有关，更主要的还取决于对设备可靠性的要求，而设备的可靠性又取决于组成它的各种零部件（易损件）的潜在寿命或寿命残存率。

我们讲的是按零部件失效的时间分布情况来决定修理间隔期。但这种办法仅仅从零部件失效时间来考虑，而没有考虑到设备的可靠性和经济性。为了将设备的技术管理与经济管理有机地结合起来，这里还必须考虑设备的可靠性和经济性的问题。这也是设备综合工程学或现代设备管理所追求的目标。

我们知道，新设备的可靠性是最高的，可以说是百分之百，因为这时组成它的零部件都是完好无损的。随着使用年限的增长，零部件的磨损量越来越大，因而离它的平均使用寿命或平均故障间隔期越来越近；这一段时间之差与其平均使用寿命或平均故障间隔期之比，就是零部件的寿命残存率。当大多数零部件的实际使用时间都接近其平均使用寿命或平均故障间隔期时，设备的可靠性也就接近于零了。这一条基本原理对于科学地确定不同级别（A、B、C）的设备修理间隔期是非常有用的。

这是笔者提出的一种全新的设备维修模式。这种维修模式就是按设备的不同类别（A、B、C）给予合理的零部件寿命残存率，以确保各级设备所要求的可靠性的一种维修方式。它把可靠性工程理论与零部件的寿命残存率紧密地结合在一起。这才叫真正的“以可靠性为中心的维修”。

现在国内外讲的也是比较流行的一种维修方式，就是“以可靠性为中心的维修”（Reliability Centered Maintenance，RCM）。其实，RCM 并不是真正用可靠性理论来进行设备维修，其具体方法实质上是以故障模式和故障后果为研究对象，运用逻辑决断图选择最合理的某种维修方式（包括定期恢复、定期更换、定期报废），其目的就是要减少和避免重大和灾难性的故障发生。

笔者提出的这种维修模式是以“设备的可靠性取决于组成它的各种零部件的寿命残存率”，或“设备的可靠性是其零部件的寿命残存率的综合体现”这一条基本原理为依据的。这里讲“零部件合理的寿命残存率”是指对不同类别的设备而言的。这种维修模式适用于任何一种机械设备，因为机械零部件的失效大多是因为磨损引起的，它有一定的规律性——其失效分布属正态分布，故只要用正态分布表计算起来就比较方便。关键在于要掌握各种零部件失效（故障）或使用寿命的原始数据。采用此法也可以省略采用各种仪器仪表进行状态检测，因而可以降低维修费用（检查费用）。

二、零部件寿命残存率与可靠性成正比

零部件的寿命残存率或者说是潜在寿命都是一种实际存在的客观事件。残存率的高低（潜在寿命的长短）都直接影响着设备的可靠性和经济性。我们的任务就是要让这种可靠性和经济性限定在某种合理的范围内。

研究零部件寿命残存率（以下简称残存率）的高低，不仅与可靠性有关，而且也与经济性有关。我们研究它的目的：一是在如何使每个易损件保持必要的可靠性的前提下，把残存率降到最低限度；二是如何使我们的修理间隔期和修理周期建立在科学管理的基础上，因为修理间隔期的长短直接影响到残存率的高低；三是如何使“过剩维修”这个概念定量化；四是通过残存率的研究，可以使我们的设备维修管理实现标准化、规范化、系列化。五是掌握零件寿命残存率，有利于提高动态管理水平等。

（一）零部件寿命残存率与可靠性的关系

从定性的角度来说，零部件寿命残存率与可靠性呈正比例关系，即残存率越

高，可靠性也越高。这是容易理解的。这里主要是从定量方面来分析两者的比例关系。

（二）零部件更换的最佳时点

设备故障率或零部件失效分布，一般情况下都符合船形曲线（澡盆曲线）规律。更换易损件的最佳时点，应选在这条曲线的最后一段某一点的水平投影上，如图 4–1 所示。

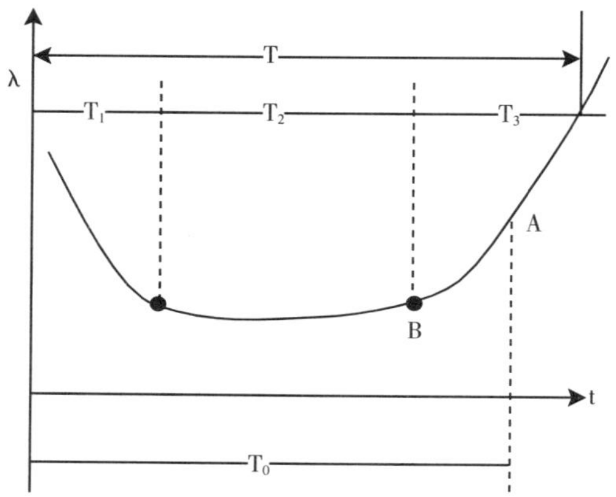

图 4–1　澡盆曲线

这里假定选在 A 点上，其水平投影为 T_0（时间）。A 点正处在这曲线的耗损期（T_3）的中点。它已度过正常使用期（T_2），再继续使用下去，失效或发生故障的概率会越来越大。如果选在 B 点进行更换，那么，潜在寿命还较长，而且也增加了修理次数。一般来说，按照设备的重要程度，其零部件的更换期应选在曲线 A 与曲线 B 之间的某一点上比较合理。

（三）设备的可靠性取决于零部件的寿命残存率

设备的可靠性取决于构成它的零部件的寿命残存率，或者说设备的可靠性是构成它的零部件寿命残存率的综合体现。

我们知道，新设备的可靠性是最高的，可以说是百分之百，因为这时组成它的零部件都是完好无损的。随着使用年限的增长，零部件的磨损量越来越大，因而离它的平均使用寿命或平均故障间隔期越来越近；这一段时间之差与其平均使用寿命或平均故障间隔期之比，就是它的寿命残存率。当大多数零部件的实际使用时间都接近其平均使用寿命或平均故障间隔期时，设备的可靠性也就接近于零了。这一条基本原理对于科学地确定不同级别（A、B、C）的设备修理间隔期是非常有用的。下面就来讨论这个问题。

我们知道，机器设备都是由很多零部件组成的，因而，一台设备的可靠性如何完全取决于组成它的零部件的质量和磨损程度。又因为零部件的质量是各不相同的，磨损情况也不一样，所以，一台设备的可靠性又取决于组成它的零部件中质量最差的那一只或几只零部件的寿命。这好像木桶理论一样。所以，当我们在确定某台设备的可能靠性时，就要以其中寿命最短的零部件的磨损情况为主要依据，要提高设备的可靠性就必须先提高其中寿命最短的零部件的寿命。这与木桶理论一样，只有把最短的一块木板换成与其他木板一样长，才能让木桶装满水。但是，对机器设备来说，要想做到让所有的零部件的寿命都一样这是不可能的。因为它们的工作性质不同，材质不同，工作环境不同，磨损程度不同等，我们所能做的只有让那些寿命最短的零部件增强其耐磨性，加强润滑管理等措施，才能延长它们的修理间隔期或使用寿命。

三、零部件寿命残存率与经济性成反比

上面所说的零部件寿命残存率与可靠性呈正比的关系，它与经济性的关系刚好相反，即残存率越高，经济性越差。也就是说，零部件更换过早，它的剩余寿命还很长，这就是一种浪费；这种剩余寿命越长，浪费越大，即经济性越差。

如某种零件平均寿命 10 个月，当它使用到 3 个月时就应更换了，它的剩余寿命还有 7 个月。它的残存率高达 70%。对于一般的零部件来说，这是极大的浪费，没有必要有这样高的残存率。除非这只零部件的可靠性要求很高。所以说，

残存率越高，经济性越差。这就是零部件残存率与经济性成反比的例子。

四、设备成新率取决于零部件的残存率

设备的成新率是指设备的新旧程度，它取决于构成零部件的寿命残存率，而不取决于设备名义上的使用年限。

这一原理对于设备资产进行评估或重估价时要特别注意。现在我们很多企业因各种原因需要进行资金产评估，机器设备是企业固定资产中的主要组成部分，一般要占全部固定资产的 70%左右。根据笔者的经验，在对设备资金产进行评估时，往往都采用年限法进行评估，即按设备已使用年限与尚可使用年限的关系进行评估，其成新率大多是按下式计算：

设备成新率 = 已使用年限 ÷ (已使用年限 + 尚可使用年限)

如某台设备已使用 10 年，尚可使用年限为 5 年，其成新率 = 10 ÷（10+5）= 10 ÷ 15 = 67%。这就是说这台设备的成新率为 67%。这种计算方法虽然简单，但不合理、不科学，它难以反映设备的实际技术状况和新旧程度。

现在比较普遍的做法也是一种简单的办法，即评估人员和相关的技术人员在现场目测和采访操作人员，然后确定设备的成新率。这种方法也难以反映设备的实际磨损状况。

比较科学的办法是，根据设备最近一次修理的时间离评估的基准日的时间来确定主要零部件的潜在寿命或残存率来确定设备的成新率。具体要考虑到近期的一次修理更换了哪些零部件？这些零部件的平均使用寿命是多少？那些没有更换的零部件的平均使用寿命是多少，现已使用了多长时间？只有将这两方面的因素综合起来考虑，才能确定出比较科学、合理的成新率。因为成新率的高低直接关系到一台设备的评估价值。

本章思考题

1. 设备可靠性与它的零部件寿命残存率的内在关系是什么？
2. 零部件寿命残存率的高低与经济性又有何关系？
3. 研究零部件寿命残存率有什么深远和现实的意义？
4. 设备成新率是个什么概念？它与零部件寿命残存率有何关系？

第五章　设备无形磨损的普遍性与两面性

设备无形磨损（精神磨损）是科学技术进步的必然；它既具有普遍性，又具有两面性。

一、设备无形磨损的普遍性

设备无形磨损（又称精神磨损、经济磨损）不是由生产过程中使用或自然力的作用造成的，而是由于社会经济环境变化造成的设备价值贬值，是技术进步的结果。无形磨损又有以下两种形式：

（1）设备的技术结构和性能并没有变化，但由于技术进步，设备制造工艺不断改进，社会劳动生产率水平提高，同类设备的再生产价值降低，因而设备的市场价格也降低了，致使原设备相对贬值。这种磨损称为第一种无形磨损。这种无形磨损的后果只是现有设备原始价值部分贬值，设备本身的技术特性和功能及使用价值并未发生变化，故不会影响现有设备的使用。因此，不产生提前更换现有设备的问题。

（2）第二种无形磨损是由于科学技术的进步，不断创新出结构更先进、性能更完善、效率更高、耗费原材料和能源更少的新型设备，使原有设备相对陈旧落后，其经济效益相对降低而发生贬值。第二种无形磨损的后果不仅是使原有设备价值降低，而且由于技术上更先进的新设备的发明和应用会使原有设备的使用价值局部或全部丧失，这就产生了是否用新设备代替现有陈旧落后设备的问题。

遭受无形磨损的设备，并不表现为设备实体的变化和损坏，即使无形磨损很严重，其固定资产物质形态却可能没有磨损，仍然可以使用，只不过继续使用它在经济上是否合算就需要分析研究。

设备无形磨损的普遍性表现为：第一种无形磨损讲的是由于社会劳动生产率的不断提高而产生的，这种无形磨损的普遍性更广泛一些，这在各行各业或多或少都存在。不要说由于使用了先进的生产工具而提高了劳动生产率造成原有的设备价值贬值，就是手工劳动由于技术水平不断地提高也会使在用的设备贬值。所以说，这种无形磨损是很广泛的，也是很普遍的。

第二种无形磨损主要存在于科学技术进步的速度比较快的行业，尤其是电子工业更加突出。如手机天天都有新款式的上市，搞得大家无所适从。在传统行业要想搞出一点新产品、新花样就没有这么容易了。因为这些领域要出新产品需要付出很大的代价，需要很长的时间。如果说现在的手机的技术寿命是一个月的话，而机械设备的技术寿命至少要十年左右。当然，不管这么说，在科学技术突飞猛进的时代，无论哪个行业的科学技术或多或少都在进步，所以，无论哪个行业也都有这种无形磨损的存在。这就是设备无形磨损的普遍性。

二、设备无形磨损的两面性

无论哪一种无形磨损都有其两面性。无论是科学技术进步，还是社会劳动生产率的提高，这对人类社会、对国家、对我们每个人应该说都是件大好事。只有科学技术不断进步，不断提高劳动生产率，社会才能进步，国家才能发展，人民的生活水平才能不断提高。这无疑是好的一面。不好的一面，就是对工厂企业的在用设备的价值或多或少产生贬值。当然，这种贬值只要设备不进入流通领域也是不会发生的。

另外，在当今市场经济的环境下，由于企业之间的竞争，如果不及时更换那些已经落后的设备，这些企业就会失去竞争力。

此外，如果将这些在技术上还是可用的设备过早地进行更换，也会对社会造成一种资源上的浪费。这好比我们现在的手机，你为了赶超别人，或为了赶时髦，隔三岔五地频繁更换实际上完全还可以用的手机，这对个人和社会都是一种浪费。这就是无形磨损的两面性。

手机的这两种无形磨损更加明显，如笔者在 6 年前买的一部手机，当时的价格是 1000 多元，而现在只值几十元钱；但笔者还是在使用，因为它不影响我的使用价值。与此相比，现在市场上各种新款式的手机多如牛毛，功能多得让人眼花缭乱。这就是技术进步给人们的生活带来的便利——用手机都可以在网上淘宝、订货等。不用这种先进的手机，有时也可能会给人们带来某种损失。

三、设备无形磨损的应对策略

设备无形磨损是一种科学技术进步和社会劳动生产率提高所带来的一种副产品，是无法避免的。当企业遭受这种无形磨损而又直接影响企业的经济效益或竞争能力时，就要及时地采取各种有效的办法予以对应。

我们知道，机器设备都有各种寿命。我们可以从不同角度将机器设备寿命划分为物质寿命、经济寿命、技术寿命和折旧寿命。

物质寿命，是根据设备的磨损而确定的使用寿命，即从设备投入使用到因物质磨损使设备老化损坏，直到报废拆除为止的年限。这是一种实物寿命。

经济寿命，是指设备的使用费处于合理界限之内的设备寿命。在设备寿命的后期，因设备故障频繁而引起的损失急剧增加。购置设备后，使用的年数越多，每年分摊的投资越少，设备的保养和操作费用越多。在使用期最适宜的年份内设备总成本最低，这就是经济寿命的含义。

技术寿命，是指由于科学技术的发展，不断出现技术上更先进、经济上更合理的替代设备，使现有设备在物质寿命或经济寿命尚未结束之前就提前报废（相对比较落后)。这种从设备投入使用到因技术进步而使其丧失使用价值所经历的时间称为设备的技术寿命。

折旧寿命，是指按国家有关部门规定或企业自行规定的折旧率，把设备总值扣除残值后的余额，折旧到接近于零时所经历的时间。折旧寿命的长短取决于国家或企业所采取的政策和方针。

设备的寿命通常是对设备进行更新和改造时的重要决策依据。设备更新改造通常是为提高产品质量、促进产品升级换代、节约能源而进行的。其中，设备更新也可以是从设备经济寿命来考虑，设备改造有时也是从延长设备的技术寿命、经济寿命的目的出发的。当设备遭到无形磨损时的应对策略包括以下几点：

(1) 当设备的技术寿命提早结束，而设备还在经济寿命年限内使用。按前文讲的原则，设备的更新改造大多是以经济寿命为依据的，设备继续使用只要不超过经济寿命都是合理的。在这种情况下，只要遭受的无形磨损不直接影响企业的经济效益或竞争能力，应对策略是：继续使用。

(2) 当遭受到的无形磨损很大，尽管设备还没有达到经济寿命的时限，设备继续使用就会给企业带来很大损失或丧失竞争能力，应对策略是：技术更新。

设备更新有两种形式，一种是原样更新，另一种是技术更新。原样更新是指用与旧设备的技术性能完全相同的新设备来代替原有的设备。技术更新是指用技术性能比旧设备更先进的新设备来代替原有的设备。

(3) 当原有设备遭受无形磨损，即设备的技术寿命已经提早结束，而经济寿命也差不多快要到了，在这样的情况下，更新原有设备总是上策，应对策略是：及时更新。

(4) 如遭遇第一种无形磨损，即设备遭受贬值时，对在用设备来说，其应对策略是：照常使用；对闲置不用的设备来说，其应对策略是：尽早处理。能回收的尽早回收，总比迟回收好。

本章思考题

1. 设备无形磨损是怎样引起的?
2. 为什么说无形磨损具有两面性?
3. 哪种无形磨损不会影响使用效果?
4. 哪种无形磨损应及时更新?
5. 应对设备无形磨损有哪几种策略?

第六章　设备修理间隔期的客观性与相对性

一、设备修理间隔期的含义

设备自身总存在着某种需要的修理间隔期，这就是修理间隔期的客观性；设备每次修理的间隔期又有一定的相对性——相对于设备自身的要求有一定的差距。

所谓修理间隔期，是指设备在前后两次修理之间的时间间隔。它不分修理类别，无论是上一次何种类别的修理，最近一次修理的时间就叫“修理间隔期”。如上一次是大修，时间是在 1 月 15 日，现在是 5 月 15 日又进行了一次小修。那么这台设备的修理间隔期就是 4 个月。或者说，在 4 个月前进行过一次小修，现在又要安排一次小修，其修理间隔期也是 4 个月。设备的一个大修周期是由几十个修理间隔期组成的，如某台设备修理间隔期为 4 个月，在两次中修之间有三次小修，经三次中修后就要一次大修，这样就组成了一个大修理周期，其大修理周期长度为 5 年零 4 个月。就是说，这台设备相隔 4 个月小修一次，相隔 16 个月中修一次，相隔 4 个 16 个月大修一次，这样它的大修理周期就是 64 个月。对一般通用设备来说，它们的修理间隔期在 3~5 个月，大修理周期 5~6 年。这都不是绝对的，尤其现在强调状态维修、视情维修，对修理间隔期这个概念有所淡化了。

由于各企业的生产设备在使用上存在很大的差异性，如有的一班制、有的两班制，也有三班制生产的。因此，设备修理的间隔期不能死扣时间间隔，主要还要看各企业设备的利用班次而定。这里讲的 4 个月的修理间隔期均是指两班制而言的。

此外，现在国内各企业对于修理间隔期这个概念也比较淡化了，不像过去那样严格。

二、修理间隔期的客观性与相对性

（一）修理间隔期的客观性

组成设备的各种零部件是由各种不同的材料加工制作而成的。它们的工作环境和所受的负荷以及运动状态也都不一样。如有的零部件组成运动副（摩擦副）做相对运动，有的则没有做相对运动；没有做相对运动的零部件就没有磨损，做相对运动的零部件就有各种不同类型的磨损（疲劳磨损、腐蚀磨损等）。此外，同样做相对运动的零部件，由于受力情况不同，摩擦力大小也不一样，其磨损程度也就不一样。由于工作环境不同，其磨损情况也不一样，如同样是车床，加工件的材料不同，其磨损程度也不一样。如专门加工铸铁件的车床要比加工钢件的车床更容易磨损，因为铸铁件加工时产生大量的铁屑或粉末，而加工铸钢件就没有这种粉末。这种粉末就容易进入车床内部加速车床导轨面和相关部位的磨损。

零部件由于工作环境和性质不同，也会遭受不同程度的磨损，其失效的时间当然也就不一样。失效时间不同，其修理间隔期当然也会不一样。也就是说，每个磨损的零部件都有它们各自的修理间隔期，这就是修理间隔期的客观性。我们所采用的各种修理间隔期应尽量接近或尽量符合设备实际需要的修理间隔期。

如苏联的计划预修制的基本原理中就有这样的要求："计划预修制度的主要目的是将修理工作纳入计划的轨道，最大限度地保证设备正常处于最佳的技术状态，以取得最大的经济效果。但只有在下列情况才能取得最大的经济效果，即采用的计划预修制度足以保证所计划的修理间隔期接近于实际需要修理的间隔期，而且计划修理的工作量同实际需要能足够精确地相符。否则，必然使设备的实际修理停机时间超出计划停机时间，所造成的生产损失很大，或由于经常过多进行修理使修理费用和停机损失过大。"

这段话说明，设备修理间隔期，客观上是存在的，我们所采用的计划修理时间或定期修理时间只要接近实际需要的修理间隔期，就不会造成过剩维修或欠修的情况。这里讲的"实际需要修理的间隔期"，就是修理间隔期的客观性。如上面讲的某台设备修理间隔期为 4 个月，即设备使用到这个时候，必有一部分零部件磨损到不能再使用了，否则，就会影响到设备的性能或精度等技术指标。在每一个修理间隔期都要更换或修理的零部件，就是那些易损件，如轴套、轴销、衬板、刹车片、阀片、阀门和气门等。还有一些零部件不是每次修理时都要更换或修理的，它们也许使用到两个修理间隔期或三个修理间隔期，即用到中修时需要更换或者修理；也有一些零部件可以用到两个中修时需要更换或修理；也有一些可以用到三个中修，即一直用到大修理时才进行更换或修理。这就是各种零部件由于工作性质不同、材料不同、负荷不同、使用环境不同等种种原因使它们各有各的使用寿命。它们的实际使用寿命就是客观存在的修理间隔期。我们的设备管理与维修的主要任务就是要把握各种各样零部件的实际使用寿命，使我们的计划修理时间更接近于实际需要的修理间隔期。也只有这样才能谈得上现代设备管理，也才能真正实现寿命周期费用最经济。

（二）修理间隔期的相对性

修理间隔期的相对性是指我们所确定每一种修理间隔期，可以说都不是完全符合实际情况的，我们永远都做不到这一点。这就是修理间隔期相对的合理性。就是说，我们所确定的各种修理间隔期，或是检查周期或是点检周期都只能说是相对合理的，不可能做到完全符合实际需要的修理间隔期或检查周期或点检周期。如我们在每次修理时所更换的零部件都是刚好完全失效的。完全失效的可能只有一部分，而大部分还都是可以继续使用的，只是出于生产上的原因或安全方面的原因把它们提早更换了——这就是上面说的“零部件的残余寿命”。这种“残余寿命”的长短就直接关系到设备的可靠性和经济性。

修理间隔期的相对性还表现为，即使是同类型的设备，在各企业或各行业也都不一样，因为没有统一规定的修理间隔期，这完全取决于各企业的实际情况。

不管过去的静态管理也好，还是现在的动态管理也好，它们都有各自的修理间隔期，只不过是运用的理论与方法有所区别。静态管理是以时间周期为基础的来确定修理间隔期；动态管理是以技术状态为基础来确定修理间隔期。但它们都是相对的。即使上海宝钢的点检定修制，它们的定修时间也是要变动的。这也是为了使定修制更科学、更合理，使主作业线上的设备充分发挥效能，最大限度地减少停机损失。这也是现代设备管理应该认真研究的大课题。

要研究这个问题，必须要从理论方面建立一种模型，能适合确定所有零部件的更换周期。靠状态监测不能完全解决这个问题，因为监测仪器不能测定设备在运行中所有零部件。状态监测技术只能作为确定修理间隔期的一种辅助手段，用它所测得的数据或状态来修正按照模型所确定的修理间隔期。

最理想的修理间隔期是在零部件将要失效前进行更换，这应该说是维修管理的终极目标。从这个目标出发，按照零部件的使用寿命、残余寿命、残存率可靠性、与经济性的关系来建立设备修理间隔期的模型。

所谓科学的、合理的修理间隔期，就是要使被更换（修理）的零部件寿命残存率符合可靠性与经济性的要求。

三、确定修理间隔期的方法与依据

（一）方法

确定修理间隔期的方法大体有以下几种：

（1）按照零部件的使用寿命，或按它们的平均寿命来确定（这是主要的方法）；

（2）采用状态监测手段，按照设备的实际技术状况来确定（这是辅助的方法）；

（3）按照零部件的寿命残存率与可靠性、经济性的要求来确定（这是本章所介绍的方法）；

（4）凭维修人员和管理人员的经验（这是过去的方法）。

（二）依据

（1）故障停机率。

（2）维修费用。

（3）状态监测信息。

（4）可靠性与经济性的要求。

（5）其他因素。

无论是苏联的计划预修制，还是美国的生产维修或日本的全员生产维修，以及“以可靠性为中心的维修”（RCM）等各种维修模式，它们最后都要落实到确定一个比较合理的修理或点检（检查）的间隔期上，或叫定期修理、定期点检、定期报废等。我们所确定的各种修理间隔期是否完全或基本符合设备自身需要修理的间隔期？这是检验各种维修方式是否先进的一种衡量尺度。事实上，这种基本符合也都是相对的而不是完全符合，也不可能做到绝对符合或完全合理。

所谓设备过剩修理或修理不足，都是由于不合理的修理间隔期造成的。如间隔期限定得过长，故障增多，就造成设备欠修，故障增加；修理间隔期过短，就会造成零部件过早地更换，增加了维修费用。这种修理间隔期是否合理也可以通过零部件的寿命残存率或可靠性来衡量。

本书是采用第（4），即用可靠性和经济性两方面的要求来确定设备修理的间隔期。

设备维修管理的内容很多，但主要的也是最为关键的内容，应该是如何确定合理的修理间隔期。当然，这里说的合理也是相对的，即做到比较合理，纵观各种维修方式（模式），都少不了如何确定各种修理间隔期，或确定检查周期，或点检周期，等等。如苏联的计划预修制就是研究如何确定最经济、最合理的修理间隔期，美国的生产维修（Productive Maintenance，PM）和日本的全员生产维修（Total Productive Maintenance，TPM）都有如何确定合理的点检周期的问题。

日本的全员生产维修（TPM）也一样有定期点检的问题。如上海宝钢的“点检定修制”就是从日本学来的。所谓点检定修制，是指点检与定修相结合的一种维修方式。根据点检后看实际状况是否需要进行修理。但那些重要生产设备是有严格定期修理制度的；这种“定修制”当然不像过去计划预修制那么严格，它是参照点检的情况来决定的。这就是宝钢的点检定修制的实质。

总之，不管你采用何种维修方式，凡是对设备进行预防维修的都有定期修理（修理间隔期）和定期点检的问题。如何将这种定期（修理间隔期或点检周期）定得合理、科学，是现代设备管理的一项重要任务，也是设备技术经济学需要研究的重点内容。

四、按零部件失效规律确定修理间隔期

如何科学地确定设备修理间隔期是现代设备管理学需要重点研究的一大课题。苏联的计划预修制是按设备开动来确定的。如上面所说，一般设备的修理间隔期是 3~5 个月，中修的间隔期是两年，一个大修周期是 5~7 年等，这些都是以

设备开动时间为依据的。

当然，以开动台时为依据有它一定的道理，就是设备的磨损量与开动台时是成正比的。这也是它们当时经过长期实践定出来的一套预修制度。所以，它们的计划预修制的基本原理也都是以设备的开动台时作为理论基础的。我们今天不能全盘否定这套维修制度的科学性。从严格的意义上来讲，无论是美国的生产维修（PM），还是日本的全生产维修（TPM），都没有什么理论性的东西。它们的共同点就是怎样维修、怎样操作更有利于企业获得更好的经济效益，所以，生产维修有时也叫赚钱维修或盈利维修。

我们不要忘了，摩擦学是现代设备管理的理论基础，也是设备综合工程学的“先驱”。笔者之所以赞赏苏联的“计划预修制”，认为它的基本理论和基本原理是比较科学的，原因就在于它们用摩擦磨损的理论来指导“计划预修制”。我们也应该清楚地认识到摩擦磨损理论仍然是今天的现代设备管理学重要的理论基础。

具体落实到如何确定比较科学或比较符合实际的修理间隔期，这也需要摩擦磨损理论的指引，因为我们今天的设备维修归根到底都是由于摩擦磨损引起的。所以，如何使我们的修理间隔期更具有科学性和客观性也只能从零部件的摩擦磨损入手。

我们知道，组成设备的各种零部件由于种种原因——主要还是磨损引起的——它们失效的时间都是不一样的。这也是我们研究修理间隔期的主要客观依据。设备之所以分大、中、小修理，就是依据零部件的失效时间为依据的。现在我们需要解决的问题是如何让这些零部件失效的时间掌握在我们的手中。如果我们手中有了这些原始依据何愁制定不出更科学、更合理的修理间隔期？手中有了这些原始依据，我们又何必非要采用状态监测技术呢？这种技术只是在心中无数的情况下采用的，它毕竟是要花钱花时间的。好比医院里采用各种检查仪器一样，只有在医生对患者的病情不大了解的情况下才采用各种仪器来测定病人是否已得了癌症。如果已经知道得了某种癌症，医生再也不会去做各种检查了，只是对症下药就是了。同样道理，对设备的各种检查、检测主要是大家心中无数造成的。照理讲，我国设备管理的历史也不算短了，对这些通用设备的各种零部件的失效时间或使用寿命应该心中是有数的。可惜，我们现在仍然还是茫茫然。所以，作为现代设备管理人员，必须要在这方面下点功夫，尽量多地掌握各种零部件的使用寿命或失效时间。只有这样才能制定出更科学、更合理的修理间隔期。

要做到这一步，首先是将设备的各种易损件按其失效时间长短排队，然后，按时间长短比较，接近的若干个易损件作为一组，如 3~4 个月的放在一组；6~8 个月的放在一组，12~16 个月的放在一组；24~32 个月的放在一组。以此类推，每一个组的易损件（零部件）就成为在这一个修理间隔期内需要更换或修理的易损件。这就是说，等 3~4 个月的这一组易损件更换了两次时，接下来的 6~8 个月的易损件也需要更换或修理了；等这一组的易损件更换了两次时，接下来的 12~16 个月左右的易损件也需要更换了。这样的计划修理制度实际上是很经济的。因为它可以让我们把准备工作做得很充分，既有利于缩短修理时间，也有利于安排生产计划。把这种计划修理工作做得好，也能减少计划外修理。

为了把这种计划修理工作做得更精确，还需要将每一种易损耗件的失效时间分布进行统计与分析。因为每一种易损件失效时间都不是一致的，它们不可能整齐划一地都是在同一个时间内失效，这里肯定围绕某一个时间有前有后地失效。这好比我们每天上班一样，不可能每个人都在八点整到单位。这里既有八点整的，也有八点差几分钟的，早几分钟或迟几分钟都是很正常的现象。但应该说绝大多数是在八点前后差一两分钟的人比较多。考勤严一点的单位早一两分钟的人比较多；反之，迟一两分钟的人比较多。易损件失效分布也是属于这一类情形。由此，我们完全有理由将修理间隔期定在失效时间比较集中的一段时间就比较合理了。

在此基础上，接下来的工作就是将同一组里的易损件失效比较集中的时间再加以权衡，或取它们的平均值作为这一组易损件的修理间隔期；或以某个量比较大的易损件的失效时间比较集中的时间作为该组的修理间隔期。这样做都是比较合理的，也是比较科学的，更是最经济的一种维修方式。如有可能在此基础上需要做的工作就是将同一组里的易损件的失效时间尽量拉近一点。这就要通过某些技术的措施，如某一组共有五个易损件，它们失效比较集中的时间分别为 80 天、90 天、95 天、100 天和 115 天。我们第一个目标就要将 80 天的这只易损件设法让它延长失效时间，如加强管理，或加强润滑，或改用其他某种更耐磨损的材料，等等。然后再让 90 天的易损件也逐步增长寿命，尽量让其向 95 天或 100 天靠拢。这就是现代设备维修管理的努力方向与目标，这种目标是靠得住的，也是很实在的、看得见的，只要大家下功夫一定能实现。

五、设备过多修理的负面影响

设备修理除了技术上的可能性之外，还在于设备修理的经济性。这里说的技术上的可能性是指在修理技术上有无能完全恢复设备技术性能的可能性。因为有些零部件磨损（失效）后是不能修理的，如齿轮的齿部磨损后是无法修复的，各种滚动轴承磨损后也是无法修复的。当然这一类修理技术随着科学技术的发展也不断在提高，今天不能修复的东西，可能明天就可以修复了。如人的断指再植一样，过去这一类技术是无法可及的，现在断指再植成了一种常规手术，今天连人的心脏坏了都可以修复了。

设备磨损以后或失效以后要不要进行修理，除了技术上的因素之外，主要的还是在于修理的经济性。这种经济性主要体现在修理总比买新的便宜。如果修理还不如买新的便宜，那就不修为好。如过去有很多设备大修一次的费用要比其原值还要高，这就不合算了。但从总体来看，设备修理大部分还是正面的、积极的，即设备的修理价值主要在于为社会节约大量的人力、财力和可贵的资源。

如汽车发动机效率低下，跑不动了，这时说明发动机磨损严重，即汽缸与活塞之间的间隙过大，所以，汽车就跑不动了，这就告诉你发动机需要修理了。如果没有办法修，只好换新的发动机。汽缸磨损后在过去是没有办法修的，因为汽缸的直径是标准化、系列化的。如 110 柴油机，其汽缸直径为 110 毫米，与其配套的活塞直径也是一样大的。后来随着汽车修理技术的进步，采用把汽缸直径扩大后再镶套，然后选择按标准加大了的活塞，就可以解决这个难题了。这要比换一台新的发动机要节省很多钱，也为社会节约很多原材物料。当然，这种修理不是无限的，最多只能修两次。因为将汽缸直径扩大后，壁厚度变薄了，汽缸整体强度就要下降，所以，最多只能扩大（搪缸）两次。不说别的，单从费用来说，这样修一次花不到一万元钱，而要买一台同样规格的发动机至少也要几十万元钱。这就是设备修理价值的经济性所在；最主要的还在于为社会节省大量的原材物料，节约大量的人力、财力。这就是设备修理的社会价值，这也说明设备修理有它的两重性。

再举个例子，以工厂都有的车床设备为例：我们知道，车床床身的导轨面是最容易磨损的地方，因为它露在外面。床身导轨长则三四米，短的也一米多长，而它的磨损往往是局部的。因为加工件的长度不可能都与导轨长度相当，而是大部分加工件都比较短，所以，走刀架的距离大多也是在一定的长度范围内移动，所以这一部分导轨面也最容易遭受磨损。当这种磨损量超过规定范围时，就不能再用了，否则，车床的精度不能保证，从而影响加工质量。遇到这种情况只能将床身导轨面进行修理——用专用的导轨磨床进行磨削加工，使其导轨面恢复到原来的精度。如果不修理，只好重新搞一台同规格的床身，这两者相比，无论在费用上，还是在原材物料方面，都是不可相比的。磨削一台车床导轨面最多也花不了几万元（一两万元的加工费），而要换一台相同的新床身可能要花上几十万元。

以上这两个例子都能说明设备修理的经济性是很明显的——修理总要比新买便宜得多，最主要的是为社会节约了大量的资源。

笔者在上面说过，设备不得不修，也不得多修。这里讲的“过多修理”是指过去那种修到不能修为止的过度修理。如一台设备只管修下去、只管用下去至少可以用上四五十年。这种过度的修理对企业（微观经济）、对国家（宏观经济）都没有好处。

（一）对微观经济的影响

我们都知道，设备越修越旧，效率越修越低，费用越修越高。因此，它直接影响到企业的经济效益。这一点只要在企业里干过设备管理或维修过的人都不会反对。具体请看下面这些事例（这些事例虽说都是老的，但意思还是相通的）：

如北京汽车制造厂部分设备一次大修理费与设备原价值之比，历史最高水平是：冲床类 38.76%~42%；车床类 47%~53%，1977~1980 年，这些设备一次大修理费与原值之比都在 60%~99%。这些实例，各厂矿企业多得不胜枚举。

由于设备老旧，不仅大修理费用高，中小修费用也高。如杭州钢铁厂二轧分厂，1977 年大修费为 15.6 万元，而中小修费用合计为 45 万元，相当于大修费的 3 倍（还未包括修理工人的工资）。济南钢铁厂 1978 年维修费合计 1425 万元，中小修占 988 万元，是大修费的 2.3 倍；1979 年维修费合计 1794 万元，中小修费占 1278 万元，是大修费的 2.4 倍。该厂 1978 年的维修费用占产品总成本的 14.03%，1979 年占 15.27%。目前维修费用之大，已成为工业企业的沉重负担。

设备越修越旧的例子："据上海某工厂的测算，金属切削机床经过几次大修，性能、效率下降的幅度大体上是：经第一次大修，下降 5%；经第二次大修，又下降 5%；经第三次大修，再下降 15%；经第四次大修，再下降 15%。这就是说，一台设备经过四次大修后，它的性能和效率只有原来的 60%左右。"[①] 金属切削机床如此，其他设备也大同小异。

现在各厂矿企业的设备维修工人，约占生产工人总数的 8%~15%，而维修工人的劳动生产率，据有关部门的统计只有生产工人劳动生产率的 30%~50%左右。如果缩短设备使用年限，减少维修工作量，这些经济损失都会相应地减少。

过去厂矿企业的流动资金，按我们冶金系统来说，有 20%~30%用于备品备件和二类机电等物资的储备，这种储备完全是由于设备过度维修造成的。如果能及时地更新这些老旧设备，不要搞过多的维修，由于新设备不断增加，维修工作相应减少，就可以减少这类储备资金的占用和储备物资的经济损失。同时，备品备件和二类机电由于保管不善，每年报损、报废等原因造成的损失几乎各厂矿企业或多或少都有。所以这些都会给企业造成经济损失，影响企业的经济效益。

---

① 见《工业企业的设备管理》第 112 页。

(二)对宏观经济的影响

为了说明这个问题，这里摘录1981年笔者给国家财政部的一封建议信，这封信的标题是:《加速企业设备更新，提高生产资料消费水平》。信的主要内容是说明，由于设备过多地维修，老旧设备长期不更新对宏观经济的影响。所以，笔者当时就提出建议要“加速老旧设备更新，提高生产资消费水平”。只有这样才能从根本上激活整个工业和国民经济。

1981年9月25日，财政部主办的《信访摘报》第11期全文刊登这封信，并报送党中央、国务院等国家机关，受到国务院负责同志的高度重视。信的内容摘要如下:

“浙江省冶金工业局陈后宋同志给我部来信，反映当前工业生产经济效果不好，除了由于长期吃大锅饭以外，主要是生产资料的消费水平太低，有相当一部分工业装备不能充分发挥作用。

来信人认为，目前工矿企业的生产设备已日趋老化，效率低，故障多，消耗高，维修费用大。设备维修费用与设备的使用年限是成正比的，使用年限越长，维修费用也就越大。如杭州制氧机厂，用于机床的大修理费用，占原值的70%左右，个别机床达到80%~90%。至于中、小修费用则比大修理费用还要多。如山东济南钢铁厂，1979年维修费合计1790多万元，其中，中、小修费用占1200多万元，相当于大修费的两倍半;设备的维修费用占产品总成本的15%，占在用和备用设备原值的15%左右，大大高于西方一些工业国家。如西德每年设备维修费用只占设备原值的6%~10%;法国只占其营业额的10%。如果把我们的设备维修费用降低到西德的水平，那么，国家每年至少可以节省200多亿元的维修费用。

目前机械行业由于任务严重不足，直接影响到上缴利润大幅度下降，如嘉兴冶金机械厂1979年利润800万元，1980年降到500万元，1981年计划300万元也完不成，最后调整到150万元，1982年也只有150万元。机械行业之所以造成这种被动局面，根本原因在于生产资料的消费水平太低，不适应现有的设备制造能力。如果我们的机电产品都像有些工业国家那样，有70%~80%用于更新，那么，不管国民经济怎样调整，重工业也不会受到如此巨大的冲击。如果把我们的设备更新周期缩短到与现有的设备制造能力相适应，使各类设备制造厂按三班制开足马力，那么，整个重工业的产值和利润也会直线上升，国家的税利收入就会增加。所以说，提高设备折旧率，缩短设备更新周期，提高生产资料消费水平，国家就可以从机械工业和重工业系统增加财政收入。

如果把设备使用年限从目前平均 24 年左右缩短到 12 年左右，把折旧率提高到 8.3%，每年就有 8.3%的设备进行更新。目前全国约有 6000 万吨设备（每吨平均按 5000 元计算），每年就有 500 万吨老旧设备报废更新。这 500 万吨作为废钢废铁来源，相当于新建一个鞍钢。用废钢铁炼钢，还可以节省能源和几亿元生产费用。”

以上这些数据都是当时的统计数，现在用它主要是为说明设备过度维修给国家和企业所带来的负面影响。这一点不管过去、现在和将来都是一样的道理。

（三）设备越修越旧，效率越修越低，费用越修越高

这是一条规律性的东西，因为修理的质量和零部件的材质都不可能达到新设备的水平。特别是机床设备的精度会随着拆装次数的增加而降低；维修费用一般总是第一次高，如第一次大修理费一般约占原值的 30%左右，第二次大修理费就会增加到原值的 40%左右，中小修费用也一样。这都是实践经验的总结。

本章思考题

1. 设备修理间隔期是个什么概念？
2. 修理间隔期的客观性和相对性说明什么问题？
3. 怎样确定合理的修理间隔期？
4. 为什么说要确定合理的修理间隔期是一件比较困难的事？
5. 为什么说掌握零部件使用寿命和失效分布是一项很重要的基础性工作？

第七章　设备技术与经济的统一性原理

一、设备既是生产工具又是物化了的资金

这条基本原理告诉我们，设备在整个寿命周期中并存着两种运动形态，一是设备的实物运动形态——生产工具不断地磨损。它是从设备的选购、安装、使用、磨损、修理、技改和更新，直到报废退出生产领域的连续过程。二是设备价值运动形态——资金不断地变化。它是经历耗损、转移和补偿的渐变过程。它是在设备使用过程中因磨损而消耗的价值，随着生产的进行逐渐转移到产品中去；转移的价值又从产品销售中按规定的比例提取折旧而得到补偿；并以货币的形式积聚起来，用于设备的技术改造或设备更新。由此可知，设备这两种运动形态是相互依存的。

有人说，“设备管理的内容，主要有设备物质运动形态和价值运动形态的管理”。将这两种形态的管理结合起来，贯穿设备管理的全过程，即“设备一生的综合管理”。

这条基本原理告诉我们，它既是构成设备两种运动形态的客体，又是构成设备技术管理和经济管理的对象，还是设备技术经济学赖以产生与发展的客观基础和依据。设备技术经济学是专门研究这两种运动形态的相互关系及其发展规律，促使技术与经济的协调发展和最佳结合、并通过对各种技术方案的论证，选择技术先进、经济合理的最优方案，为设备投资、更新和维修决策提供科学依据的学

科。因而我们有理由说：这条基本原理是设备技术经济学赖以产生和发展的客观基础，也是《设备管理条例》中强调“设备技术管理与经济管理相结合”的主要理论依据。本书可以说是这种结合最典型的专著——无论哪一篇内容都可以找到这种结合的事例。

二、设备实物运动形态的管理

所谓设备的实物运动形态，实质上就是设备的物质运动形态。主要是指设备从选型、购置、安装、调试、使用、维修、改造直至报废的全过程，即为设备寿命周期的整个物质运动过程。也有的论者把设备的规划、设计、制造也作为实物形态，这不一定确切，因为这里讲的是实物（物质）形态，在设备还没有制造出来之前是不存在实物形态的。

也有的人说，“企业设备物质运动形态的管理是指设备的选型、购置、安装、调试、验收、使用、维护、修理、更新、改造、直到报废；对企业的自制设备还包括设备的调研、设计、制造等全过程的管理。不管是自制还是外购设备，企业有责任把设备后半生管理的信息反馈给设计制造部门。同时，制造部门也应及时向使用部门提供各种改进资料，做到对设备实现从无到有和用于生产的一生管理”。

当设备投入使用后，由于物理和化学的作用而产生磨损、腐蚀、老化等，使设备实物的技术性能逐渐劣化，因而需要修复与更新。设备实物形态管理就是对实物的这些运动规律（变化）全过程进行管理，如研究如何管理设备实物的可靠性、维修性、工艺性、安全环保性及使用中发生的磨损、性能劣化、检查、修复等技术业务，其目的是使设备的性能和精度处于良好的技术状态，确保设备最佳的输出效能。

由此可见，机器设备的实物形态管理，实质上是设备技术管理的另一种说法而已。实物形态管理（或说技术管理）重在如何保持机器设备原有的几何形状和固有的功能；保持机器设备良好的技术状态；及时更新那些已趋向老化的、技术落后的淘汰设备。此外，设备的实物形态管理还要求设备外表面清洁、整齐，不允许设备构件存在任何残缺不全的情况，各种备用机具要求完整无缺。

在设备的使用年限上尽量不要超过它们的中年期。这是关系到整个工业和国民经济能否健康发展的战略性问题，也关系到一个企业和一个国家能否具有竞争力的大问题，更是世界强国地位轮替的决定性因素。这好比一家人的劳动力一样，如果家里有几个身强力壮的劳动力，你这一家就有强大或富裕起来的希望；如果一家几口都是老态龙钟的人，这个家就没有什么希望了！

"我们知道，每台设备都有它的经济寿命期（中年期），超过这个期限而继续使用，就会增加单位产品的成本。因为设备的维修费用以及动力、燃料、润滑油料等的消耗，是和设备使用年限成正比增长的"。这里说的"设备的中年期"就是上面说过的两个大修周期。

此外，设备使用年限不超过"中年期"，其好处多多，如可以提高设备综合效率。工业生产的经济效果在很大程度上取决于设备的综合效率，即设备的输出（产量、质量、安全等）对设备的输入（维修、动力、燃料、润滑油料等）之比。而设备的综合效率，又取决于设备的新旧程度。如把使用期从 24 年改为 12 年，设备成新率（也叫设备新度）将提高一倍，综合效率必将大为改观。

设备更新周期缩短一半后，维修工作量将随之减少一半以上。"所以，答案是十分清楚的，把一般的通用设备更新周期缩短为 12 年左右（约两个大修周期），折旧率相应提高为 8.3%，不仅不会提高成本和减少收入，而且降低成本和增加收入。至于设备技术面貌的改观，以及追上国际技术水平的更新换代所产生的巨大经济效益，更是无法估量的了"。

更重要的是，设备更新周期的缩短，还直接有利于促进重工业的发展。重工业产品在国内的出路，无非是两条：一是为基本建设服务；二是为老企业提供更新的设备。据某些西方国家的资料，机械工业产品中 80%用于设备更新。我国现在拥有的机床数量，在全世界已占第三位，但在现有企业设备更新方面，机械产品并未获得广阔市场，处于很低的消费水平。如果缩短设备更新周期，提高机械产品的消费水平，使机械产品用于设备更新的比例，从现在的百分之几增加到百分之几十，那么，尽管有国民经济调整和基本建设削减，机械工业和整个重工业也不会受到如此大的冲击。因此，目前机械工业和重工业"吃不饱"，不能完全归于经济调整，根本原因还在于设备更新周期长，不能为机械工业和重工业提供广大而稳定的市场。从长远看，增加设备更新在机械产品消费中的比例，是促进机械工业和重工业健康发展的上乘之策。

由以上所述可知，机器设备更新周期的长短直接关系到一个国家的宏观经济的发展速度，也关系到一个企业的成败。所以说，设备实物形态管理的重点还应在于掌握机器设备的"中年期"，这是具有重大战略意义的。

三、设备价值运动形态的管理

所谓设备的价值运动形态，是指新购置的设备，经安装调试合格投入使用前，其价值形态表现为财务账面上的原值。设备投入使用后，一方面，设备运行需要资金的继续投入（追加投资）；另一方面，通过折旧，使它的价值逐渐转移到产品成本中去，通过产品销售予以回收，表现为原账面价值的减少，即设备的净值逐渐降低。当设备不再继续使用或报废，通过出售，回收部分剩余价值或残值。这就是设备价值运动形态的全过程。

也有的说："企业设备价值运动形态的管理是指从设备的投资决策、自制费、维护费、修理费、折旧费、占用税和更新改造资金的筹措到支出，实行企业设备的经济管理，使其设备一生总费用最经济。前者一般叫作设备的技术管理，由设备主管部门承担；后者叫作设备的经济管理，由财务部门承担。"

设备价值运动形态管理就是从经济效益角度研究设备价值的运动，即新设备的投资及设备运行中的投资回收（折旧），运行中的耗损补偿，维修、技术改造的经济性评价等经济业务。其目的就是使设备的寿命周期费用最经济。

设备经济管理就是对价值运动形态进行合理的控制及科学的管理与考核，主要内容包括：设备投资决策、折旧率的确定与提取、维修费用管理与考核、更新改造资金的运筹与管理等。我们现在强调要加强设备经济管理，这既是设备价值运动规律的客观要求，又是提高设备综合效率和企业经济效益的有效途径。

要提高设备的综合效率，必须重视设备的经济管理。这是我们过去长期被忽视的一项重要工作。自20世纪80年代开始对设备经济管理方面的理论研究和专著不断问世，如笔者在1986年出版（1991年再版）的《现代工业设备管理》一书就有专门一篇论述设备经济管理；随后中国设备管理协会和上海设备管理协会分别组织编写《设备技术经济学》和《设备工程经济学》等专著并出版。

从资金这个角度而言，为了提高资金的运用效率，在国外往往采用快速折旧的办法，尽早回收设备的投资。资金的黄金原则是：该收的钱尽量早收，该付的钱尽量迟付。因为资金是有时间价值的。所以，尽早回收设备投资，这也是设备经济管理的一大目标。为此，在设备投资决策时，就有投资回收期的要求，如在2~4年内回收投资的是好方案，5~7年回收的是一般方案，7年以上的就不值得投资了。

为了提高设备的综合效率，我们必须既要重视设备的实物运动形态，也要重视设备的价值观运动形态。两种形态的关系是：实物形态是价值形态的载体，价值形态是实物形态的货币表现，二者既对立又统一，设备综合管理的实质就是要使设备实物形态管理和价值形态管理相结合，也就是我们平常说的“技术管理与经济管理相结合”，以追求提高设备综合效率和寿命周期费用最经济为目标。

在《中国设备工程》2012年第4期上有这样一篇文章，标题是《设备管理必须紧密构建在企业价值链中》。文中有些重要观点摘录如下：“企业进行设备管理必须紧密结合价值管理，且必须全面构建在企业的价值观链当中。企业的一切经济活动都是为了创造价值（即增值）。在企业管理中，设备管理到底如何体现自己的重要性？答案就是‘价值管理’，要从财务会计的角度，以总拥有成本和投资回报率为绩效考量。从设备管理的每一个过程、每个步骤进行价值核算。设备管理坚持走精细化价值管理的道路，能够帮助企业防止片面强调设备可靠性，避免设备过度维修，是企业提高设备综合效率的最有效手段。”

所谓价值运动形态，实质上是物化了的资金和存量资金不断地在变化，是指设备账面价值不断地在变化、在减少；它的价值逐步被转移到产品中去（折旧）；

同时又从产品销售中提取相同金额的更新改造基金存入专用账户，直到账面价值全部提完为止。这样就将物化了的资金（不可支付的账面价值）变成了存量资金（可以支付的更新改造基金）。我们知道，任何资金（基金）都是有时间价值的，这是设备技术经济学的基本原理。

当我们承认设备既是生产工具又是物化了的资金时，我们就应该知道现代设备管理应该做些什么和怎样做的问题。从 20 世纪 80 年代起，国内就开始编写和出版与这个问题有关的专著，如《设备技术经济学》《设备工程经济学》和《设备经济管理》等教科书。目的就是让广大设备管理人员掌握和运用这方面的知识，提高设备综合管理的水平，为物化了的资金和存量资金获得最大的经济效益，其主要途径是通过对各种可以被采用的技术方案进行技术经济分析或技术经济论证，为这种物化了的资金和存量资金（企业里的流动资金）获得更大的经济效益提供各种技术经济论证的方法，以及如何通过加强设备的经济管理来提高企业的经济效益。

四、合理的使用年限就是技术与经济的统一

本书所说的设备最佳折旧年限、设备最佳更新周期、设备最佳使用年限、“机器的中年期”等，都是由设备自身的两重性决定的：一是它既是生产者又是消费者，它既是生产工具又是物化了的资金；就是“设备维修的黄金原则”也是出于设备自身的两重性原理提出来的。如果单纯从技术角度而言，任何设备只要无限地维修下去，它就能像人一样也会长命百岁。但这样无论对企业的经济效益，还是对国家的经济发展都没有任何好处。

二是设备既然是物化了资金（资本），它也就具有资金的本性——以赚钱为目的。如开工厂办商店，就是为了赚钱。为此，我们使用设备也要把它看成在使用资金一样，重视它的经济性——赚钱的效应。为此目的，我们的企业家和设备管理人员也要学会分析与计算使用设备的经济账。这也是贯彻落实“技术管理与

经济管理相结合”的需要。这里把前文提到过的、笔者1982年在《世界经济导报》上发表的这篇文章中有关设备维修经济性方面的具体内容摘录如下：

（1）单从维修费用一项看，维修支出之巨大，已成为我国企业普遍的沉重负担。杭州制氧机厂一些机床的大修费用，为机床原值的70%左右，个别的达到原值的80%~90%。济南钢铁厂1978年、1979年两年的维修总支出占该厂产品总成本分别为14%和15%；与全厂在用和备用设备的原值相比，也为15%左右。

（2）目前全国的固定设备资产约为3000亿元，如以维修费用平均占原值15%匡算，每年花在维修上的钱，就有450亿元之巨。据西德的资料，在一般情况下，西德的设备维修费用相当于原值的6%~10%。如果我们能达到西德那样的水平，每年即可省去150亿~270亿元（这里的数字均是过去的）。

（3）这笔匡算的账，足以说明超龄旧设备长期使用，动机似是节约，效果却是莫大的浪费。我国许多企业之高成本、高消耗，跟设备陈旧和长期不更新是直接有关的，更不要说因设备陈旧、技术落后而影响整个工业技术水平的提高和影响产品的竞争能力了。要改变这一状态，就必须缩短设备更新的周期，而且必然还要相应提高设备的折旧率。这样会不会增加生产成本和减少财政收入呢？

（4）目前全国的设备折旧率平均为3.6%，设备使用期30年。如以平均使用期24年，折旧率相应为4.2%计算，年平均维修费用约为设备原值的16%。如把更新周期缩短为12年，折旧率相应提高为8.3%，年平均维修费用将减为占设备原值的11%。修理费用减少5%，折旧率提高4.1%，两者相抵，仍可节省设备原值的0.9%。

（5）再从下面几个方面，更可以看出更新周期改为12年、折旧率改为8.3%的经济效果：用“均匀流”计算公式：假设设备原值为1万元，24年的年平均维修费用换算成现值（当年的金额），共为14208元；改为12年，即为7656元。也就是说，使用期24年的设备，维修费用现值要比使用12年的多6522元，相当于原值的65%多。

（6）用固定资金利用率作对比：从24年改为12年，设备投资即可提早12年全部回收；折旧率从4.2%改为8.3%，每年可多提410元折旧基金（仍假设原值为1万元）。用复利公式计算，12年内所获净利，年平均为原值的4%左右。

全国3000亿元设备，仅此一项即可增加利润120亿元。

（7）流动资金占用的对比：现在厂矿企业为设备检修而储备的各类物资，数量极大。以冶金部门来说，这种储备约占企业全部流动资金的20%左右。这大量的储备，不仅不产生利润，还由于技术进步而不再适用以及保管不善等原因，经常报损报废。如把更新周期改为12年，这种储备至少可减少一半；也就是全国至少可少占用上百亿元资金，年利润也将增加10亿元左右。

此外，在《以可靠性为中心的维修》一书中，目前对设备维修费用之高也有所提及："无论是绝对值还是在总费用中的比例，维修费用本身还是一直在上升。在有些工业领域，维修费用如今已成为运行费用中第二高甚至最高的成本构成。"所以，如何降低设备维修费用已经成为设备维修管理或各种维修模式需要重点研究的一大课题。本书第三篇的"设备量化维修管理模式（TYZ）"就是针对和解决这个问题提出来的。

要提高资金的利用率和设备综合效率，必须降低对设备的支出或减少追加投资（减少设备维修），这里关键的问题在于要减少设备维修，首先要缩短设备使用年限，让设备的使用年限不超过它的"中年期"。这是设备维修经济学的主要研究对象。

设备维修经济学是一门跨工程技术和经济学两个领域的边缘学科。它研究的对象就是设备使用中的经济效益问题，也是研究如何把设备技术与经济问题有效地结合起来，以取得最优的经济效益。所以，设备维修经济学的主要任务就是研究从技术与经济两方面来考虑设备最佳的使用期和最佳的修理间隔期的理论与方法，使设备投资或设备更新决策取得最好、最大的经济效益。

本章思考题

1. 为什么说设备既是生产工具又是物化了的资金？
2. 什么是设备的两种运动形态？

3. 这两种运动形态的表现形式有何不同?

4. 为什么说这两种运动形态是设备技术经济学的客观基础?

5. 如何提高这种“资金”的利用效率?

第八章　设备两种形态变化的规律性

设备从诞生起一直到停用都具有两种运动形态，即设备的实物形态和价值形态。这两种形态有时呈现出同步性，有时呈现出背离性，有时还呈现出可逆性。这就是设备实物形态和价值形态的同步性、背离性和可逆性。

设备包括两种形态，即设备的实物形态和价值形态。如何对设备这两种形态进行管理，沈亮安教授于 1996 年在《设备管理与维修》第 8 期和第 9 期上发表了《设备的实物形态和价值形态管理》一文。文中指出："从理论上讲，设备的两个形态应该是一致的。因为实物形态是价值形态的物质载体，价值形态是实物形态的货币表现。实物形态与价值形态两者相互依存、相互制约。设备的实物形态与价值形态是相互渗透的矛盾的统一体。"这一论述也可以说是设备技术经济学的理论基础。

一、设备实物形态和价值形态的同步性

（一）设备投入使用前的同步性

从设备的实物形态考察、新设备的运输到安装调试，在准备投入生产使用之前，其性能、精度等都保持新设备实物的技术状态。这时，其价值形态表现为财务账面上的设备原值。也就是说，在这个时候，设备的新度是 100%的，而账面

价值也是100%的。这就是两种形态同步性的表现。

（二）设备投入使用后的情况

设备在使用过程中会产生摩擦、磨损、腐蚀和老化等现象，此时，设备的实物技术状态逐步劣化，其新度或成新率以及使用价值也随之逐渐降低。同时，随着设备的账面价值逐渐转移到产品中去——折旧，账面价值也逐渐减少，其价值形态也发生变化。故从总体上来看，在设备的使用年限与规定的折旧年限比较符合的情况下，设备劣化后的实物技术状态，即设备的实物新度或成新率同折旧提存后的设备价值形态的净值相比，两者基本上是一致的。这是什么意思呢？就是这时对设备进行价值评估（或重估），其评估值与账面上的净值基本是一致的。也就是说，在正常使用年限之内进行设备资产评估，评估人员往往也是按实际使用年限估算其评估价值的。这种评估值与账面净值不会相差很大。简单地说，就是设备的折旧年限与设备的实际使用年限基本上是吻合的，那么，设备的两种形态也会是同步的。当然，在实际评估时，还得根据设备本身的实际技术状态如何而定。

诚然，设备的两种形态完全同步的概率是不高的，即使有也不是经常出现的。或者说两者的不一致、不同步倒是经常的，即两种形态背离的状况反而是正常的。产生这种背离情况的原因如下：

一是由于设备在生产中的物质磨损同财务会计处理的价值不一致造成的。在设备正常使用过程中设备实物形态的磨损、腐蚀、老化等是每时每刻发生的，它是均匀的量变过程。设备的新度（成新率）下降也是呈均匀的斜线。

二是由于财务会计在设备折旧中是定期提取的，不可能每时每刻都提取。一般是按年度折旧率提取，每月摊入成本。因此，设备价值形态的变化是呈阶梯状的。

在设备的使用年限与财务规定的折旧年限比较符合（接近）的情况下，设备劣化后的实物新度（成新率）与折旧提存后设备价值形态的净值是相等的。这是什么意思呢？就是说在正常使用情况下，设备的新度（成新率）在某个时点上（如设备评估时）它的新度（成新率）与账面上的净值是相等的。如某台设备规定折旧年限为 15 年，现已使用了 5 年，其新度（成新率）一般定为 70%或 80%左右比较合适；此时其账面净值是原值的 77%。因为折旧年限规定为 15 年，年度折旧率为 6.6%，这 5 年共提取的折旧额为设备原值的 33%（6.6%的 5 倍）。由此可知，这两者的比例是相当接近的。这就是它们在某个时点上的同步性。而这种同步性是短暂的，是不经常发生的。

二、设备实物形态和价值形态的背离性

随着科学技术的进步，机器设备的技术寿命越来越短，在用设备的无形磨损也就越来越快。为了减少这种因技术进步所带来的无形磨损，就必须提高设备折旧率，加快设备资产折旧速度。这样设备价值形态净值的下降速度大大超过实物形态的磨损速度。由于这种原因造成的两种形态的背离，称为正背离。

由于有些企业按《折旧条例》有权规定提高折旧率，因此，不少企业当生产情况比较好的时候，折旧率规定得比较高，这时设备实物技术状态比较好，而设备的账面净值减少得比较快。

还有一种情况是，当企业的生产经营不好时，设备折旧该提的不提，出现设备账面净值比较高，而设备的磨损严重，技术状态不好，实物形态新度（成新率）很差的现象。这种现象称为负背离。

此外，还有一种属于恶性背离。就是有些企业实行生产经营承包制，由于承包期短，承包办法不完善，而承包期又与设备折旧年限不一致，承包人只顾生产，追求利润，设备该修的不修，使设备加速磨损导致设备实物技术状态严重恶化，甚至不断发生一些恶性事故。

三、设备实物形态和价值形态的可逆性

设备两种形态的可逆性，是指设备的两种形态（变化）的实际情况有时也是可逆的。

如企业里的机器设备不可能几年都不修理，否则，这些设备是无法使用的。正因如此，设备的劣化或新度不是一直下降的，而是通过一次修理，其性能或精度就会提高，甚至恢复到原来的水平。

如果对设备进行技术改造，其新度和性能可能会大幅度提高或达到原来的水平，如果对设备进行技术更新，那么，更新后的设备能力、性能都要比原来的设备高。这些都能说明设备实物形态的可逆性。

如企业为了提高生产能力或提高设备性能，对有些设备进行大修加改造，按财务规定对设备进行技术改造，这一部分费用可以进入账面价值，即增加设备账面净值。这就是设备价值形态运动的可逆性。

四、设备实物形态和价值形态的反向性

设备账面价值与内在价值一致性是暂时的，不一致性是绝对的。这里讲的设备价值包括两种：第一种是账面价值，这与上面讲的价值是一致的；第二种是指设备的内在价值（使用价值），或是重估价值，或是变卖时的价值。

设备资产账面价值因折旧而逐年减少，内在价值（追加投资——维修费用）逐年增加。这就是设备价值形态的反向性。

这条原理在对设备资产进行重估价时需要特别注意。如有的设备账面价值虽然为零（折旧已提完），或属超役设备，但其内在价值（使用价值）还是相当高

的。尤其是一些老企业这种情况比较普遍。这完全是由于我国的生产设备，尤其是那些流程工业生产线上的设备完全是靠长年累月地不断维修保持其使用寿命而不断地追加投资（维修费）所致。正因如此，在对机器设备进行价值评估时，一定要从实际情况出发客观地进行评估。在 1992 年某部下发的一个有关企业清产核资的文件，其中有一条规定："对已超龄服役的设备原则上不予评估。"不评估就说明这些账面价值为零或负值的设备都没有价值了。这对国家和企业势必造成很大的经济损失，而且也容易造成固定资产账面价值与实物量不相符。其实有很多超龄服役的设备还继续在使用。这与人退休后不一定就没有工作能力是一样的道理。故在进行设备资产评估（重估价）时，对那些还在继续使用的设备都要进行客观的评估。

五、如何加强对两种形态负背离的管理

从以上的介绍中得知，设备的两种形态有正背离和负背离，还有恶性背离。对设备这两种形态的管理就是要减少这些负背离和恶性背离。具体做法主要有：

（1）在规定折旧率时，要科学地设定设备的实际使用年限，尽量不要超过设备的"中年期"。同时还要考虑到设备的无形磨损（精神磨损），在条件许可的情况下，可以适当提高设备的折旧率。

（2）在企业实行生产承包制时，要防止拼设备的现象。所谓拼设备，就是该修的不修，或延长修理间隔期，造成零部件加速磨损，致使设备实物形态的技术状态严重恶化。具体措施是将设备的有关参数，如完好率、性能、精度和新度系数作为承包前后的考核指标进行严格的考核。

（3）对于闲置设备的处理或因企业合营、合资等经济行为设备进入流通领域时，设备资产必须经过中介机构进行客观、公正的评估，防止设备资产流失。

设备两种形态管理的主要任务还在于确保设备资产保值增值，盘活存量资产，减少闲置设备，优化设备资产结构，提高设备运行效率和经济效益。

（4）设备资产账面价值因折旧而逐年减少。这种减少的速度完全取决于折旧率的高低和折旧方法。如我国过去的固定资产折旧率是很低的，综合折旧率只有2%~3%。也就是说，固定资产的折旧年限长达30~50年，机器设备也一样。1985年后，机器设备的折旧年限平均为12年左右。在国外，企业家为了提早回收设备投资，采用快速折旧法，即开始头几年折旧率很高，随后逐步降低。这当然与设备生产能力变化有关，如新设备的生产能力肯定要比旧设备高，所以，开头几年多提折旧也是合理的。

设备这种价值形态的变化是通过年度折旧，即在财务上每年提取一定比例的折旧费转移到产品中去——成为产品成本的组成部分。这就是说在产品成本中有一部分是设备的折旧费，然后等产品销售后，从销售收入中提取设备的补偿资金，以货币的形式存入折旧基金账户。这样，设备账面价值额逐年减少，而折旧基金账户上的金额逐年增加；直到账面上的价值为零，即设备当年的投资全部转移到折旧基金账户上。这时旧设备如果需要更新，就从折旧基金账户中提取更新基金用来更新设备。这时，设备价值形态就完成了一次循环。就这样，设备的价值形态周而复始地进行下去。这是企业维持简单再生产的一种方式。

（5）设备追加投资因维修而逐年增加。设备另一种价值形态就是设备的内在价值（使用价值）或重估价值、或变卖价值。当设备投入使用后，随着磨损的不断增加，维修是保持设备正常运行的唯一手段。设备维修发生的各种费用是不计入账面价值的，对账面价值形态不产生影响，只有技术改造费用可以进入设备的账面价值。设备通过各种维修主要是让设备维持正常的技术性能和精度，确保设备的使用价值。为此，设备每年都要追加投资——维修费用。这种费用在设备的一生中相当于设备原投资的3~5倍。这在前文已讲过。也就是说设备的追加投资相当于其原值的好几倍。这种追加投资就是为了保持设备在规定的使用年限之内的使用价值，而重估价值或变卖价值都是根据使用价值来定的。

由上述可知，设备的两种价值形态是不一样的，一种以折旧形式表现出来，一种以追加投资形式表现出来。前者是为了维持企业的简单再生产，后者是为了维持企业正常的生产秩序。故对于这两种形态管理的重点也不一样。对于前者管理的重点在于确定合理的折旧年限，即制订合理的折旧率；对于后者管理的重点在于确定科学的维修方式，实现设备寿命周期费用最经济。

设备的内在价值不能以账面价值为依据，而应以设备的技术状态，即设备的内在价值（使用价值）为主要依据。在对设备进行重估时，不能简单地采用年限法，即采用按已使用年限来评定设备的价值。因为设备的内在价值（使用价值）与使用年限不存在对应的相关性。虽说设备的磨损程度与使用年限有一定的相关性，但由于设备不断地进行维修，不断地追加投资，其磨损程度只能是与近期修理的时间和修理程度有关而与已使用年限无关。

这个问题在我们国家更是如此。因为我们企业里的设备使用年限都比较长，短则十多年，长则二十多年、三十多年，甚至于四十多年的也有。这些设备主要是靠连年不断地维修才能维持这么长的使用年限。而每一次大修后设备的技术性能又提高到与原来的性能相差不多的水平；所以说，尽管设备的账面价值为零(折旧早已提完)，但它们的技术性能仍然还是很年轻的。尤其是那些流程工业的设备，如钢铁、化工、水泥等行业，这些行业的设备每到年底都要进行一次全面的检修，为来年的生产做准备。因为这些设备在平时是很难停下来修理的。所以，这一类设备通过一年一度的计划检修，就相当于恢复了原来的技术性能，否则，怎么能应付来年一年的生产任务呢?

此外，有些企业在设备年度检修时，还要结合技术改造，又进一步提高了设备的技术性能，有的设备经过技术改造其技术性能可能比原来的还要先进，这叫作现代化改装，即采用先进的技术对原有的设备进行技术改造。这就是为什么说“设备的内在价值是重估价值的主要依据”的理由。

六、账面价值为零的设备不一定没有使用价值

随着我国经济体制改革的不断深化和市场经济的发展，目前各行业形成了多种经济性质和多种经营方式并存的新局面，资产产权的变动（如企业实行股份制或合资等）已由过去的无偿调拨变为有价交换。

同时，由于价格政策的放开，使得企业固定资产的账面价值与市场实际价值产生了严重的背离。为了维护资产所有者和经营者各方的利益，也为了企业转换经营机制和执行新的会计制度，现在有许多企业已进行资产重估，即对各类固定资产的重估价值和成新率进行评估。

设备资产的重估是企业资产评估的一项主要内容，而且工作量大，牵涉面广。从对设备进行重估角度看，有些问题值得进一步研究，如规定使用年限，超龄设备的成新率，以及尚可使用年限如何确定等问题。

（一）关于规定使用年限问题

在评估设备成新率时，规定使用年限（折旧年限）是一项主要参数。规定使用年限的长短，直接关系到成新率的高低。这里暂不考虑其他因素对成新率的影响。

现在的问题是，规定的折旧年限有新老两种，即 1985 年颁发的分类折旧年限和最近制订的企业财务会计制度中新的折旧年限。如机器设备的折旧年限，前者平均为 18 年，后者为 12 年。笔者参加评估的几个企业都采用后者，取最高限（即 14 年），这样，无形中降低了设备的成新率。

如某台设备已使用了 10 年，若规定折旧年限分别为 18 年和 14 年，则它的成新率分别为：成新率 = 1 − 0.55 = 0.45 = 45%；成新率 = 1 − 0.71 = 0.29 = 29%；前者比后者高 16%。如折旧年限定为 10 年，那么，这台设备的成新率在理论上是 0，但在实际工作中，还是按设备当时的技术状态为主要依据确定成新率。

事实上，新的会计制度从 1993 年开始执行，而有的企业仍按老的折旧年限计提折旧，所以新的折旧年限对设备的新度（净值/原值）未产生影响。故在近一两年内对设备资产进行评估，笔者认为应该采用 1985 年颁发的分类折旧年限较为公正、合理。

（二）关于超役设备的成新率问题

这里讲的超役设备，是指超过规定折旧年限的设备。这种设备在老企业里占的比重很大，按照当时冶金部有关规定，对超役设备不再评估，或原则上不予评估，这就等于给老企业削减了一大半财产，对国家和企业均十分不利。

从理论上来说，超役设备的成新率为零，不应进行评估。但事实上，许多超役设备由于连年不断地修理、更换、改造，目前仍具有一定的生产能力，有的还充当主要角色，内在质量相当不错。我们的机器设备，绝大多数是靠不断维修来维持其应有的功能，以满足生产的需要。这就是我们的国情，设备资产评估要从这个国情出发。

鉴于这些情况，笔者上次在杭州钢铁厂的资产评估中，对目前还在使用的超役设备的成新率大多定为20%（最低限）；最近几年大修或中修过且技术状况较好的，也有超过50%的。对于准备报废的超役设备，其成新率均为5%，即保留一部分残值。为此笔者当时写了一篇题为《设备资产评估的理论与实践》的文章发表于《中国设备管理》1994年第3期，此文被选入《中国“八五”科技成果选》。

杭钢是1958年投产的老企业，大部分设备都是1973年前投入使用的，如果对这些超役设备不进行评估，那么，杭钢的设备资产还能剩下多少呢？杭钢现在生产很正常，效益也很好，这还得归功于这些年老体壮的旧设备。所以，我们的评估也就从这种实际出发，比较公正地处理了一大批超役设备的成新率问题。

（三）超役设备成新率的计算公式

我们通常对超役设备成新率的计算，按以下公式进行：

成新率 = 剩余寿命 ÷ 已使用年限 + 剩余寿命 × 100%

或

成新率 = 尚可使用年限 ÷ 已使用年限 + 尚可使用年限 × 100%

这两个计算公式都不够科学，也很难操作，如超役设备大多已使用20年以上，在此期间未经修换的零部件是很少的。因此，对超役设备来说，已使用年限从投入使用时起算就显得不够科学，此外，要确定尚可使用年限或剩余寿命也是相当困难的。按照《资产评估概论》一书中讲的，“固定资产的尚可使用年限，是通过工程技术检测手段，根据磨损程度确定的”。这对少数设备来说，是可以办到的，但面对一个拥有几千或上万台设备的评估单位，都要这样做是不可能的，因为机器设备难以停下来进行检测。

我们在实际工作中，大多是在现场与设备使用单位的工程技术人员一起确定成新率的。然后，据以确定或计算尚可使用年限（剩余寿命）就方便了。在大量的设备资产评估中，也只能这样做。如何更科学地确定超役设备的剩余寿命和已使用年限，有如下剩余寿命计算公式可供参考：

剩余寿命 = 折旧年限 ×（超期在修理费 ÷ 重估后原值）

已使用年限采用“加权”的方法，即：

加权已使用年限 = Σ加权更新成本 ÷ Σ更新成本

加权更新成本 = 已使用年限 × 更新成本

这适合于经过几次更新改造的资产已使用年限的计算。笔者认为，它也适合于经过几次大修或改造性大修的设备。这个方法比较科学，但对一个原始资料不齐全的企业来说，又是难以计算的。

另外，在剩余寿命计算公式里，超期大修理费用与重估后原值的比例需要做些调整或修正，否则，这个比例关系就会失真。这就是说，先要把超期大修理费用按某种利率或物价上涨指数换算成现值（指与重估后原值有个相同的时间基点），这样，才能比较真实地反映出当时历次大修的程度。这里用加权使用年限来计算设备的剩余寿命要比已使用年限科学得多，如一台设备已经使用了 20 年，按它的劣化程度早已不能用了，也就没有什么价值了。但事实上有很多老旧设备的使用年限在 20 年以上，它们还照样在使用。之所以会这样，因为这些老旧设备是靠长年累月地进行修理，或大修、中修或更新改造等。这就是设备追加投资的功能所在。所以，设备资产评估千万不能按已使用年限为依据，更不能规定账面价值为零的超役设备不能评估。这是最不科学也是最不合理的方法。因此，必须用设备的内在价值（使用价值）为依据进行评估。

本章思考题

1. 设备两种形态的同步性表现在哪些方面?
2. 设备两种形态的背离性表现在哪些方面?
3. 设备两种形态的可逆性表现在哪些方面?
4. 有哪些措施可加强设备两种形态的背离管理?
5. 设备资产账面价值的变动是怎样引起的?
6. 账面价值为零的设备说明什么?
7. 设备的使用价值取决于何种价值?
8. 设备资产在重新估价时应以何种价值为根据?

第二篇　设备维修的经济性研究

笔者在前言中引用马克思说的“机器的中年期”这个概念，问题是“机器的中年期”到底是个什么概念，它到底用到何时才算是“机器的中年期”？马克思并没有说。但这个概念又很重要，按马克思说的“机器超过它的中年期”再继续使用在经济上就不合算了。

再说，设备管理本身属经济范畴，故要研究设备维修经济性的有关理论也必须以马克思的经济理论为基础，更何况马克思所处的时代是资本主义时代，即完全是市场经济环境。今天，从企业竞争的大环境来说，今天所面临的生存环境就是世界性的激烈的市场竞争。企业要想在这种环境中生存与发展，它的产品必须具有较强的竞争力——物美价廉。而今天这种竞争力主要是靠机器设备的内在质量与高效的管理——企业的生产设备应具有高生产率和低维修费用。为此，只有让机器设备的使用年限不超过它的“中年期”才能具有这样的竞争力。

第九章　研究设备维修经济性的限度

设备维修的价值在于它的经济性，但这并不意味着设备就可以无限期地维修下去，否则，就变得不经济了。为此，就要研究设备维修经济性的限度，这种限度实际上就确定了各类设备合理的使用年限。这里说的合理的使用年限，也是最佳的折旧年限和更新周期；也相当于马克思说的“机器的中年期”。研究设备维修经济性的限度，也等于研究设备最佳的折旧年限和更新周期，也相当于研究马克思的“机器的中年期”。

一、“机器的中年期”是个经济概念

机器与人一样也有中老年期。人到50岁以后就称中老年期；30~50岁应说是中年期；30岁以前应是青年期。机器的寿命一般来说不可能与人这样长寿，但维护保养得好一些，合理地使用，其使用寿命可能会长一点。

“机器的中年期”的含义，按照马克思说的应是从经济角度来定义。我们从本书第一篇的“设备维修经济学原理”中得知，设备也与人一样，它既是生产者，又是消费者。既然如此，随着设备使用时间的延长，其生产效率就会随之而下降，而消费（维修费等）却不断地增加。这是其一。

其二是从设备的年度折旧费来说，它随着折旧年限的延长而降低。如一台设备其购置费加安装费共100万元（即原值100万元），如果按10年折旧，其每年折旧费为10万元；如果按20年折旧，其每年折旧费为5万元，以此类推。

其三是在构成产品成本中与设备有关的费用主要是设备年度维修费和年度折旧费。因为这两项费用都要进入生产成本，有的按月份分摊进入成本，有的按季度分摊进入生产成本。从企业获利角度而言，设备使用到何时这两项费用之和最低，就是设备最佳的更新周期，或是最佳的折旧年限，从严格意义上来说，这就是马克思所说的“机器的中年期”。为简化起见，这里没有考虑设备的油料等辅助材料的消费。

二、研究设备维修经济性限度的理论依据

为了简化研究程序，这里采用以设备在一个大修理周期内所要发生的各种维修费用之和进行估算对比，就是设备使用第一个大修周期所发生的维修费是多少？接着再估算第二、第三或第四、第五个大修周期的维修费用是多少？试看设备使用到第几个大修周期，上面所讲的两种费用之和最低？对一般通用设备来说，其大修理周期是6~7年。这里是估算五个大修周期，即按设备的折旧年限最长定为30年。这是我国过去大多数设备的实际使用年限。这是时间概念（以1个大修理周期为单位）的依据。

设备维修费用分为大修、中修、小修的修理费用。其中，中修和小修的维修费又以大修费为依据。从我国的实际情况来看，设备第一次大修理费大多在其原值（原值=购置费+安装费）的30%左右，并设定以后每次大修费都在其前次大修费的基础上增加10%，以此类推。

对各类设备中、小修的费用先分别以大修费的50%和15%计算，这都是根据我国一些企业中小修的实际费用支出情况设定的。这种比例的设定是否正确，直接关系到整个理论研究的成败。为了郑重起见，这里又参考了国内同行们的一些统计资料：

一是由郑国伟、文德邦主编的《设备管理与维修工作手册》（第351页）中有一段话：“在正常情况下，同型号规格的设备随着使用年限的增加，其大修工

作量也相应增加；即对于同一台设备，第二次大修的工作量要比第一次大修时大一些。因此，有的企业对此采用以下调整系数：按平均修理工作量定额，第一次大修取 0.9~0.95、第二次大修取 1.0~1.05、第三次大修取 1.1~1.2（可供参考）”。由此可见，这组修正系数也正好是每次递增 10%左右。

二是根据《李东陆设备管理论文集》（第 133 页）上讲的，“中修、项修、小修的工作量分别为大修的 30%~50%、15%~20%和 5%~10%。这是按过去比较完整的修理周期结构而言的，仅供参考。”这些资料中讲的都是设备修理的工作量的大小和比例，但设备维修费与修理工作量是有内在关系的：修理工作量越大，说明需要更换的零部件越多；更换的零部件越多，修理费用越高。故笔者将它们作为参考资料来设定设备大、中、小修理费用的比例也完全是可以的。

三是根据设备的修理周期结构估计每个大修周期内的维修费之和。企业里的生产设备在一个大修周期里需要进行若干次的中修和小修，这就叫修理周期结构。这种修理周期结构又有很多种。比较常用的一种修理周期结构是：大—小—小—小—中—小—小—小—中—小—小—小—大。即在一个大修周期里有一次大修，二次中修和九次小修。它的表达方式是：1∶2∶9。这叫“一二九”的修理周期结构，按照这种修理周期结构计算每一个大修周期内的维修费用之和。详见第十章的计算方法。

三、研究设备维修经济性限度的具体方法

研究的途径与方法主要是坚持技术与经济相结合，理论与实践相结合，并采用多方案（这里设定五个方案：折旧年限分别为 30 年、24 年、18 年、12 年、6 年）。用此方法来确定设备最佳的折旧年限（最佳的更新周期），也就是马克思说的“机器的中年期”。比如这里采用 1∶2∶9 的修理周期结构，这就是技术问题。因为大部分企业都采用这种修理周期结构，现在也有一些企业用项修（项目修理的简称）代替中修的，以缩短修理时间。

（1）设定每一次修理费用的标准，如第一次大修理费设定为其原值的 30%，中、小修理费用先分别设定为大修理费的 50%和 15%；以后每一次大修理费比其前一次增加 10%，这些都是经济问题。这种费用的设定不是任意的，根据笔者自己的经验，再通过向一些企业里的设备管理部门的有关人员咨询后设定的。这种设定谈不上准确，但也有一定的代表性。这就是估算，它仅为设备折旧、计算经济寿命或设备投资决策，以及估算“机器的中年期”等提供参考。尽管如此，根估算的结果见表 9–1“大修费为原值 30%的设备最佳折旧年限估算”与国外有关的统计资料基本上是相吻合的。为方便阅读，这里的表 9–1 和表 2–1 是一样的。

为了进一步证明这种估算的客观性，这里引用国外的两个数字予以对照：一是苏联 1978 年出版的《设备修理和技术维修的组织》一书中说：苏联“每年用于维修的费用平均为设备价值的 30%。金属切削机床整个寿命周期的修理费用高于原值 2~4 倍。”

二是天津人民出版社出版的《成本研究班教材》也提到，“据国外统计数字表明，一种设备在它的正常寿命期内，它的原始费用只是整个寿命周期费用的一部分甚至是一小部分。一台机器设备，原始费用只占寿命周期费用的 33%”。①

这就是说，国外一台设备寿命周期的维修费用相当于原值的 2~4 倍。这刚好介于笔者制作的表 9–1“大修费为原值 30%的设备最佳折旧年限估算”第 5 行的统计数据，即设备一生的维修费与设备原值之比（倍数），相对应的年限是 12~18 年，而国外的设备使用年限大多数也是在 10~15 年。

（2）估算的具体方法：

一是先到企业里收集大量的与此有关的原始资料，如维修费，包括大修、中（项）修和小修的修理费用；还有设备修理周期结构，以及修理间隔期等原始资料。

二是采用五个大修周期，每个大修周期为 6 年，最长按 30 年折旧为估算依据进行数据对比，如表 9–1 所示。

① 中国技术经济研究会：《成本研究班教材》，天津人民出版社 1984 年版，第 160 页。

三是表 9-1 中设定了五个对比方案的估算数据：①事先设定各种方案的设备折旧年限(如 30 年、24 年、18 年、12 年、6 年)；②相对应的设备折旧率；③年均维修费与设备原值之比；④年度两费（维修费+折旧费）之和与设备原值之比；⑤设备一生的维修费与设备原值之比（倍数）。

这里说的"设备一生的维修费"也就是指"设备寿命周期维修费"。为了避免与"设备寿命周期费用"这个概念混淆，这里均采用"设备一生的维修费"的概念。因设备寿命周期费用里还含有设备的购置费和安装费等。

注：

（1）年均维修费等于设备一生的维修费除以对应的折旧年限。设备一生的维修费是怎样计算出来的，详见第十章的具体计算方法。这里说的"设备的一生"是指一台设备的折旧年限，如按 30 年折旧，其一生为 30 年；如按 24 年折旧，其一生为 24 年，以此类推。也就是说，设备使用到规定的折旧年限就要及时地进行更新（或不超过"机器的中年期"）。只有这样，才能达到节省维修费用之目的。

（2）这里以 6 年为一个大修周期。这是以我国大多数企业采用两班制来设定的，如果采用一班制的企业，设备大修周期也可以延长至 7~8 年；如果采用三班制作业的企业，其设备大修周期也可以缩短至 4~5 年。这完全根据企业的实际情况而定。

按不同维修费标准进行计算结果对比，看它们之间有何差别，这是对这种估算进行敏感性分析（见表 9-1）。如设备第二次大修费是按原值的 40%设定的(这等于提高了大修费的比值 10%)，以后每次大修都按递增 10%计算，如第三次大修费就按设备原值的 50%计算，以此类推。计算的结果最佳折旧年限仍然是 12 年（两个大修周期，见表 9-2）。

同样对中小修费用分别采用大修费的 40%与 10%，这要比原来的 50%与 15%降低了一些，但计算结果最佳折旧年限仍然是 12 年（即两个大修理周期，见表 9-3）。这说明采用不同维修费为依据进行敏感性检验，其最佳折旧年限都是一样的。详见表 9-1、表 9-2 和表 9-3。

表 9–1　大修费为原值 30% 的设备最佳折旧年限估算

各种方案的设备折旧年限（年）	30	24	18	12	6
相对应的设备折旧率（%）	3.3	4.1	5.5	8.3	16.6
年均维修费与设备原值之比（%）	25.7	22.9	19.5	16.1	11.6
年度两费之和与设备原值之比（%）	29	27	25	24.4	28.2
设备一生的维修费与设备原值之比（倍数）	7.7	5.5	3.51	1.94	0.7

表 9–2　大修费为原值 40% 的设备最佳折旧年限估算

各种方案的设备折旧年限（年）	30	24	18	12	6
相对应的设备折旧率（%）	3.3	4.1	5.5	8.3	17
年均维修费与设备原值之比（%）	28.3	27.5	24.4	20.8	15.7
年度两费之和与设备原值之比（%）	31.6	31.6	30	29.1	32.7
设备一生的维修费与设备原值之比（倍数）	8.5	6.6	4.4	2.5	0.94

表 9–3　大修费为原值 30% 时（中、小修费用分别为大修费用的 40% 和 10%）的设备最佳折旧年限估算

各种方案的设备折旧年限（年）	30	24	18	12	6
相对应的设备折旧率（%）	3.3	4.1	5.5	8.3	17
年均维修费与设备原值之比（%）	20.1	18	15	12.4	8.5
年度两费之和与设备原值之比（%）	23.4	22.1	20.5	20.7	25.5
设备一生的维修费与设备原值之比（倍数）	6.05	4.3	2.7	1.49	0.51

四、对各种研究项目与数据的分析

研究的项目与数据如表 9–1、表 9–2、表 9–3 所示。这三张表都是同样的五个项目，各项目都有它们各自的意义：

（一）设置这五个研究项目的意义

（1）第一项各种方案的设备折旧年限。为了便于研究，设定以 6 年为一个大修周期，共设五个周期。因为现在我国机器设备的折旧年限没有超过 30 年的。这是其一。

其二是以一个大修周期为计算或比较为单位，使研究工作更能接近实际一些，如在一个大修周期内都有一个比较完整和固定的修理周期结构，本书采用 1：2：9 的修理周期结构。如果按一年为计算或比较单位，那就有很多数据是难以确定的，如一个企业在一年里到底花了多少维修费是很难统计的，也无法确定每种维修费的标准或比例，所以，采用以一个大修周期为单位进行计算与比较就容易接近实际情况。

（2）第二项是相对应的设备折旧率。如按 30 年折旧，其年折旧率为 3.3%；按 24 年折旧，其年折旧率为 4.1%，以此类推。为什么要设这一项？因为折旧费是要进入生产成本的。要界定“机器的中年期”，唯一的办法就要研究机器设备使用到何时或几个大修周期，其生产成本最低为依据。

（3）第三项是年均维修费与设备原值之比。这个比值是设备一生的维修费除以相应的折旧年限。它说明一台设备的年平均维修费要占设备原值的百分之几。它与折旧率相对应，都采用与设备原值之比，因为这两项费用都要进入生产成本。

（4）年度两费之和与设备原值之比。这里说的两费是指年度折旧费和年均维修费。这两费之和与设备原值之比，以此来比较设备使用到何时（或几个大修周期），这项比例最低？这个最低比例所对应的第一项“各种方案的设备折旧年限”就是最佳的折旧年限。从表 9–1 第四项（行）这五组数字可以看出，最低的一组数字是 24.8%，它所对应的折旧年限是 12 年，即两个大修周期。在它左右边的几组数字都比它高。

（5）设备一生的维修费与设备原值之比（倍数）。这个比值的高低能说明一台设备在它一生中所花的维修费相当于设备原值（购置费+安装费）的多少倍。设置这个比值（数字）的意义在于说明我们的企业管理水平的高低和设备的新旧程度。这是其一。

其二是它便于我们企业与企业之间的对比，也可以用来与国外同行业相比，以此来对照我们现在的实际情况如何。至于设备一生的维修费是怎样计算出来的？这在第十章将有具体的计算公式与方法。

（二）用三张表的意义

按马克思说的“机器超过它的中年期”再继续使用在经济上就不合算了，笔者也说过：设备越修越旧，费用越修越高。有鉴于此，研究“机器的中年期”的理论也只能从设备的维修费着手，并以设备维修费为依据进行估算“机器的中年期”的界限。为了检验以不同数据的维修费为依据计算的结果是否都是相同的，所以采用三张表进行比较在理论上更能站住脚。现分别说明如下：

表 9-1 设第一次大修费是按设备原值的 30%计算，以后每次大修费在前一次的基础上均递增 10%；中小修费用是分别按大修费的 50%和 15%计算的。计算结果第四项的“年度两费之和与设备原值之比”最小的一组数字（24.8%），所对应的折旧年限是 12 年（两个大修周期）。

表 9-2 设第一次大修费按设备原值的 40%计算，中小修费用的比例不变。计算的结果各组的数字虽然不同，但其第四项“年度两费之和与设备原值之比”最小的一组数字（29.1%）所对应的折旧年限仍然是 12 年（两个大修周期）。这是改变大修费比例的情况。

表 9-3 设第一次大修费仍是按设备原值的 30%计算，中小修费用分别改为大修费的 40%和 10%（原来是分别为 50%和 15%）。这是改变中小修费用比例的情况，但其第四项“年度两费之和与设备原值之比”最小的两组数字（分别是 20.5%和 20.7）所对应的折旧年限是 12 年（两个大修周期）和 18 年（三个大修周期）。这是改变中小修费用的情况。

从以上采用不同的维修费进行敏感性检验可以看出，尽管计算的依据各有不同，但其最佳的折旧年限却始终是 12 年（两个大修周期）。这就证明这种研究方法是完全正确的、可用的。这里的关键是“两个大修周期”而不是 12 年，因为各类设备的大修周期不是完全一样的，如有 5 年、6 年、7 年、8 年等。

再从这三张表第五项的“设备一生的维修费与设备原值之比（倍数）”来看，折旧年限12年所对应的数字分别为1.98%、2.5%和1.16%，这就是说按12年折旧，若设备使用12年（两个大修周期）及时进行更新，其一生的维修费相当于设备原值的1.98倍、2.5倍和1.49倍。这几种倍数与国外的统计资料基本上是吻合的。

从这三张表有关数据分析来看，最佳折旧年限（即设备最佳更新周期）为两个大修周期，或12年左右。如果缩短到6年（一个大修理周期），折旧率就会提高到16.6%。那就有问题了。由此可见，通过这种分析就找到了提高设备折旧率而不会增加生产成本的临界点。这个临界点就是两个大修周期（12年左右）。在此可以说，笔者一生最大的贡献就在于找到（论证）了大幅度提高设备折旧率，相应缩短设备更新周期，不仅不会增加生产成本，反而会降低生产成本的临界点。这个临界点就是“设备不宜多修”的限度——设备维修经济性的限度，是建立设备维修经济学的核心。它完全否定了我国传统折旧理论——折旧率过高会降低企业利润。这个临界点可以用国外有关的文献资料加以证明它的科学性。

如前文所说的苏联1978年出版的《设备修理和技术维修的组织》一书中说：苏联“每年用于维修的费用平均为设备价值的30%。金属切削机床整个寿命周期的修理费用高于原值2~4倍”。天津人民出版社出版的《成本研究班教材》也提到“据国外统计数字表明，一种设备在它的正常寿命期内，它的原始费用只是整个寿命周期费用的一部分甚至是一小部分。一台机器设备原始费用只占寿命周期费用的33%”。

这种比例说明一台设备的原始费用仅是整个寿命周期费用的1/3，反过来说维修费要占2/3，即维修费也是原始费用的2倍左右。

由此可以证明，一般设备合理的折旧年限应在12~14年（两个大修周期）；对于那些大、精、尖设备其折旧年限可以延长至18年（三个大修周期），因为使用18年（三个大修周期）的两费之和与12年的比较接近。这是最佳的折旧年限，也是最佳的更新周期，也是笔者要寻找的“机器的中年期”。超过这个“中年期”再继续使用就变得不经济、不合算了。这也是笔者今天提出“设备维修（更新）黄金原则”的现实意义。

本章思考题

1. 为什么要研究设备维修的经济性限度？

2. 为什么说超过“机器的中年期”再继续使用就变得不合算了？

3. 以设备一生的维修费为依据来研究“机器的中年期”的理论可取吗？

4. 除此之外，你还有什么更科学、更实用的方法来研究设备维修的经济性限度？

第十章　设备维修经济性限度的估算方法

对设备维修经济性限度的估算，也是对最佳折旧年限的估算，也可以用于设备经济寿命的估算。这种估算与几个要素有关，即设备的折旧年限、每次大修理费、中小修理费，以及设备修理周期结构的构成等。这在第九章都做过简要介绍。这里再将“修理周期结构”进行进一步介绍。

一、设备修理周期结构的概念

在我们的企业里，设备维修或多或少是按设备修理周期结构编制修理计划的。实践经验告诉我们，按这种修理周期结构编制的修理计划，一般来说能完全确保设备的正常工作；这种修理周期结构基本上也符合设备磨损规律和各类维修工作量的需要。各企业也都根据各自的实际情况对这种结构经常不断地进行调整和改进。所以，这种修理周期结构各企业也都不大一样。但对一般通用设备来说，大多数是采用以下的修理周期结构：

新设备—小修—小修—小修—中修—小修—小修—小修—中修—小修—小修—小修—大修

（一）修理周期结构的多样性

这是讲从新设备开始使用到第一次小修直到第一次大修所经历的时间，一般为 6 年左右；其修理间隔期约半年——每次修理之间的间隔。这种修理周期结构比例为 1∶2∶9，即一个大修周期内有 1 次大修，2 次中修，9 次小修。这是一种比较典型的修理周期结构（也有 1∶2∶6 或 1∶1∶4，等等）。笔者的估算方法就是按此修理周期结构来确定设备在一个大修周期内的维修费用的。尽管现在有些企业不完全按此修理周期结构进行修理，但不管你的维修方式如何变化，要想使设备正常运转，其维修工作总量是不变的；即使有些企业不搞大修，但取消大修后，相应的中小修次数就会增多或中小修（项修）工作量就会增加。因为设备的磨损是不以人的意志为转移的，每次修理的工作量取决于无修理工作时间的长短。再说，笔者采用的比较和估算的方法不是采用维修费的绝对数，而是采用维修费与原值之比的相对数；不管维修费如何变化（按同一比例增减），不同更新周期的这种相对数之差的变化总是很少的。这是此法的优越性所在，这在下文会进行详细的介绍。

（二）为什么不采用逐年比较法

如果采用以年度为单位进行比较，即逐年进行分析比较，这不一定切合实际情况。因为设备的修理工作量不是每年都差不多的，有时生产任务忙时就不一定能及时地安排修理。采用一个大修理周期为比较单位可能更切合实际一点，因为一个大修理周期大多需要 6 年左右。在这么长的时间内设备不可能不修，这其中就有大修，或中修、或项修和许多次小修。只有这样才能保证机器设备正常运转。

另外，将一个或两个或三个大修理周期的维修费计算出后再分别除以相对应的折旧年限（如一个大修周期的维修费除以 6；两个大修周期的维修费除以 12；以此类推），就可以得出每年平均维修费是多少，就知道某台设备的“年均维修费”是多少。再将“年均维修费”除以“设备原值”，就等于年度维修费占原值的比例是多少。如表 9-1 上的第 3 行各列所示。由此也可以看出，随着设备折旧年限或使用年限的延长，这种比例与折旧年限是成反比的。它说明折旧年限越长（使用年限越长），维修费用越高，也说明设备越修越旧，维修费用越修越高。正因如此，马克思说“机器超过它的中年期”再继续使用就变得不合算了。本章的任务就是要寻找“机器的中年期”。

二、设备维修经济性限度的估算方法

为了便于分析研究，笔者把第一次大修费定为设备原值的 30%（原值为 1），以后每次大修费按原值的 10%递增（最后一个大修理周期虽不大修，但中小修理费仍按递增后的大修费估算）；中小修理费用分别为该期大修理费的 50%和 15%。这样符合设备越修越旧，费用越修越高的规律。下面就具体介绍表 9–1、表 9–2、表 9–3 中的这些数据（比值）是怎样估算出来的？

（一）各项计算公式

设备一生的维修费计算公式：

$$K = C1 + C2 + C3 + C4 + C5 \tag{10–1}$$

式中：K 代表设备一生的维修费；C1~C5 分别代表每一个大修周期的维修费。

每一个大修周期维修费 $C = Q + 2 \times 0.5Q + 9 \times 0.15Q$　　(10–2)

第一个大修周期维修费 $C1 = Q1 + 2 \times 0.5Q1 + 9 \times 0.15Q1$

$$= 0.3A + 2 \times 0.5(0.3A) + 9 \times 0.15(0.3A) \tag{10–3}$$

式中：A 代表设备原值；Q1 代表第一次大修费（取原值的 30%）；第二项 $2 \times 0.5 \times (0.3A)$代表二次中修的维修费，2 代表二次中修，0.5 是取大修费的 50%，0.3A 代表第一次大修费 Q1；第三项 $9 \times 0.15 \times (0.3A)$，9 是代表 9 次小修，0.15 是取大修费的 15%。

第二个大修周期维修费 $C2 = Q2 + 2 \times 0.5 \times Q2 + 9 \times 0.15 \times Q2$

$$= 0.4A + 2 \times 0.5 \times (0.4A) + 9 \times 0.15 \times (0.4A) \tag{10–4}$$

而第三次、第四次和第五次大修周期维修费的计算公式也同式（10–3）和式（10–4）一样，所不同只是每次大修费不一样，如第三次大修费 Q3 = 0.5A，第四次大修费 Q4 = 0.6A，第五次大修费 Q5 = 0.7A。其他以此类推。

（二）计算每次大修周期的维修费

1. 按 6 年折旧计算各项数据

从第一个大修周期开始算起（按 6 年折旧）：按前面讲过的修理周期结构是 1∶2∶9。因为只用一个大修周期 6 年，所以就不搞大修了。这样，在一个大修周期内只有 2 次中修和 9 次小修。设备一生（6 年后就更新）的维修费计算如下：

$$C1 = Q1 + 2 \times 0.5Q1 + 9 \times 0.15 \times Q1$$

式中：C1 代表第一个大修周期费用；A 代表设备原值；Q1 代表第一次大修理费。因第一个大修周期不搞大修，即 Q1 = 0，具体计算如下：

$$\begin{aligned} C1 &= Q1 + 2 \times 0.5Q1 + 9 \times 0.15Q1 \\ &= 0 + 2 \times 0.5 \times 0.3A + 9 \times 0.15 \times 0.3A \\ &= 0 + 0.3A + 1.35 \times (0.3A) \\ &= 0 + 0.3A + 0.405A = 0.705A \end{aligned}$$

这里考虑到设备只使用一个大修理周期，所以不需要大修，故第一项大修理费 Q1 为 0，而在第一个大修周期内 2 次中修和 9 次小修，一般来说还是不能省的，所以中小修费用照算。计算的结果其一生的维修费为 0.705A，即相当于设备原值的 0.7 倍。再将 0.7 除以 6（年），就得到年均维修费与原值之比 11.6%。与 6 年折旧年限相对应的年折旧率为 16.6%；将这两个比值相加，就得年度两费（维修费和折旧费）之和与原值之比 28.2%。

2. 按 12 年折旧计算各项数据

按 12 年折旧（更新）的设备一生维修费按下式计算：

$$K2 = C1 + C2$$

使用两个大修周期更新的设备，在第一个大修周期内要进行一次大修，第一次大修费按原值的 30%计算，其中，小修费用仍分别按大修费的 50%和 15%计算。第一个大修周期的维修费用为：

$$\begin{aligned} C1 &= Q1 + 2 \times 0.5Q1 + 9 \times 0.15Q1 \\ &= 0.3A + 2 \times 0.5 \times 0.3A + 9 \times 0.15 \times 0.3A \end{aligned}$$

$= 0.3A + 0.3A + 0.45A = 1.05A$

再计算第二个大修周期维修费：

$C2 = Q2 + 2 \times 0.5Q2 + 9 \times 0.15Q2$

此时 Q2 = 0.4A，但在第二个大修周期的最后一次大修不做了，所以，此时的 Q2 = 0，而中小修费用仍按 Q2 = 0.4A 计算。

$$C2 = Q2 + 2 \times 0.5Q2 + 9 \times 0.15Q2$$
$$= 0 + 2 \times 0.5 \times 0.4A + 9 \times 0.15 \times 0.4A$$
$$= 0 + 0.4A + 0.54A = 0.94A$$

因为在第二个大修周期内没有大修，只有 2 个中修和 9 次小修，所以，第二个大修周期维修费相当于设备原值的 94%。故两个大修周期维修费：

$K2 = C1 + C2 = 1.05 + 0.94 = 1.99A$

其两个大修周期维修费用总和相当于设备原值的 1.99 倍，接近 2 倍。

再将 1.99 除以 12（年），即可得出年均维修费与设备原值之比 16.5%。与 12 年更新周期相对应的折旧率为 8.3%，将这两个比值相加，即得年度两费之和与原值之比为 24.8%。

3. 按 18 年折旧计算各项数据

按 18 年折旧，即按三个大修周期计算，其一生的维修费按下式计算：

$K3 = C1 + C2 + C3$

其第一个大修周期的维修费与按 12 年计算方法一样，C1 = 105%；第二个大修周期内也有一次大修，大修费为原值的 40%，故该期维修费为：

$$C2 = Q2 + 2 \times 0.5Q2 + 9 \times 0.15Q2$$
$$= 0.4A + 2 \times 0.5 \times 0.4A + 9 \times 0.15 \times 0.4A$$
$$= 0.4A + 0.4A + 0.54 = 1.34A$$

第三个大修周期内没有大修，只有 2 次中修和 9 次小修，Q3 = 0.5A，故该期维修费为：

$$C3 = Q3 + 2 \times 0.5Q3 + 9 \times 0.15Q3$$
$$= 0 + 2 \times 0.5 \times 0.5A + 9 \times 0.15 \times 0.5A$$
$$= 0 + 0.5A + 0.67A = 1.17A$$

三个大修周期维修费总和为：

$$K3 = C1 + C2 + C3$$
$$= 1.05A + 1.34A + 1.17A = 3.56A$$

这 3.56A 相当于原值的 3.56 倍。将此数值除以 18（年），即得年均维修费与原值之比 19.7%与 18 年相对应的折旧率为 5.5%；将此两个比值相加，即得年度两费之和与原值之比是 25.2%。在第三个大修周期内虽没有大修，但中小修费用仍按大修费的 50%和 15%估算，第三次大修费按原值的 50%计算。具体见表 9-1 按 18 年折旧的这一列数据。

4. 按 24 年折旧计算各项数据

按 24 年折旧，即按 4 个大修周期计算，设备一生的维修费按下式计算：

$$K4 = C1 + C2 + C3 + C4$$

C1 和 C2 的数据与按三个大修周期计算一样，即：

$$C1 = 1.05A，C2 = 1.34A，$$

$$C3 = Q3 + 2 \times 0.5Q3 + 9 \times 0.15Q3$$
$$= 0.5A + 2 \times 0.5 \times 0.5A + 9 \times 0.15 \times 0.5A$$
$$= 0.5A + 0.5A + 0.67A = 1.67A$$

$$C4 = Q4 + 2 \times 0.5 \times Q4 + 9 \times 0.15 \times Q4$$
$$= 0 + 2 \times 0.5 \times 0.6A + 9 \times 0.15 \times 0.6A = 0.6A + 0.81A = 1.41A$$

因第四个大修周期内不搞大修，故上式 Q4 = 0，即：

$$C4 = 0.6A + 0.81A = 1.41A$$

按 24 年折旧，即按四个大修周期计算，设备一生的维修费为：

$$K4 = C1 + C2 + C3 + C4 = 1.05A + 1.34A + 1.67A + 1.41A = 5.47A$$

这就说明按 24 年折旧，即设备使用到 24 年再进行更新，其一生的维修费相当于设备原值的 5.5 倍。

再将 5.5 除以 24（年）便得年均维修费相当于设备原值的 22.9%；其相对应的折旧率为 4.1%，再将这两种费用相加除以原值，就得出这两种费用之和相当于原值的 27%。

5. 按 30 年折旧计算各项数据

按 30 年折旧计算，就是按 5 个大修周期计算各项数据，这时设备一生的维修费按下式计算：

$K5 = C1 + C2 + C3 + C4 + C5$

其中 C1、C2、C3 与上面计算的结果一样，即 C1 = 1.05A、C2 = 1.34A、C3 = 1.67A。

下面主要是计算 C4 与 C5。在第四个大修周期内需要搞一次大修，故第四次大修费 Q4 = 0.6A。

$$C4 = Q4 + 2 \times 0.5 \times Q4 + 9 \times 0.15 \times Q4$$
$$= 0.6A + 2 \times 0.5 \times 0.6A + 9 \times 0.15 \times 0.6A$$
$$= 0.6A + 0.6A + 0.81A = 2.01A$$

再计算 C5：

$$C5 = Q5 + 2 \times 0.5 \times Q5 + 9 \times 0.15 \times Q5$$

第五个大修周期大修费 Q5 = 0.7A，因最后一个大修周期内没有大修，故大修费 Q5 = 0，即：

$$C5 = 0 + 2 \times 0.5 \times 0.7A + 9 \times 0.15 \times 0.7A$$
$$= 0 + 0.7A + 0.945A = 1.645A$$

五个大修周期设备一生的维修费为：

$$K5 = C1 + C2 + C3 + C4 + C5$$
$$= 1.05A + 1.34A + 1.67A + 2.01A + 1.645A = 7.715A$$

由此可以看出，设备如果使用到 30 年（即五个大周期），其一生的维修费相当于设备原值的 7.7 倍；将此数除以 30 年，即得年均维修费为 25.7%。

如果使用 24 年（即四个大修周期），其一生的维修费相当于设备原值的 5.5 倍；如果使用 18 年（即三个大修周期），其一生的维修费相当于设备原值的 3.5 倍；如果使用 12 年（即两个大修周期），其一生的维修费相当于设备原值的 2 倍；如果使用 6 年（即一个大修周期），其一生的维修费相当于设备原值的 0.7 倍。

另外由表 9–1 第 4 行可以看出，当设备分别使用到 30 年、24 年、18 年、12

年、6年时，其年度设备维费加折旧费之和（即两费之和）相当于设备原值的比例分别为29%、27%、25%、24.4%、27.5%。由此我们可以得出结论，设备使用到12年（两个大修周期）或18年（三个大修周期）最为合算，也是最佳的折旧年限。这就是“研究设备维修经济性限度”所需要的结论。

三、对大修理费用改变的敏感性检验

经过以上方法估算的结果，一般机械设备的最佳更新周期为两个大修周期（12年），这是一种偶然，还是有它自身的规律？下面就变更大修费用与原值的比例及中小修费用与大修费用的比例进行敏感性检验。

现设定第一次大修费用为原值的40%（比原来提高10%），以后每次大修费用仍按递增10%推算。中小修费用与大修费用的比例暂且不变。

（一）估算按6年的折旧的各种数据

因为只用一个大修周期，所以不搞大修，大修费Q1=0，其设备一生的维修费为：

$$
\begin{aligned}
K1 &= Q1 + 2 \times 0.5Q1 + 9 \times 0.15Q1 \\
&= 0 + 2 \times 0.5 \times 0.4A + 9 \times 0.15 \times 0.4A \\
&= 0 + 0.4A + 1.35 \times (0.4A) \\
&= 0 + 0.4A + 0.54A = 0.94A
\end{aligned}
$$

这相当于原值的一倍左右。将此比值除以6（年），即得年均维修费与原值之比15.7%，相对应的折旧率为17%，将这两个比值相加即得两费之和与原值之比32.7%（见表9-2）。

（二）估算按12年折旧的各种数据

按两个大修周期计算，设备一生的维修费为：$K2 = C1 + C2$。第一个大修周期有一次大修，其大修费为 Q1 = 0.4A。故第一个大修周期的维修费为：

$$
\begin{aligned}
C1 &= Q1 + 2\times 0.5Q1 + 9\times 0.15Q1\\
&= 0.4A + 2\times 0.5\times 0.4A + 9\times 0.15\times 0.4A\\
&= 0.4A + 0.4A + 0.54A = 1.34A
\end{aligned}
$$

第二个大修周期没有大修，其大修费 Q2 = 0，第二个大修周期维修费为：

$$
\begin{aligned}
C2 &= Q2 + 2\times 0.5\times 0.54A + 9\times 0.15\times 0.5A\\
&= 0 + 2\times 0.5\times 0.5A + 9\times 0.15\times 0.5A\\
&= 0 + 0.5A + 0.67A = 1.17A
\end{aligned}
$$

设备一生的维修费为：

$$K2 = C1 + C2 = 1.34A + 1.17A = 2.51A$$

这就是按 12 年折旧的设备一生的维修费，它相当于设值原值的 2.5 倍；将它除以 12（年），即可得年均维修费与原值之比 20.8%。与 12 年相对应的折旧率为 8.3%，将这两个比值相加即得两费之和与原值之比值为 29.1%。

（三）估算按 18 年折旧的各种数据

按 18 年折旧（即三个大修周期）设备一生的维修费为：K3 = C1 + C2 + C3。其中 C1 与前面一样，C1 = 1.34A

$$
\begin{aligned}
C2 &= Q2 + 2\times 0.5Q2 + 9\times 0.15Q2\\
&= 0.5A + 2\times 0.5\times 0.5A + 9\times 0.15\times 0.5A\\
&= 0.5A + 0.5A + 0.67A = 1.67A
\end{aligned}
$$

第三个大修周期的维修费，因没有大修，其大修费 Q3 = 0，即：

$$
\begin{aligned}
C3 &= Q3 + 2\times 0.5Q3 + 9\times 0.15Q3\\
&= 0 + 2\times 0.5\times 0.6A + 9\times 0.15\times 0.6A\\
&= 0 + 0.6A + 0.81A = 1.41A
\end{aligned}
$$

设备一生的维修费为：K3 = C1 + C2 + C3 = 1.34A + 1.67A + 1.41A = 4.42A。这相当于设备原值的 4.4 倍。

将 4.42 除以 18（年），即得年均维修费与原值之比 24.5%，与 18 年相对应的折旧率为 5.5%，将这两个比值相加即得两费之和与原值之比 30%。

（四）估算按 24 年折旧的各种数据

按 24 年折旧（四个大修周期）设备一生的维修费为：K4 = C1 + C2 + C3 + C4。其中 C1、C2 与上面一样，C1 = 1.34A，C2 = 1.67A，第三个大修周期有一次大修，大修费 Q3 = 0.6A，故：

$$
\begin{aligned}
C3 &= Q3 + 2 \times 0.5Q3 + 9 \times 0.15Q3 \\
&= 0.6A + 2 \times 0.5 \times 0.6A + 9 \times 0.15 \times 0.6A \\
&= 0.6A + 0.6A + 0.81A = 2.01A
\end{aligned}
$$

第四个大修周期没有大修，其大修费 Q4 = 0，即：

$$
\begin{aligned}
C4 &= Q4 + 2 \times 0.5Q4 + 9 \times 0.15Q4 \\
&= 0 + 2 \times 0.5 \times 0.7A + 9 \times 0.15 \times 0.7A \\
&= 0.7A + 0.94A = 1.64A
\end{aligned}
$$

设备一生的维修费为：

$$
\begin{aligned}
K4 &= C1 + C2 + C3 + C4 \\
&= 1.34A + 1.67A + 2.01A + 1.64A = 6.66A
\end{aligned}
$$

这相当于设备原值的 6.66 倍。将这 6.66 除以 24（年），即得年均维修费与设备原值之比为 27.8%，与 24 年相对应的折旧率为 4.1%，将这两个比值相加即得两费之和与设备原值之比 31.9%（见表 9–2）。

（五）估算按 30 年折旧的各种数据

按 30 年折旧（即 6 个大修周期）设备一生的维修费为：K5 = C1 + C2 + C3 + C4 = C5。其中 C1、C2、C3 与上面的一样，C1 = 1.34A、C2 = 1.67A、C3 = 2.01A，第四个大修周期内有一个大修，其大修费 Q4 = 0.7A，故：

$$
\begin{aligned}
C4 &= Q4 + 2 \times 0.5Q4 + 9 \times 0.15Q4 \\
&= 0.7A + 2 \times 0.5 \times 0.7A + 9 \times 0.15 \times 0.7A \\
&= 0.7A + 0.7A + 0.94A = 1.64A
\end{aligned}
$$

第五个大修周期没有大修，其大修费 Q5 = 0，中小修费仍按 Q5 = 0.8A 计算，故第五个大修周期维修费按下式计算：

$C5 = Q5 + 2 \times 0.5 \times Q5 + 9 \times 0.15 \times Q4$

$= 0 + 2 \times 0.5 \times 0.8A + 9 \times 0.15 \times 0.8A$

$= 0 + 0.8A + 1.08A = 1.88A$

设备一生的维修费为：

$K5 = C1 + C2 + C3 + C4 + C5$

$= 1.34A + 1.67A + 2.01A + 1.64A + 1.88A$

$= 8.52A$

由此可见，一台设备如果使用到 30 年（即使用到 6 个大修周期），其一生的维修费相当于设备原值的 8.5 倍。将这 8.5 除以 30 年，即得年均维修费与原值之比为 28.3%，相对应的折旧率为 3.3%。

从表 9-2 中可以看出，当第一次大修费按设备原值的 40%估算出来的各种比值。从表中的第 4 行可以看出，最佳更新周期（折旧年限）仍然是 12 年（两个大修周期）。由此可知，这种估算方法对大修费增减的变化影响不大。

四、对中小修理费用改变的敏感性检验

下面又对中小修理费用变化有何影响也来进行试算，试算的办法是将中小修理费按大修费的 40%和 10%来计算，大修费仍按原值的 30%计算，看是否对原来的估算结果有影响，其他方法都不变。

（一）按 6 年折旧来估算各项数据

按 6 年折旧（一个大修周期）不搞大修，其大修费 Q1 = 0。设备一生的维修费为：

$K1 = Q1 + 2 \times 0.4 \times Q1 + 9 \times 0.10 \times Q1$

$= 0 + 2 \times 0.4 \times 0.3A + 9 \times 0.10 \times 0.3A$

$= 0 + 0.24A + 0.27A = 0.51A$

这就说明第一个大修周期的维修费相当于设备原值的 0.51 倍，比表 9–1 算的 0.7 倍要低 19%。再将这 0.51 除以 6（年），即得到年均维修费为 0.085（8.5%）；比原来的 11%低 2.5%，现将对应的折旧率 17%加上年均维度费与设备原值之比为 8.5%，这两费之和相当于设备原值的 25%，比原来的（28%）低 2.5%（见表 9–3）。

（二）按 12 年折旧来估算各项数据

按 12 年折旧（有二个大修周期），第一个大修周期有一次大修，其设备一生的维修费为：

$K2 = C1 + C2$

$C1 = Q1 + 2 \times 0.4 \times Q1 + 9 \times 0.10 \times Q1$

$= 0.3A + 2 \times 0.4 \times 0.3A + 9 \times 0.10 \times 0.3A$

$= 0.3A + 0.24A + 0.27A = 0.81A$

$C2 = Q2 + 2 \times 0.4 \times Q2 + 9 \times 0.10 \times Q2$

$= 0 + 2 \times 0.4 \times 0.4A + 9 \times 0.10 \times 0.4A$

$= 0 + 0.32A + 0.36A = 0.68A$

$K2 = C1 + C2 = 0.81A + 0.68A = 1.49A$

这就说明按 12 年折旧（两个大修周期），设备一生的维修费相当于设备原值的 1.49 倍，比表 9–1 的 1.98 倍高出 0.49%。再将这 1.49 除以 12（年），即得到年均维修费为 12.4%；现将对应的折旧率 8.3%，再加上年均维修费 12.4%，这两费之和相当于设备原值的 20.7%，比原来的 24.8%低 4.1%（见表 9–3）。

（三）按 18 年折旧来估算各项数据

按 18 年折旧（有三个大修周期），第一和第二两个大修周期各有一次大修。其大修费分别为 $Q1 = 0.3A$、$Q2 = 0.4A$，第三个大修周期内没有大修，故设备一生的维修费为：

$K2 = C1 + C2 + C3$

$C1 = Q1 + 2 \times 0.4 \times Q1 + 9 \times 0.10 \times Q1$

$= 0.3A + 2 \times 0.4 \times 0.3A + 9 \times 0.10 \times 0.3A$

$= 0.3A + 0.24A + 0.27A = 0.81A$

$C2 = Q2 + 2 \times 0.4 \times Q2 + 9 \times 0.10 \times Q2$

$= 0.4A + 2 \times 0.4 \times 0.4A + 9 \times 0.10 \times 0.4A$

$= 0.4A + 0.32A + 0.36A = 1.08A$

$C3 = Q3 + 2 \times 0.4 \times Q3 + 9 \times 0.10 \times Q3$

$= 0 + 2 \times 0.4 \times 0.5A + 9 \times 0.10 \times 0.5A$

$= 0 + 0.4A + 0.45A = 0.85A$

$K3 = C1 + C2 + C3 = 0.81A + 1.08A + 0.85A = 2.74A$

这就说明按 18 年折旧（三个大修周期），设备一生的维修费相当于设备原值的 2.74 倍，再将这 2.74 除以 18（年），即得到年均维修费为 15%；现将对应的折旧率 5.5%，再加上年均维修费 15%，这两费之和相当于设备原值的 20.5%（见表 9–3）。

（四）按 24 年折旧来估算各项数据

按 24 年折旧（有四个大修周期），第一、第二和第三个大修周期各有一次大修。其大修费分别为 Q1 = 0.3A、Q2 = 0.4A、Q3 = 0.5A。第四个大修周期内没有大修，其大修费 Q4 = 0.6A，设备一生的维修费为：

$K4 = C1 + C2 + C3 + C4$

$C1 = Q1 + 2 \times 0.4 \times Q1 + 9 \times 0.10 \times Q1$

$= 0.3A + 2 \times 0.4 \times 0.3A + 9 \times 0.10 \times 0.3A$

$= 0.3A + 0.24 + 0.27A = 0.81A$

$C2 = Q2 + 2 \times 0.4 \times Q2 + 9 \times 0.10 \times Q2$

$= 0.4A + 2 \times 0.4 \times 0.4A + 9 \times 0.10 \times 0.4A$

$= 0.4A + 0.32A + 0.36A = 1.08A$

$C3 = Q3 + 2 \times 0.4 \times Q3 + 9 \times 0.10 \times Q3$

$= 0.5A + 2 \times 0.4 \times 0.5A + 9 \times 0.10 \times 0.5A$

$= 0.5A + 0.4A + 0.45A = 1.35A$

$C4 = Q4 + 2 \times 0.4 \times Q4 + 9 \times 0.10 \times Q4$

$= 0 + 2 \times 0.4 \times 0.6A + 9 \times 0.10 \times 0.6A$

$= 0 + 0.48A + 0.54A = 1.02A$

$K4 = C1 + C2 + C3 + C4 = 0.81A + 1.08A + 1.35A + 1.02A = 4.26A$

这就说明按 24 年折旧（四个大修周期），设备一生的维修费相当于设备原值的 4.26 倍，再将这 4.26 除以 24（年），即得到年均维修费为 18%；现将对应的折旧率 4.1%，再加上年均维修费 18%，这两费之和相当于设备原值的 22.1%（见表 9–3）。

（五）按 30 年折旧来估算各项数据

按 30 年折旧（有五个大修周期），第一、第二、第三、第四个大修周期各有一次大修。其大修费分别为 Q1 = 0.3A、Q2 = 0.4A、Q3 = 0.5A、Q5 = 0.6A。第五个大修周期内没有大修，其大修费 Q4 = 0.7A，设备一生的维修费为：

$K5 = C1 + C2 + C3 + C4 + C5$

$C1 = Q1 + 2 \times 0.4 \times Q1 + 9 \times 0.10 \times Q1$

$= 0.3A + 2 \times 0.4 \times 0.3A + 9 \times 0.10 \times 0.3A$

$= 0.3A + 0.24A + 0.27A = 0.81A$

$C2 = Q2 + 2 \times 0.4 \times Q2 + 9 \times 0.10 \times Q2$

$= 0.4A + 2 \times 0.4 \times 0.4A + 9 \times 0.10 \times 0.4A$

$= 0.4A + 0.32A + 0.36A = 1.08A$

$C3 = Q3 + 2 \times 0.4 \times Q3 + 9 \times 0.10 \times Q3$

$= 0.5A + 2 \times 0.4 \times 0.5A + 9 \times 0.10 \times 0.5A$

$= 0.5A + 0.4A + 0.45A = 1.35A$

$C4 = Q4 + 2 \times 0.4 \times Q4 + 9 \times 0.10 \times Q4$

$= 0.6A + 2 \times 0.4 \times 0.6A + 9 \times 0.10 \times 0.6A$

$= 0.6A + 0.48A + 0.54A = 1.62A$

$C5 = Q5 + 2 \times 0.4 \times Q5 + 9 \times 0.10 \times Q5$

$= 0 + 2 \times 0.4 \times 0.7A + 9 \times 0.10 \times 0.7A$

$= 0 + 0.56A + 0.63A = 1.19A$

$K5 = C1 + C2 + C3 + C4 + C5$

$= 0.81A + 1.08A + 1.35A + 1.62A + 1.19A = 6.05A$

这就说明按 30 年折旧（五个大修周期），设备一生的维修费相当于设备原值的 6 倍多，再将这 6.05 除以 30（年），即得到年均维修费为 20.1%；现将对应的折旧率 3.3%，再加上年均维修费 20.1%，这两费之和相当于设备原值的 23.4%（见表 9–3）。

一是通过以上的敏感性验算，说明这种估算方法不会随着维修费的增加或减少而影响最佳折旧年限（设备维修经济性的限度），由表 9–2 可以看出两费之和与原值相比还是 12 年的最低（29.1%）。我们还可以看出，将设备更新周期 24 年缩短到 12 年，年均维修费下降的幅度（6.7%）比折旧率增加的幅度（4.2%）还要高出 2.5%。由此可见，不管维修费与原值之比如何变化，最佳更新周期还是两个大修周期。

二是维修费与原值之比下降的幅度仍然是大于折旧率增加的幅度。由此可以得出结论，经过这样的敏感性检验，这种方法可以说是简捷的、正确的和实用的。因而这种方法的科学性也就得到了进一步的检验。它的实用性主要体现在不管各企业的维修费用有多么大的差异，只要确切掌握某台设备的大修周期，也不管你采用何种维修方式，机器的中年期就是两个大修周期（见表 9–2）。

由此我们还可以看出，设备的更新周期（折旧年限）由 24 年缩短到 12 年，年均维修费与原值之比由 27.5%降低到 20.8%，降低了 6.7%；而折旧率由 4.1%提高到 8.3%，增加了 4.2%，两者相抵，维修费还节省了设备原值的 2.5%（6.7 – 4.2 = 2.5）。如果由 24 年更新周期缩短到 18 年，年均维修费与原值之比降低了 3.3%（27.5 – 24.4 = 3.1）；而折旧率只增加了 1.4%（5.5 – 4.1 = 1.4），两者相抵，年均维修费的节约额也相当于原值的 1.7%。而 12 年的降低 2.5%，所以，12 年是最佳更新期（两个大修周期）。

现再将中小修费用分别改为相当于大修费的 40%和 10%（降低中小修费用的比例），而第一次大修费仍按原值的 40%推算，看看其结果有何变化。这里仅以 24 年、18 年和 12 年为例加以对比，按以上的方法推算：它们的寿命周期维修总费用分别为原值的 4.3 倍、2.7 倍和 1.49 倍；年均维修费与原值之比分别为 18%、

15%和12.4%；相应的年折旧率分别为4.1%、5.5%和8.3%；两费之和与原值之比分别为22.1%、20.5%和20.7%。这进一步说明不管维修费与原值之比如何变化，12年（两个大修周期）仍然是最佳的更新周期。因为24年与12年相比，12年的年平均维修费与原值之比降低了5.6%（18%–12.4%）；而年折旧率只增加4.2%（8.3%–4.1%），两者相抵，年均维修费与原值之比降低了1.4%（5.6%–4.2%），这1.4%是降低中小修费用比例后的年均维修费节约额与原值之比。

通过以上几种方法的敏感性检验，更进一步验证了这种理论与方法的正确性："缩短设备更新周期，相应提高折旧率，不但可以降低生产成本，增加财政收入，更是促进机械工业和重工业健康发展的上乘之策。"维修费用的节约就是降低了生产成本，增加了利润和财政收入。由图10–1可以看出，第一条曲线是以第二次大修费按设备原值40%计算出来的，第二条曲线是按设备原值的30%推算出来的。但这两条曲线的最低点所对应的年份都是12年（见横轴上的各年份）。这里6年代表一个大修理周期，12年就是两个大修理周期。也就是说，设备维修的黄金原则的临界点是两个大修理周期；这个临界点也是马克思说的"机器的中年期"的着落点；也是设备经济寿命的参考点。从设备维修管理角度来说，这个临界点的意义非常深远，它不仅彻底否定了我国传统折旧理论，也会为设备管理打开了很多新的思路。此图也是对设备一生的价值形态的变化规律作了全面的描述。

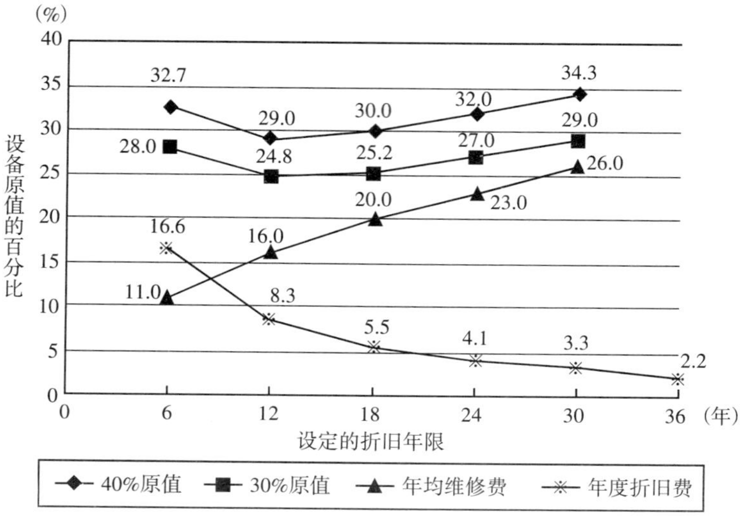

图10–1 论证最佳折旧年限原理

五、这种估算理论与方法的现实意义

这种理论与方法不仅具有现实意义，而且还具有深远的战略意义。现实意义主要体现在处在市场经济条件下的设备更新决策，应以提高企业的竞争能力为着眼点。它在这方面为大家提供了科学依据和推算方法。这在前文已进行了详细的论述。

战略意义主要体现在缩短设备平均役龄，实现设备年轻化，有利于不断提高技术装备的现代化水平，促进生产力的发展。日本当年经济发展速度之快令世人惊叹，它们的主要手段就是采取大规模的更新老旧设备。再说这个理论本身就隐含着科学发展观的理念——主张加快老旧设备更新，提高生产资料消费水平；让重工业为主的整个工业充满活力；等等。这就是这种理论的精髓所在。更具体一点讲：

——设备和人一样，年轻才能力壮，才有竞争能力；设备年轻化，平均役龄短，才能效力高、故障少、费用低，产品质量有保证。

——缩短设备更新周期，就意味着钢铁制品从使用到报废变成废钢铁，再经过加工、回炉又炼成钢，使制造新设备的轮回周期可以缩短；这样可以提高矿石资源重复利用率，减少有限的矿产资源开采，这更有利于走可持续发展之路。

——废钢炼钢的好处：据有关权威资料表明，用废钢直接炼钢，比用铁矿石炼铁再炼钢同比可节约能源 60%，水资源 40%，废气、废水、废渣的污染可分别减少 86%、76%和 97%。从这个角度讲，“多吃”废钢，可节约原生矿资源，自然消耗低，有利于促进我国钢铁工业的持续健康发展。

——这种理论的着眼点还在于经济合理地使用设备。马克思说，“机器越是超过中年期，它的正常磨损越是增多，构成它的材料越是消耗和衰老，修理劳动越频繁、越多”。在市场经济条件下的“设备维修的经济管理”，应把马克思的这句名言作为一条座右铭。根据以上推算的结果，设备最佳更新周期平均为 12 年（两个大修周期），高、精、尖和大型设备可延续三个大修周期（18 年）。设备使用两个大修周期应该说是在“设备的中年期”之内。几个工业国家的设备平均役龄也是在 10~14 年（这是 20 世纪 70 年代统计的资料）。现在我国的机械设备分类折旧年限也是在这个范围。所以说，我们没有多少理由要继续“穿新鞋走老路”。随着世界经济一体化的脚步越来越近，企业生存环境越来越严峻，我国企业的决策者和设备管理人员对此应引起足够重视。

——设备经济寿命和寿命周期费用这两个概念已深入到我们每个设备管理人员的脑子里，但实际做起来却很难：一是缺乏原始统计数据，二是管理人员缺乏，没有多少精力去研究这些经济管理的事。而笔者提出这种理论就可以帮大家解决这个难题。书上讲的经济寿命也好，寿命周期费用也罢，作为一种新的理念宣传是必要的，笔者在拙作《现代工业设备管理》一书中也专门有一篇讲“设备经济管理”，其中就有相当篇幅介绍设备经济寿命的计算方法。这在当时作为一种普及设备经济管理知识是完全必要的。但现在回过头来看看，真要按书上讲的做是不太现实的。笔者研究的“设备最佳更新周期”（最佳折旧年限）就是要解决这个难题。笔者在上面推算出的最佳折旧年限（两个大修周期），就是最实用、最简便的设备经济寿命或者说是最佳的设备更新周期。它像一只傻瓜机或数码相机，任何人都会用。这也是笔者在设备管理领域的一大理论创新。

为了便于读者自行核对表 9-1 至表 9-3 中的数字是否正确，这里笔者告诉一个核对的方法，如表中的最后一行是根据各种计算公式得出的结果。如表 9-1 最后一行的 7.7 是根据 30 年的折旧年限计算的结果——设备一生的维修费。将此数（7.7）除以 30，即得第三行的 25.7；第二行的 3.3 是按 30 年折旧的年折旧率，第四行的 29 是 25.7+3.3 之和。第二行的数字是 1 除以第一行的数字所得，如 1÷30=0.033=3.3%，1÷24=4.1%，这里把设备的原值作为 1，以此类推。

本章思考题

1. 以修理周期结构为基础来估算设备一生的维修费，你认为是否科学？

2. 这里设定设备第一次大修费为设备原值的 30%，是否切合多数情况？

3. 以后每一次大修费都在其前一次大修费的基础上递增 10%，是否合理？

4. 对大修理费和中小修理费进行敏感性检验的方法是否科学？

5. 用本章所讲方法来确定最佳折旧年限有什么不合理之处？

6. 用本章所讲来研究“设备维修的经济性限度”（最佳折旧年限）是否可取？

7. 工厂里的设备管理读者：能否请你们按你们的修理周期结构和大中小修理费的实际水平来估算你们的设备最佳折旧年限（更新周期）？

第十一章　研究设备一生的维修费的重要意义

马克思说过："机器越是超过它的中年期，因而正常的磨损越是增多，构成机器的材料越是消耗和衰老，使它维持到平均寿命的末期所需要的修理劳动就越频繁、越多。正像一个老年人，为了防止不到时候就死去，必须比一个年轻力壮的人支付更多的医药费。"

这里的"医药费"就好比我们现在说的"设备维修费"或"设备一生的维修费"。根据我们现在的 13 亿人口，按现在的医保水平，国家一年不知要花费多少的医药费。这是一项沉重的负担。这项负担随着人口老龄化的增加而增加。

同样道理，设备既是生产者，又是消费者（这里包括维修费、能源消耗费等，统称为"维持费"），即维持设备正常运转的各项费用之和。这种消费也是随着设备的老化而不断地增加。笔者在 30 多年前收集了一些统计资料，有的企业全年的设备维修费总额要占生产总成本的 10%~15%。有很多企业之所以高成本，缺乏竞争力，这方面也是一大原因。设备使用年限（折旧年限）越长，其一生的维修费就越高。也正因如此，马克思就提出了有关"机器的中年期"的论述。但这个"中年期"是个什么样的概念？马克思没有进行详细的论述。所以，很难具有可操作性。因此，笔者早在 20 世纪 70 代就开始研究这个问题。

事实上，所谓"机器中年期"与"最佳的设备折旧年限"或"最佳的设备更新周期"或"设备的经济寿命"这些概念是有相同含义的。它们都是从企业的经济效益角度来研究设备使用到何时更新更经济、更合算的问题。如果解决了设备最佳折旧年限（即最佳更新周期），也就解决或明确了"机器的中年期"的概念。

笔者当时研究这个问题，主要目的还是解决当时我国经济学家们都无法解决的一个迫切需要解决的难题。这个难题不解决好，会直接影响到我国经济发展的速度和工业技术装备的现代化水平。也正因如此，一些经济学家总希望能提高我国固定资产的折旧率，加速提高我国工业技术装备水平，促进整个国民经济的发展。但在那时要求提高固定资产折旧率谈何容易啊！原因就在于我国传统的折旧理论不答应，国家的折旧制度不允许。

我国传统的折旧理论认为："如果折旧率规定得过低，就会人为地扩大利润，虚增积累；如果折旧率规定得过高，就会人为地缩小利润，影响资金的正常积累，妨碍扩大社会再生产。"也正因如此，当时有人说过：如果我国的固定资产折旧率提高 1%，国家每年的财政收入就要减少多少个亿。那时整个工业不景气，国家财政很困难，所以根本就无法承受这样的负担。

一、我国传统折旧理论的片面性

笔者认为这种理论是很片面的，情况并非完全如此：这种片面的理论只看到折旧率提高了，就会增加生产成本，而看不到折旧率提高后，缩短设备使用年限，就能提高生产效率，节省维修费用等有利条件；更不了解马克思对有关"机器的中年期"这个论述的本意。只要用系统的、辩证的观点来看这个问题，提高设备折旧率、缩短设备使用年限不仅不会增加产品成本，反而会从根本上减少生产成本，提高企业利润，增加财政收入。

为了说明笔者这个观点，这里将表 9-1 中两个数字加以对比分析，即表中的第二行（相对应的设备折旧率）和第三行（年均维修费与设备原值之比）对比。

（一）按 30 年折旧与按 12 年折旧的对比

按 30 年折旧的这两个数字分别为 3.3%与 25.7%；再来看按 12 年折旧的这两个数字分别为 8.3%与 16.5%。现在假设将设备按 30 年折旧改为按 12 年折旧，折旧率一下子就提高了5%，看它会不会增加生产成本？

我们不妨来分析一下：折旧率提高了5%，那么，相对应的年均维修费降低了多少？这就要将这两组数字相减：25.7% – 16.5% = 9.2%。也就是说“年均维修费与设备原值之比节省了9.2%。由此可见，折旧率虽提高了5%，但年均维修却节省了9.2%，两项相抵维修费还节省了4.2%。这意味着折旧率提高5%之后，与设备有关的生产成本反而降低了4.2%。

（二）按24年折旧与按12年折旧的对比

从24年折旧改为12年折旧的情况：按24年折旧，其对应的折旧率为4.1%，其年均维修费为22.8%。12年的折旧率为8.3%，年均维修费16.5%。两者相减：22.9% – 16.5% = 6.4%，8.3% – 4.1% = 4.2%，即从24年折旧改为12年折旧，折旧率提高了4.2%；两者的年均维修相减：22.9% – 16.5% = 6.4%，其年均维修费节省了6.4%；年均维修费与原值之比节省了2.5%：6.4% – 3.9% = 2.5%。

由此也可以看出，从24年折旧改为12年折旧，其折旧率虽提高了3.9%，但年均维修费却节省了6.4%，两者相抵后，年均维修费与设备原值之比还节省了2.5%。由此也可以看出，从24年折旧改为12年折旧不仅没有增加生产成本，反而降低了生产成本。

（三）按24年折旧与按6年折旧的对比

按24年折旧改为6年折旧，情况就可能不大一样了，我们不妨来分析对比一下：

按6年折旧，其折旧率为17%，年均维修费为11%；现将两者的折旧率相减，即17% – 4.1% = 12.9%，即折旧率提高了12.9%；按24年折旧，其年均维修费为22.9%，按6年折旧的年均维修费为11%，两者相减，即22.9% – 11% = 11.9%。

由此可见，当折旧年限从24年改为6年时，其节省的年均维修费抵消不了增加的折旧费，两者相差0.8%。其实这个差数也是很小的，这是从数字来分析问题的。事实上，由于设备使用期很短，只用一个大修周期，设备在各方面的技术性能都要比使用24年的设备具有更高的生产率和正品率，这对降低生产成本也是很有好处的。这好比用 25 岁的劳动力要比用 60 岁的劳动力具有更强的生产力一样的道理。因此，我国传统的折旧理论是非常片面、站不住脚的。

二、研究设备一生的维修费的现实意义

笔者从自身的经历和在事业上的成功等方面来说，研究设备一生的维修费确实大有文章可做，也具有重要的现实意义。这不仅直接关系到设备管理的经济性和企业的经济效益，也直接关系到宏观经济的发展前景和我国技术装备的现代化水平。笔者从事设备管理 40 多年，由于长期重视设备维修费用方面的研究，因而也积累了不少的经验和资料，成为一个集技术、经济和管理于一身的设备管理工程师，在从事几十年的设备管理生涯中，也发表了一些与设备维修费用有关文章。这些文章都有很强的针对性，即都是针对当时某些重大问题的。这里先介绍一下当年我国的经济学家都无法解决的一个难题。

这个难题就是“既要想提高固定资产折旧率，又不影响国家的财政收入”。本书第四篇“论文集”中的第 1~4 篇文章的内容都是围绕着为解决这个难题进行论述的。

下面这两篇文章是针对我国设备资产评估存在的问题而写的。

笔者对设备一生维修费的研究，不仅解决了经济学家们都无法解决的难题，同时也对当时有关部门对企业固定资产重新估价有不合理的规定提出了异议。如有关部门当时在红头文件中规定“对超期服役的设备原则上不予评估”。所谓“超期服役设备”是指设备已使用到折旧年限还在继续使用的设备。事实上，这种不合理的规定有点不切合企业里的实际情况。因为我们企业里的生产设备之所以能用到超期服役，主要原因就在于靠连年累月地不断维修来维持它们的使用寿命；而且每年要支付相当于设备原值 20%以上的维修费。这是我们的国情。

笔者在《中国设备管理》1994 年第 3 期上发表《设备资产评估的理论与实践》一文，此文后被选入《中国“八五”科技成果选》。

三、有待解决的若干重大问题

从笔者的观点来看，我们国家整体经济效益不佳的原因当然是多方面的，但其中存在机器设备维修费用高，管理水平低的原因，这些问题是值得人们深思和重视的，笔者认为在这些方面还是有很大的提高潜力。如：

（1）我国设备维修费水平远高于西方发达国家。这在上面有关章节中都有所提及，我们国家设备使用年限大多在 20 年以上，年均维修费相当于设备原值的 20%左右。而西方发达国家这个数字在 10%左右。主要在于我们的管理水平落后，更主要的还是由于过去长期以来，在计划经济时代生产不讲究经济效益造成的后遗症，对设备维修费在企业生产成本中占多少份额不大关心。前文提到过的济南钢铁厂，一年的维修费总额要占生产成本的 15%；而大多数企业的年均维修费要占设备原值的 10%以上，发达国家这个数字只在 6%~7%。

（2）我国企业的生产成本（竞争力）过去靠低劳动力成本红利还能算得上有一定的优势，今天就大不一样了。现在要降低企业的生产成本，在设备维修费管理方面与发达国家相比还是有一定潜力可挖的。

（3）笔者在前文也提到过，之所以能提出解决经济学家都无法解决的难题，原因是笔者的理论与方法是有条件的。这就是说，提高设备折旧率以后，就要相应地缩短设备使用年限。如按 12 年折旧（两个大修周期），你的设备使用到两个大修周期后就要及时地进行更新，否则，超过它的中年期，维修费就会增加，生产成本就会提高，竞争力就会下降。

我国设备资产的平均折旧率从过去的 3%一下子提高到 1985 年后的 8%，提高了 5%，这反映在生产成本中增加了很大的比例。如果已使用到折旧年限（如到了两个大修周期），由于种种原因不能及时更新的设备也要降级使用，不要再搞大修了，不要“穿新鞋走老路”——用了修、修了用，修到不能修为止。这势必增加产品成本，不合算了。对于这方面的问题，还需要从国家层面对企业有一定的强制措施与手段。

这里必须说明的是，如按两个大修周期（12年折旧的设备），这个12年是按两班制作业来说的，如果企业不是两班制作业的，如三班制或一班制作业，其设备更新周期就要相应缩短或延长。还有对那些大、精、尖设备的更新周期也可以放长一些，如三个大修周期（两班制的18年）以后进行更新。如果使用到了折旧年限（两个大修周期或三个大修周期），由于设备平时保养得好，主要技术性能还是比较好的，也不一定要死板地进行更新，一句话，到了折旧年限不要进行大修，或只要小修一下就可以用的，也不妨继续使用；如要花很多修理费才能继续使用的设备，就不能再修了。因为前文估算的各种方法，无论是两个、三个、四个或五个大修周期，其最后一个大修周期都没有考虑大修的，也就没有大修费用发生。这是研究设备一生维修费的预先设定的限制条件（原则）。违背了这个原则，设备维修的经济性就差了，生产成本就会提高，也会降低企业的竞争力。

有关这方面的问题笔者早在《中国设备管理》（2005年）上就发表过文章《以科学发展观统领设备管理》，特别强调了“不要穿新鞋走老路”的观点。文中也论述了不及时更新老旧设备也会直接影响到微观经济（企业的经济效益）和宏观经济的发展。文章的摘要是：

“在市场经济条件下，设备管理只有以科学发展观为统领，适时地更新落后的、超龄的设备，才能节省维修资源，提高技术装备现代化水平，增强企业的竞争能力；同时也能为社会提供更多的废旧钢铁，少开采矿山资源，走可持续发展之路。”具体请看“论文集”中的第8篇文章。

本章思考题

1. 我国传统折旧理论的片面性表现在哪里?

2. 对研究设备一生的维修费的现实意义，你能否讲出实例?

3. 你认为在我国还有哪些方面可以降低产品成本的潜力?

4. 在设备管理与维修方面有无降低成本的潜力可挖?

第十二章　设备维修经济学就要算经济账

一、设备管理人员要学会算经济账

这里讲的经济账是指机器设备一生的账。以传统观点来说，“新三年、旧三年、修修补补又三年”；物尽其用、人尽其才；一台设备修到不能修为止。从传统的折旧观来说，设备折旧率提高了，就会增加生产成本，减少企业利润，影响国家的财政收入。但这些观点都没有算这样的账：设备越老旧，维修费用越高，生产效率越低，动力消耗越大，企业的经济效益越低，竞争力越差。这仅是从微观经济而言的。从宏观经济来说，设备折旧率越低，折旧年限越长，设备的更新周期超过它的“中年期”，这对整个工业和国民经济的发展越是不利。这笔账应该怎么算，值得全社会重视和研究。

笔者提出设备维修经济学就要专门研究这笔账。这笔账应该怎么算是一门新学问。它从微观经济效益入手，又眼于宏观经济的发展。这在前文有关的章节（文章）中都有所提及。

既然是经济学，就要算经济账。这笔账到底该怎么算？这在上面讲的“研究设备一生维修费的现实意义”中已讲过。1982 年 2 月 8 日《世界经济导报》刊登笔者的《让重工业为主的整个工业充满活力》文章。这篇文章大体上就告诉人们这笔账应该怎么算。文中既讲到许多微观经济的问题，也讲到宏观经济的问题，如文章的核心观点是："缩短设备更新周期，相应提高折旧率，不但可以降低生产成本，增加财政收入，更是促进机械工业和重工业健康发展的上乘之策。"由此可见，这里既有微观的也有宏观的经济问题。

编者按："缩短设备更新周期，提高设备折旧率，将会出现生产资料的高消费。这种高消费是一件好事，将会使以重工业为主的整个工业充满活力，将会使生产技术不断更新换代，因而对国民经济的发展具有战略意义。希望探讨妥善的方案，为此开放前进的绿灯。"这就充分说明笔者提出的"设备维修经济学"既涉及微观经济方面的问题，也涉及宏观经济方面的问题，而且这两方面的问题还都是紧密相连的。下面再补充两个方面的问题来看这笔账应该怎么算。

二、设备折旧率与更新周期的关系

从理论上来说，设备更新周期和折旧率是一个问题的两个方面，只要确定了其中的一个，也等于确定了另一个，尽管在实际工作中这二者不可能完全一致，但在理论分析（探讨）这个问题的时候，应该把它看成是一致的，否则，就不能自圆其说，也说不清楚。

设备折旧率是否合理科学？可以用一句话来概括：设备的折旧率只能依据合理的更新周期或设备的经济寿命来确定。

这里讲的合理的更新周期，不外乎三层意思：

一是我们确定的设备更新周期，要使设备有生之年能使企业生产具有竞争能力，或生产经济效益比较高的产品，这主要着眼于设备的性能和效率。

二是我们所确定的设备更新周期，要使设备一次大修理费用不大于该设备再生产价值的30%左右。或者说，要使设备一生的维修费现值不大于该设备当年的购置费（即设备原值）。这主要着眼于设备的维修费用。

三是我们确定的设备更新周期，要使各类（各行业）的设备有不同的折旧年限，或者说，要根据各类设备的制造周期、使用情况等有所区别——大小设备的折旧年限不能“一刀切”。具体算法如下：

（1）设备的效率和性能与设备的使用年限成反比。设备使用年限越长，其效率和性能下降的幅度越大。据上海某工具厂的测算，机床通过第一次大修，其效率下降 5%；经过第二、第三和第四次大修，其效率又分别下降 5%、15%和 15%。通过四次大修的机床，其效率下降到原有的 60%左右。这当然不是绝对的，但总的趋势是越修越旧，越修越落后，效率和性能越修越差。

按二班制来计算，机床设备的大修周期，一般为 6 年左右。为保持机床设备应有的效率和性能，或者说，使机床设备的效率和性能不低于新设备的 90%，那么，一般机床设备的更新周期不超过两个大修周期（即 12 年左右）为最佳。其他类型的机电设备，其折旧年限也可根据这个办法（即根据效率下降的幅度）来定。

（2）设备的维修费与设备的使用年限成正比。设备越老旧，维修费用越大。现在有很多老旧设备的一次大修理费相当于原值的 60%~70%，还有更高的。一次中修的费用大多高于大修费用的一半；小修的费用也相当于大修的 1/5。使用 30 年的设备，要经过 4 次大修，10 次中修，30 次小修。第一次大修理费，如果按设备原值的 30%计算，以后每增加一次大修，其大修费均按原值的 10%递增。按这样匡算，使用 30 年的设备，平均每年的维修费相当于原值的 18%左右。按此方法推算，使用年限若分别为 30 年、24 年、18 年、12 年或 6 年的话，其每年的平均维修费用分别相当于原值的 18%、16%、14%、11%或 7%左右。其相应的折旧率分别为 3.3%、4.2%、5.5%、8.3%或 16.5%。按照经济原则，取这两种费用之和最小的为最佳更新周期。按这里推算的结果，最佳更新周期为 12 年左右（见表 2-1）。

三、设备维修费的静态与动态分析的比较

如果考虑维修费的时间价值，即把每年的维修费（取平均数）换算成当年的

金额（现值），那么，设备寿命周期维修费现值不应大于设备的购置费。否则，就意味着在购置一台设备的时候，就要有大于 2 台设备价格的资金。如某台设备寿命周期维修费现值刚好等于它的购置费，那么，买这台设备的时候就要有 2 倍于设备购置费的资金。这笔资金的一半用于买这台设备，一半用于维持设备到使用年限的维修费（加上这部分资金的利息）。这当然是不合理的，因为用于设备维修费大部分是企业里的流动资金。为减少流动资金的占用，我们所确定的设备更新周期必须使设备维修费现值少于设备的购置费。具体计算方法如下：

现设定两种设备更新周期方案（即折旧年限分别为 24 年与 12 年），按表 2-1 第 3 行相对应的“年均维修费与设备原值之比”分别为 23%与 16.5%；现按企业 10%的利润率将它们分别换算成现值的方法如下：

第一步，从相关的书籍中查“年金现值系数”，先找到利率（或利润率）为 10% 的系数，如 24 年的系数为 8.9，12 年的系数为 6.8。

第二步，将 24 年与 12 年的“年均维修费与原值之比”这两个数分别乘上 8.9 与 6.8，就可以获得年均维修费的现值分别为 2.0 与 1.12（8.9 × 23% = 2.047，6.8 × 16% = 1.088）。

第三步，论证这两个数（2.0 与 1.1）说明什么？它说明了设备的更新周期不同，其“年均维修费现值”也不一样。如设备更新周期分别为 24 年和 12 年，其“年均维修费现值”分别为设备原值（或购置费）的 2 倍和 1.1 倍。也就是说，设备的更新周期为 24 年的“年均维修费现值”要比 12 年的高出一倍左右。而 12 年的“年均维修费现值”为原值（或购置费）的一倍左右。从经济角度而言，更新周期为 12 年的比较合理。由此可以论证合理的折旧年限为 12 年（约两个大修周期）。

在算经济账的时候为什么要引进资金的时间价值？这个“资金的时间价值”在重大的投资决策中往往要采用动态分析方法。相对于静态分析是不考虑利率因素的。如一年共支出维修费 100 万元，就是 100 万元；如考虑利率因素，就不止 100 万元了。所谓“资金的时间价值”其本意是资金在运用中是会产生利息的。无论是办工厂或开商店都是为了获得利润。我们将钱存银行也是为了获得利息，如 100 万元存银行，一年后银行给你利息。假定一年后利息 1 万元，那么，连本带息共 101 万元。这 101 万元就叫“终值”。

所谓“现值”是倒过来算的，即将未来的钱换算成现在的钱（现值）。

所谓“年金”是指每年都有相同的金额收入或付出。这里仍用表 2-1 上中数字来说明“年金”这个概念的应用，仍以 24 年与 12 年以为例：如 24 年的“年均维修费与原值之比”为 23%，12 年的为 16.5%，这相当于“年金”，如果将这个年金乘以“年金终值系数”，就得设备一生的维修费的终值。具体计算如下：

第一步，查“年金终值系数”，这里仍按 10%的利率计算，24 年的年金终值系数为 88.5，12 的年金终值系数为 21.38。

第二步，将这两个系数分别乘以 24 年和 12 年的“年均维修费与原值之比” 23%和 16.5%，即得 88.5 × 23% = 20 和 21.38 × 16.5% = 3.5。它们分别相当于设备原值（或购置费）的 20 倍和 3.5 倍。

第三步，静态与动态分析比较，从表 9-1 最后一行可以看出，设备更新周期（折旧年限）分别为 24 年和 12 年的设备一生维修费与原值之比（倍数）分别为 5.5 倍和 1.98 倍，这是静态分析的结果；而动态分析的结果是，设备一生维修费的“终值”分别是 20 和 3.5，即 24 年更新的相当于设备原值的 20 倍，而 12 年更新的只有 3.5 倍。静态分析与动态分析为什么有这么大的差别？因为设备维修费在马克思那里就是“追加投资”。既然是一种投资，它就要获利，这与企业其他投资一样都有获利的本能。这里是按 10%的利率计算的，如设备使用到 24 年和 12 年后能及时地进行更新，则其一生维修费的“终值”分别为设备原值（或购置费）的 20 倍和 3.5 倍。而这种倍数又随着利率的高低而变化的。

如将利率改为 12%，按此利率计算 24 年和 12 年的这个倍数分别为 27 倍和 4 倍；如将利率降低到 8%，按此利率计算 24 年和 12 年的这个倍数分别为 15 倍和 3 倍。这种分析说明什么？它说明利率越高，其损失越大。同样的年均维修费，在利润率越高的企业，其损失越大，因为如果将这种维修费作为另外投资，其获得的效益越多。这就是一种机会损失。如果将利率降到 1%，试算一下其结果又是如何？

同样查年金终值系数，24 年和 12 年的这个系数分别为 26.9 和 12.6，再将它们分别乘以 23%和 16.5%，这个倍数分别为 6.2 倍和 2 倍。这个倍数与静态分析差不多，见表 2-1 最后一行 24 年和 12 年的分别为 5.5 倍和 1.94 倍。这就说明静态分析与动态分析的结果完全是不一样的。现在只要将 24 年与 12 年的这个倍数加以对比就不难发现，它们之间的差别有多大，即使按最低的倍数来比：6.2 - 2 = 4.2 倍，高出 4 倍多；如果按最高的倍数比，即 27 倍与 4 倍的相比：27 - 4 = 23 倍，高出 23 倍；按 10%利率计算的 20 倍与 3.5 倍相比：20 - 3.5 = 16.5 倍。由此可见，利率越高的企业，这种差距就越大。总之，选择 12 年（即两个大修周期）更新最为经济。

以上所用的各种“现值系数”“终值系数”“年金现值系数”和“年金终极系数”都可以在《技术经济学》《设备技术经济学》和《设备工程经济学》这类书的附表中找到。本书也有少量的这些系数表（见书末附表）。

设备维修费作为一种“追加投资”，在企业里也是非常可观的。一般要占设备总资产的 10%左右。由此可见，这笔账到底怎么算，也要考虑采用动态分析的方法来研究各种方案的得与失。如一个经营管理者或是企业决策者不懂得这种动态分析方法，这种损失是无形的、看不见的，也是不知道的。这种现象在我们国家可能是比较普遍的。

四、设备更新周期与 LCC 的关系

追求设备寿命周期费用（LCC）最佳化是现代设备管理的一大目标。当前，买方市场发展迅速，企业间的竞争加剧，尤其是国家对企业实行利改税后，企业的环境更加严峻。为降低产品成本，提高经济效益，对设备管理的经济性要求也越来越高。因此，追求设备寿命周期费用最佳化，是当前客观形势的要求，是设备综合工程学所追求的一大目标。

设备寿命周期费用这个概念，起因于人们对设备使用经济性的要求，是指设备在其寿命周期内各种费用的总和。一般都归纳为两部分，即原始费用（原值）和使用费用（维持费）。原始费用是购置设备投资，使用费用是使设备能正常工

作到它的服务年限（折旧年限）逐年支付的费用。

研究设备寿命周期费用，是要树立在设备管理工作中重视经济效果的观点。这点在过去是不够重视的。例如在选购设备时，往往只注意一次性投资的大小，而很少考虑在使用过程中的经济性问题；在确定设备折旧年限时，只考虑设备的物质寿命，而根本不考虑它的经济寿命（即不考虑机器设备也有“中年期”）；在设备使用期间，只是坏了修，修了用，很少考虑修理的经济效果。一台设备修到不能修，用到不能用，一次大修费用高达原值的80%~90%都在所不惜，这些无形的浪费是很值得研究的。研究设备寿命周期费用，就是要用全面的观点来考虑这些问题，要用辩证的观点来处理设备一生中各项费用之间的相互关系，用设备寿命周期费用最佳化的观点比较设备投资、更新、大修和改造等各种方案的经济效果，作为决策的依据。

在设备投资或更新决策时，往往采用“年当量费用”低的年份作为设备的最佳更新期。年当量费用就是将设备的原始费用加上各年度的维持费（主要是维修费），以某种贴现率（利润率）换算成“年平均费用”。维修费用是随设备使用时间的延长而成比例增加的。第一次大修理费按原值的30%计算，以后每一次大修理费均按原值的10%递增；一次中修的费用相当于大修理费的50%~60%，一次小修（或二保）的费用相当于大修理费的10%~20%。

这里都以6年为一个大修周期，在一个大修周期内有2次中修和9次小修（或二保）。应按照这样的修理结构来计算不同寿命周期的维修费用及有关量值。

从表9-1的第3行来看，设备费用最低的也是12年，它只有原值的16.5%。因为这一项费用要进入生产成本，所以也是决策时的主要依据。要实现设备寿命周期费用最佳化，一般设备只需两个大修周期（12年左右）就要进行更新换代，只有这样才能保持企业有较好的经济效益和活力。这如同企业里招工一样的道理，一般总是要招二三十岁年轻力壮的劳动力而不会去招五六十岁的劳动力。因为年轻力壮的人不仅劳动生产率高，而且医药费也要比老年人少。这也是使用机器设备不要超过“中年期”的道理所在。

五、设备更新周期与工业现代化的关系

如果一个国家的生产设备使用年限都在四五十年以上，这不仅影响企业的经济效益，也直接影响到工业技术装备现代化水平的提高，更影响到整个工业的发展速度，以及影响到整个工业和国民经济发展的速度。一句话，它会直接影响到国家的兴衰。这在前面已经讲过，这里不再重复。

其实，这个关系不难理解，因为机器设备都是由机械厂制造出来的。如果企业老是用旧设备而不买新设备，机械厂就没有任务，也就是说机械工业就会受到冲击。机械工业不景气，钢铁工业先受到影响，与此相关的基础工业也会受到冲击。这样整个工业和国民经济都会受影响。从这个道理来说，无论是企业还是国家都一样，只要你的设备更新周期很长，用的大多是老旧设备，那么，你这个企业的经济效益不会好到哪里去，国家也不会强到哪里去。

由此可见，“这笔账应该这样算”：既要算企业的小账，也要算国家的大账；既要算设备维修账，也要算设备更新账；既要算企业竞争力的账，也要算国家兴衰的账。一句话，要从系统的观点、辩证的观点来算这笔账。这就是设备维修经济学的使命。为此，它既要研究设备合理的修理间隔期，有利于实现设备寿命周期费用最佳化；也要研究设备合理的更新周期，有利于整个工业和国民经济的发展，尤其是在今天科学技术突飞猛进的时代，设备的技术寿命越来越短，无形磨损越来越严重，这对企业的经济效益和竞争力带来严重的影响。“要减少这种无形磨损除了对现有资本加速使用之外，也必须加速自身的技术创新和技术进步，以便把无形磨损尽可能地转嫁给他人。”

这里说的“现有资本”是指机器设备，它们是物化了的资金（资本）。为了减少这种无形磨损，企业必须对现有的机器设备进行加速使用，更要加速更新换代或进行技术改造。这样就可以减少由于无形磨损引起的经济损失。

六、设备更新周期与设备可靠性的关系

本章主要是论述设备使用时间与可靠性、寿命周期费用、零部件残存率之间的关系。通过这些具体问题的分析比较来论证企业长期使用旧设备是不合算的。这是笔者于 1986 年参加第六次全国设备管理学术会议上发表的一篇文章。题目是《试论设备可靠性与 LCC 的关系》。全文如下：

机器设备的可靠性是以一定的物质条件为基础的；高可靠性的技术装备对构成它的物质条件要求很高。这里讲的物质条件主要是指组成机器设备或技术装备的零部件的材质、加工精度、热处理、维修间隔期和维修类别等。所有这些都离不开相关的各项费用；而 LCC 主要是由这些费用组成的，尤其是维修费用要占寿命周期费用的 70%左右。无论是军事装备，还是机器设备，在这方面国内外都有些研究和统计资料。如刘庆华等编著的《装备管理工程》一书中说："某型坦克使用 20 年维持费为采购费的 4.4 倍，某型飞机使用 15 年维持费可以购买该飞机 6 架。"苏联 1978 年出版的《设备修理和技术维修的组织》一书中也说："苏联每年用于维修的费用平均为设备价值的 30%；金属切削机床整个寿命期的维修费用高于原值 2~4 倍。"20 世纪 80 年代天津人民出版社出版的《成本研究班教材》一书也提到："据国外统计资料表明，一种设备在它的正常寿命期内，它的原始费用只是整个寿命周期费用的一部分甚至是一小部分。一台机器设备原始费用只占寿命周期费用的 33%。"这些数据明确地告诉我们，维修费用应是研究 LCC 的主要内容。本文仅对可靠性与 LCC 有关的几个问题做些简略的分析。

（一）可靠性与使用年限的关系

从大的方面来说，机器设备越是老旧，发生故障的概率越高。上次尼日利亚空难事件，据说这架失事飞机已使用了 22 年，超龄服役是发生空难的罪魁祸首。其他机器设备也一样，使用年限越长，可靠性就越差；而且维修费用也越来越高。按照一般民用设备的使用情况和维修水平，可以推算出一台设备在它不同的寿命期内总维修费用的概况。这里以 6 年为一个大修周期，设第一次大修理费相当于原值的 30%左右，以后每一次大修费递增 10%，中小修费用分别相当于大修费的 50%和 10%左右。以此推算使用年限分别为 12 年、18 年、24 年和 30 年时（见表 9-1），其年均维修费与原值之比分别为 16.5%、19.7%、22.9%和 25.7%；寿命周期总维修费用高于原值的倍数分别为 1.98、3.65、5.5 和 7.7。这种推算结果与上面讲的国内外有关的统计数字是相吻合的。

我们还可以从下面一组数字看出，设备使用年限越长，故障率越高，可靠性越差。据某企业设备故障统计，并经过条件概率计算得出如下数据：在发生故障的设备中，役龄在 20 年以上的占 50%，在 10~20 年的占 40%，在 1~10 年的占 10%；在未发生故障的设备中，役龄在 1~10 年的占 91%，在 10~20 年的占 85%，在 20 年以上的占 60%。由此我们也不难看出，设备的可靠性与使用年限是成反比的。无论从可靠性角度，还是从维修费用角度来说，设备的使用年限不宜过长。这是从总的方面来考虑的。

出于种种原因，我们国家的机器设备使用年限都比较长，短的十多年，长则二十多年甚至三十多年，设备的可靠性完全是靠不断地维修来保证的。正因如此，我们不仅要研究设备合理的使用年限——经济寿命，更重要的是要研究在整个使用过程中在确保必要的可靠性前提下，如何科学地确定维修间隔期，即零部件的合理更换期。下面就这个问题再做些定量的分析。

（二）可靠性与维修间隔期的关系

对于多数机械设备来说，它的故障大多是由于磨损和疲劳引起的，属耗损型故障。民用设备大多是属于现代化程度不高的机械类设备，实践证明对它们进行定期维修是确保必要的可靠性、安全性和可用度的有效措施。

维修间隔期的长短直接影响到可靠性等技术经济指标和维修费用的高低。如以设备中用得最多的滚珠轴承为例，当某种型号的滚珠轴承经过统计计算其平均寿命为 4500 小时，标准离差为 1250 小时。若对其采用不同的维修间隔期（不同的更换期），它的可靠性是不一样的。如定期更换时间与其平均寿命相同，它的可靠度只有 50%；如要将可靠度提高到 85%，其更换时间要比平均寿命缩短一个标准离差（1250 小时）；如已使用到平均寿命再延长 1250 小时，则其可靠度就会降低到 34%，这都是按正态分布几种特殊时间段来分析的。其他的零部件也可以做相同的分析。当故障呈指数分布时，采用指数分布的分析方法也是大同小异的。通过这种方法做定量的分析就能说明维修间隔期（零部件更换期）的长短对机器设备可靠性影响的程度；从中就可以看出可靠性要求过高，维修间隔期太短会增加维修费用，主要是零部件没有得到充分的利用；如果让各种零部件都得到充分利用，减少剩余寿命损失，又势必会降低可靠性。所以，如何按照各种设备的实际情况科学地制定维修间隔期是设备管理与维修的关键。

（三）残存率与可靠性的关系

上面讲过，为了减少零部件剩余寿命的损失，降低维修费用，就要制定合理的更换期。问题是一台设备的零部件少则几百只，多则成千上万只，采用统一的维修间隔期也难以做到使每只零部件都能充分利用。更何况有的零部件价格很高，有的价格很低；有的可靠性要求高，有的要求不高。为了区分这些不同的情况，尤其是对那些价格昂贵的零部件采用控制残存率来确定可靠性更加合理。

所谓残存率是指零部件的剩余寿命与平均寿命之比。其计算公式是：$y = \frac{m-t}{m}$，如上面说的 A 零部件平均寿命为 8 个月，当用到 5 个月时就更换了，其残存率 $y = \frac{8-5}{8} = \frac{2}{8} = 37\%$。假若标准偏差 σ 为 1.5 个月，属正态分布，那么标准函数 $z = \frac{m-t}{\sigma} = \frac{8-5}{1.5} = 2$，查正态分布表可得，其可靠度为 97%。这样高的可靠度对一般民用设备来说没有这个必要。如果将可靠度降低到 80%时，其残存率是 15%。方法是查正态分布表，其所对应的标准函数 z = 0.85，按照上面的计算公式先倒算出实际使用时间 t，因为 $z = \frac{m-t}{\sigma}$，所以 $t = m - z\times\sigma$，$t = 8 - 0.85\times 1.5 = 8 - 1.27 = 6.7$，残存率 $y = \frac{8-6.7}{8} = 0.16 = 16\%$。这样的残存率和可靠度对民用设备来说都是可以接受的，也是合理的。它既保持了 80%的可靠度，又大大降低了维修费用。

通过以上几种方法的定量分析，我们就不难看出设备的可靠性与维修费用之间的内在联系；工厂如果采用这些方法进行维修管理，就可以使设备的可靠性和维修费用均在受控范围之内。这也应该成为我们研究可靠性、安全性与 LCC 之关系的主要目的。

文中还有零部件寿命残存率的计算公式，这个计算式是本书第三篇“设备量化维修管理模式（TYZ）”的核心内容。这就说明笔者早在三十多年前就提出了与设备维修经济学有关的问题。

七、原样更新设备比旧设备更经济

这笔账应该这样算：购置新设备后，用新设备总要比用旧设备效益高，现设定用新设备后每年的收益为 10 万元，如 12 年后更新一次，总的收益为 120 万元，减去新设备投资 50 万元，净赚 70 万元。另外，如果继续使用旧设备，每年的收益为 5 万元，12 年共收益 60 万元，减去当年需要的大修费 20 万元，净赚 40 万元。这样就知道，在这 12 年里用新设备与用旧设备的效益之差是 70 – 40 = 30（万元）。这是很简单的举例说明，在实际计算分析时是比较复杂的。

1. 原样更新的经济价值

什么叫原样更新？现在对设备更新的含义有两种解释：第一种是用相同或类似的新设备来替换原有的旧设备。这叫作“原样更新”；第二种是用技术上先进的新型设备来替换技术上落后的旧设备。这叫作“技术更新”。

现在不管哪篇文章或论著，一提到设备更新，总是说技术更新的重要性，并强调要搞技术更新，而不要再搞原样更新。也有的说，应以技术更新为主，尽量不要搞原样更新。总之，都强调技术更新，把技术更新放在首位。

从总体上来说，或从长远观点来看，不搞技术更新是不行的，这是毫无疑义的；不搞技术更新，就难以实现工业自身的现代化。但在现实情况下，强调以技术更新为主，是否切合当前的国情，是否有利于加快原有老旧设备的更新速度，我认为是值得研究的。现在的确有很多企业想搞技术更新，没有先进设备就不更新，宁愿继续使用老旧设备（即超过“中年期”的设备）。这种带有倾向性的问题，我认为有关领导部门要认真研究，否则，会影响当前经济建设的速度，也不利于提高企业的经济效益。

2. 当前的现实

（1）目前各厂矿企业使用各类机电设备，绝大部分是20世纪五六十年代投产的，它们的役龄都在20年以上。这些老旧设备实际上都到了更新期。这就是说，目前我国已进入了大规模设备更新的时期，如不加快这些老旧设备的更新，势必会影响到整个国民经济的发展速度。但这些设备都要进行技术更新，国家能拿得出这么多先进的新型设备吗？即使分10年更新完毕，也是不可设想的。就拿机床设备来说，现在全国各类机床设备拥有量约有300万台，如每年按5%的速度更新，也需要15万台先进的新型机床。而目前全国机床年产量还不到15万台（这都是30年以前的统计数）。具有20世纪七八十年代水平的先进的新型机床即使占10%的话，也不到1.5万台。由此可见，供需矛盾之大。如果都要这10%的先进设备，那还有90%的20世纪五六十年代投产的机床又怎么办？难道叫这些生产厂矿关门吗？

机床设备如此，其他机电设备也好不了多少。从现行的各类机电设备的产品目录来看，绝大部分还是20世纪五六十年代的产品。这是最大的现实问题。

（2）目前大部分厂矿企业的劳动力都有富余，企业通过整顿后，多余的劳动力很难安排。如果企业再增加先进的自动化程度较高的设备，那么，多余劳动力的安排会更加困难。

再说，目前厂矿企业使用的技术不大先进，或叫技术比较落后的设备，正像钳工师傅的榔头一样，它虽是落后的劳动工具，但在今后一段较长的历史时期内还是需要的。就机械厂来说，大量的机械加工任务主要是靠普通机床来完成，至于那些线切割机床、数控机床和高精度机床的加工量毕竟是少数。就目前情况来看，厂矿企业对生产设备自动化程度的要求并不很迫切，原因在于人多任务少。

总之，设备更新应当充分考虑我国目前需要更新的设备多和需要就业的人员多这两大现实。

3. 原样更新的经济价值

农民用的锄头和犁耙，用旧了不能用时，照样买同样的锄头和犁耙，年年如此，代代如此，这是最典型的原样更新。锄头和犁耙虽是属于落后的劳动工具，但在我们国家，今后几十年内还是少不了它们的。由此可见这种原样更新的经济价值。当然，有条件用拖拉机的地方应该采用拖拉机，这是不矛盾的。

在工业生产中也一样，有条件采用先进的新型设备当然是好事，但没有条件采用先进的新型设备时，我们不应禁忌原样更新。我们应当从实际情况出发，按经济原则，或者说以生产经营的观点来认识及时进行原样更新的经济价值。我们不妨从微观经济的角度来分析一下这种价值的大小。

（1）先拿设备维修费用来说，即使用完全相同的新设备时，新设备的维修工作量比旧设备少，停机检修损失少，维修费用也低。根据目前有些企业维修费用统计数字来看，很多老旧设备的大修费用一般要占设备原值的50%~60%，高的达80%~90%，还有更高的。中小修费用也很可观。据初步匡算，使用20年左右的设备一般都需经过3次大修，加上中小修理费用，平均每年的维修费相当于设备原值的15%左右。使用同样的新设备，其平均每年的维修费不会超过原值的5%（指在三五年之内）。如原值为10万元的10台设备，已使用了20多年还不及时更新，仅是维修费用一项每年就要多支付1万元左右。假如推迟5年再更新，就要多支付5万元的维修费；如按15%的资金利润率来计算，就相当于损失6.7万元（按年金为1万元计算它的终值）。

（2）从设备的效率来说，设备使用年限越长，效率越低，不管何种机电设备都不例外。一般使用20多年的机床设备至少要经过三次大修（二班制），它的效率至少要降低20%左右。

假如一台新机床每年所提供的产值平均按5万元计算，那么，使用20年左右的机床只能提供4万元，使用10台旧机床每年就要损失10万元，按15%的资金利润率计算，推迟5年更新就要损失67万元（按年金为10万元计算它的终值）。

（3）再从修理工作量来说，新设备的修理工作量总要比旧设备少。一台新设备在三五年之内的修理工作量与已使用20年的旧设备相比，一般要节省2/3左右。所以，现在有些企业由于这几年加快了老旧设备更新，大修工作量和一般维修工作量都有大幅度减少，因而不仅节约了大量的维修费用，同时还将维修工人充入生产第一线扩大产品生产，从而使企业取得更好的经济效益。

一般来说，机修工人的劳动生产率总比第一线的生产工人低。如上海柴油机厂，生产工人的劳动生产率为 1.35 万元/人年，而机修工人只有 0.384 万元/人年。上海机电一局系统平均劳动生产率为 1.949 万元/人年，而机修工人的劳动生产率仅为生产工人的 20%~25%。目前各厂矿企业从事设备维修的工人约占直接生产工人的 8%~15%左右。如有 1000 名直接生产工人的企业，维修工人要占 80~150 名。如果将 2/3 充入生产第一线从事产品生产，按照生产工人的劳动生产率，企业每年就可以增加 55 万~100 万元的产值。

据笔者所知，如温州冶金机械厂、嘉兴冶金机械厂和苏州长风机械厂，这三个厂都由于近几年加快了老旧设备更新，设备维修工作量大幅度减少，它们将一部分机修工人充入生产第一线后，都不同程度地增加了企业的盈利。

温州冶金机械厂自 1979 年至 1983 年共更新设备 283 台（包括一部分新增的设备），占全厂设备总台数的 46%左右。全厂设备平均役龄从 1979 年的 14.1 年缩短到 1983 年底的 9.13 年，因而设备的技术状况发生了根本的转变，维修工作量大幅度下降，大修费从 1980 年的 30 多万元降低到 1983 年的 6 万元。它们的方针是减少大修，增加更新，提高企业技术装备的素质。由于新设备大量增加，老设备越来越少，维修工作量也逐年减少，它们现在将原来的机修车间撤销，新建了一个通用车间，以增加新产品开发。但该厂这几年所更新的设备并不都是先进的新型设备，其绝大部分还是 20 世纪五六十年代的老产品。如新设备中比例最大的是 CW6140 型车床。这种车床在 1974 年编的产品目录就有，且车床的加工范围完全与 C620 型车床一样，但质量较好，所以受用户欢迎。

设备更新无论何时何地都应以及时、实用为原则，要从本企业的实际情况出发选择设备更新的方案，在目前先进的新型设备不多的情况下，更不应该禁忌原样更新。如用 CW6140 型车床来替换原来的 C620 型车床，应该说还是属于原样更新一类的（笔者这里说的原样更新并不是非要与原来的设备一模一样。用 20 世纪五六十年代的设备来替换原有的旧设备都应该说是原样更新）。如能及时地进行原样更新，它照样会给你的企业带来比继续使用旧设备更多的盈利。

例如，当受多数用户欢迎的CW6140型车床订购不到时，如用完全一样的C620型车床来替换原来已使用20多年的C620型旧车床，在经济上也不一定会吃亏多少。我们不妨算笔账：从产品目录中可知，这两种车床的主电机功率都是4千瓦，这说明它们的生产能力是差不多的。CW6140型车床的价格是9800元，而C620型车床的价格是5300元，相差4500元。也就是说，购C620型新车床来替换旧的C620型车床可以节省4500元的设备投资。或者说，购买一台CW6140型车床的钱差不多可以购买2台C620型车床。2台C620型的新车床难道会比一台CW6140型车床的经济效益差吗？同时还可以多安排一个劳动力（这在目前是一个非常突出的问题），有利于发展劳动密集型的企业。

所以说，也不一定都要选择CW6140型，如果C620型已能满足生产工艺的要求时，何必非要等CW6140型的车床呢？尤其是用于一般机械加工或维修的车床，更没有必要，也不值得去争现在难以订购的CW6140型的车床。如果从生产经营的观点来对待这种问题，当前设备更新的矛盾就可能会少一些。机床设备有这种情况，其他机电设备也大同小异。先进的新设备总是少数，不看到这个现实，盲目在那里等待用先进的新型设备来更新，也许是弊多利少。

在目前情况下，大中小型企业的设备更新问题，也应有新区别。大型企业的技术装备水平是代表一个国家的工业水平，先进的新设备首先应满足这些企业的需要。大量的中小型企业的设备更新应以一般性的设备为主。只有这样，既能促进机械制造业的生产，又能使中小型企业的老旧设备逐年得到更新。在目前，我们应当提出各方都有利的设备更新方针，把长远的观点与当前的现实紧密地结合起来，使国民经济继续沿着良性的轨道发展。

这里举个最有说服力的例子，这是杭州万向集团公司（杭州万向节厂的前身）。它们设备更新周期刚开始是5~6年（当时它们用的大多是二手设备）；后来改为10年折旧（乡镇企业），更新周期也是10年上下。这个厂的设备更新速度比其他企业都要快得多，因此，这个厂的生产发展也很快。为此，笔者当时也曾经专门到该厂进行专题调研过。这个集团公司现在全国都有名气，它们现在还在美国设厂、办企业。

本章思考题

1. 设备折旧年限与折旧率有什么对应关系？
2. 设备更新周期与折旧率在理论上有何关系？
3. 设备维修费的动态分析与静态分析有何区别？
4. 为什么采用动态分析的结果（数据）都要比静态分析的大？
5. 经济学就要算经济账，这种说法有道理吗？

第三篇　设备量化维修管理模式 (TYZ)

此篇主要是论述一种全新的设备管理模式——设备量化维修管理模式（TYZ）。它是将设备零部件的剩余寿命与可靠性、经济性融为一体，并进行量化分析与管控的一种新型的设备维修管理模式。这是笔者独创的一种全新的设备维修管理模式。

第十三章　TYZ 管理模式概述

一、什么叫 TYZ?

所谓“TYZ 管理模式”是一种新型的设备维修管理模式——量化维修管理。它可将设备的可靠性与经济性融为一体，并能进行量化分析与管控，使设备管理与维修工作实行量化管理。从设备管理（维修）模式来说，世界上有几种比较有名的管理模式，如“苏联的计划预修制（ппР）、美国的预防维修（PM）、日本的全员生产维修（TPM）和英国的设备综合工程学等。我国的设备管理与维修模式一直都是模仿或照搬他国的，现在总算有了我们自己创造的设备管理模式了。

我国的设备管理也有 60 多年的历史了，总得要有所总结、有所发现、有所创造才好。笔者提出的这种集技术、经济与现代管理于一体的管理（维修）模式——将可靠性与经济性融为一体，且能进行定量分析与调控的维修管理模式，简称 TYZ。这是中国所特有的，所以称为“中国的 TYZ”。2014 年笔者发表的《试谈中国的 TYZ》获优秀论文奖。

下面就此管理模式如何将可靠性与经济性融为一体，如何进行量化调控，以及实施这种管理模式的可操作性等问题作简要的论述。

设备的可靠性取决于其零部件的寿命残存率。这也是笔者总结出来的“设备管理学的一条基本原理”。我们知道，新设备的可靠性，一般来说是 100%的，但设备是由各种零部件组成的，当设备使用到一定时期以后，它的零部件就会出现磨损或其他缺陷。这时设备的可靠性就会降低。至于降低到什么程度，那完全取决于零部件的磨损程度。这里有一个关键词很重要，它就是“零部件的平均使用寿命”，有时也叫“平均故障间隔期”。

（一）零部件寿命残存率的概念

为了便于说明问题，这里先引进一个新概念——零部件寿命残存率。它的含义是：如某种零部件的“平均使用寿命”为一年时，在它使用到一年的时候进行更换，那这只零部件的寿命残存率为零；当这只零部件使用到半年就进行更换时，它的寿命残存率为50%；以此类推。我们可用下式来计算它的残存率：

$$y=(m-t)/m \tag{13-1}$$

式中：m表示零部件的平均使用寿命；t表示零部件已使用时间或更换时间；y表示零部件的寿命残存率。

我们知道，组成机器设备的每一只零部件，都有一定的使用寿命（物质寿命），当零部件失效时（指不可修复的零件），其寿命也就终止；对可修复的零部件而言件，是指无故障工作时间，或故障间隔期。

如零部件失效或发生故障时，进行更换或修理（事后修理），这时零部件的寿命已终止，如果在零部件没有失效前进行更换或修理（预防维修），这时零部件的寿命没有被充分利用，这叫作潜在寿命（剩余寿命），所谓“过剩修理”，实质上就是指潜在寿命（剩余寿命）还比较长，即零部件还不到应该更换时而被更换了，因而造成人力、物力的浪费。

所谓“零部件寿命残存率”就是指潜在寿命（剩余寿命）与平均使用寿命的比值。其计算公式如（13-1）所示。

“零部件寿命残存率”这个概念，早在1991年的拙作《现代工业设备管理》一书再版本的第三十五章“设备修理间隔期的研究”中就已提出过。那时研究零部件寿命残存率，主要是为了寻找合理的修理间隔期，而没有把它作为一种管理模式。时隔二十多年后的今天，才把它作为形成“TYZ管理模式”的一种主要因素提出来。事实上，“零部件寿命残存率”这个概念是“TYZ管理模式”的灵魂。因为它的高低直接影响到设备的可靠性和经济性，由它来确定设备或零部件的修理间隔期或更换周期，也通过它来量化可靠性和经济性。由此可见，“TYZ 管理模式”的思想理念早在二十多前就已经形成了，只不过那时没有说是一种“量化维修管理”而已。

（二）经济性和可靠性是如何量化的

前文说过，通过“零部件寿命残存率”来量化可靠性和经济性，那么，到底是怎样进行量化的？为了说明“中国的 TYZ”管理模式将设备的可靠性和经济性怎样量化的，这里举例如下：

1. 经济性的量化

如某只零部件平均使用寿命为 8 个月，当用到 4 个月时就将它更换了，根据公式（13-1），其残存率为：$Y=(8-4)\div 8=4\div 8=0.5$，即残存率为 50%；当用到 6 个月进行更换时，其残存率为：$Y=(8-6)\div 8=2\div 8=0.25$，即残存率为 25%；当用到 8 个月进行更换时，其残存率为：$Y=(8-8)\div 8=0\div 8=0.00$，即残存率为 0。

我们知道，零部件使用的时间越长，就越节约、越经济。反之，就是浪费。无论是说节约也好，浪费也好，还是说经济性也好，它们都是定性的，这里将零部件的使用时间（更换时间）具体化或说是量化，如其平均寿命是多少年（月），使用到什么时候进行更换，由此计算出零部件的寿命残存率是多少。这就是经济性的量化。零部件寿命残存率越高，其经济性越差，反之，经济性越好。如以上三种残存率分别为 50%、25%和 0，其经济性最好的是残存率为 0 的时候（残存率为负的时候，其经济性最好，即实际使用时间超出平均寿命）；其经济性最差的是残存率为 50%的时候；残存率为 25%时，其经济性为一般。

2. 可靠性的量化

如果上面讲的这只零部件失效分布为正态分布，并假若其标准偏差 σ 为 1.5 个月，那么正态分布标准函数 $z=(m-t)\div\sigma=(8-5)\div 1.5=2$，查正态分布表可得，其可靠度为 97%。这样高的可靠度对一般民用设备来说没有必要的。如果将可靠度降低到 80%时，其残存率是 15%左右。其方法是查正态分布表，其所对应的标准函数 $z=0.85$，按照上面的标准函数 $z=(m-t)/\sigma$ 的计算公式，先倒算出更换的时间 t(T)：

$$\because z = (m - t)/\sigma \tag{13-2}$$

$$\therefore t = m - z \cdot \sigma \tag{13-3}$$

$t = m - z \cdot \sigma = 8 - 0.85 \times 1.5 = 8 - 1.27 = 6.7$（即这只零部件应在使用到 6.7 个月时进行更换）。此时的残存率 $y = (8 - 6.7) \div 8 = 0.16 = 16\%$。

这样的残存率和可靠度对民用设备来说都是可以接受的，也是合理的。它既保持了 80%的可靠度，又大大降低了维修费用。这个比值的大小还可以用来说明现行的修理间隔期或修理周期是否合理，也可以用一个合理的比值来确定设备的修理间隔期或修理周期。

3. “TYZ” 的来历

从式（13–1）、式（13–2）和式（13–3）中我们可以得知，其中零部件的使用时间“T”、零部件使用寿命残存率“Y”和正态分布标准函数“Z”这三者的内在关系，通过这三个因素和三个计算公式将设备的可靠性和经济性融为一体并进行量化。故这种管理（维修）模式简称为“TYZ”（称为“量化维修管理”）。

其中，主要是通过零部件的使用时间或定期更换时间“T”，将设备的可靠性和经济性融为一体；通过“Y”求出零部件寿命残存率；通过“Z”求得正态分布的标准函数值，并从正态分布表上查得相对应的可靠性（度）是多少。

反过来也可以先设定某台设备应有的可靠性，然后，在正态分布表上找得相对应的标准函数“Z”；再根据式（13–2）和式（13–3）求得零部件更换的时间——定期更换周期。这是确定设备各种修理周期的主要依据。

这里的 T、Y、Z 三个字母都有它们的物理意义：T 代表零部件的使用时间或更换间隔期（周期），故属于技术管理；Y 代表零部件寿命残存率，它的高低就意味着维修费用的高低，控制它的高低就是控制维修费用，故属经济管理，Z 代表是正态分布标准函数，通过它可以确定相对应的可靠性（度），故属现代科学管理。把它们排在一起，就代表着一种集技术管理、经济管理与现代科学管理于一体的管理模式。它能使设备的可靠性与经济性融为一体，并能进行量化维修管控。

4.“TYZ管理模式”的优越性

追求科学的、相对合理的修理间隔期应是现代设备管理的最高境界。我国的设备维修管理发展到今天仍然还是粗放型的，各种修理间隔期的确定基本上还是凭经验、拍脑袋。从苏联的计划预修制，到后来的PM和TPM、设备综合工程学，直到近年来在推广的“RCM”——以可靠性为中心的维修，对于修理间隔期的确定，都没有找到更科学、更合理的途径与维修模式。只有“TYZ管理模式”，才有可能使设备管理与维修走上量化管理——对设备的可靠性与经济性实行有效的管控。这也是实现设备寿命周期费用最经济的一种有效途径。

此外，修理间隔期合理不合理要用数据说话。我们经常说的“过剩维修”或“维修不足”都是跟着感觉说话而没有用数据说话的。真正的科学管理就是要用数据来说话。你说“过剩维修”并没有指出在何种情况下的“过剩维修”，也没有办法说明过剩多少，以及怎样防止过剩维修等问题。所以说，现行的各种修理间隔期都无法说明合理还是不合理。只有通过以上几个公式的计算，才有证据说明有无“过剩维修”。只有实施量化管理模式，才能制订出更科学、更合理的修理间隔期。这是正确选择修理间隔期的唯一途径。

设备修理间隔期的长短都与设备的可靠性连在一起的。因此，只有对各类设备制订出合理的可靠性要求，才能制订出合理的修理间隔期。如对A、B、C三类设备制订出不同的可靠性要求，根据这种要求再来求出合理的修理间隔期。

从理论上来说，这种管理模式的科学性比现在国内外任何一种维修模式要强得多。也可以这样说：这种管理模式（量化维修管理）在设备管理与维修的理论上，已经超越了国内外所有的各种维修模式——它把设备的技术管理、经济管理和现代管理科学地融为一体。这在国内外设备管理与维修的发展史上是没有过的。它是我国设备管理完全具有自主知识产权的研究成果。

实施TYZ管理模式，就能解决技术管理与经济管理相结合的难题。在我国的《设备管理条例》中规定，要坚持五个结合，其中一个结合就是技术管理与经济管理相结合，而这个结合又是最难的，难就难在很多设备管理人员不懂经济管理知识，不懂经济管理知识又何谈技术管理与经济管理相结合呢？而“TYZ管理模式”是将技术管理、经济管理和科学管理融合为一体的，它本身就是三结合的产物。因此，这种管理模式比其他任何一种维修管理模式都要优越。它最大的优越性还是用数据说话，用量化分析来确定零部件的更换周期和修理间隔期。

实施 TYZ 管理模式，首先，要掌握零部件（先掌握那些主要设备的易损件）的平均使用寿命以及它们失效的分布状况。这里主要研究正态分布，因为零部件的失效往往是由于磨损引起的（耗损型故障），即我们所熟识的故障率分布“船形曲线图”右边一段斜的故障率，应属正态分布，如图 13-1 上的 T_1 所对应的这一段；中间一段平的故障率是属指数分布，如 T_1 所对应的这一段，属偶发故障——不做预防维修的研究范围；T_1 所对应的这一段故障率属超指数分布，这是由于新设备磨合期所引起的各种故障，所以也不属于预防维修范围。

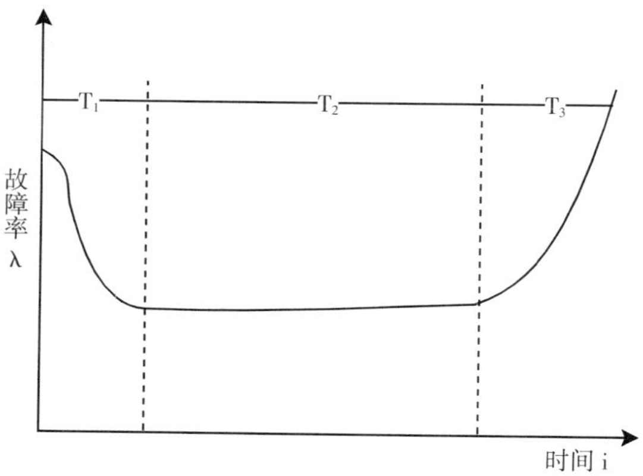

图 13-1　故障率曲线图

为了简化操作程序，提高可操作性，本文以“标准正态分布函数”作为可靠性量化的依据。这种量化也只是为确定相对合理的修理间隔期，或确定零部件的更换时间提供理论数据。在实际操作中还得要靠不断地积累经验，不断地调整修理间隔期，逐步提高其合理性。只有掌握大量的这种原始资料才有可能实施量化管理。这一点做起来并不难，现在用电脑统计和储存方便得很，难的是看管理人员愿不愿意积累这种原始资料；要看设备管理人员有没有这种事业心和责任感——将每次零部件失效的原因和已使用时间详细地记录下来，然后求出它们的平均使用寿命。这一切当然要经过适当的培训才能实施。

5. 实施TYZ管理模式的可操作性评述

实施这种管理模式有个关键问题，就是如何解决不同使用寿命的零部件的更换同步性问题。因为各种零部件的使用寿命不可能相同，或同一台设备的零部件因价格不同，因而对它们的寿命残存率的要求也各不相同。这就有个时间差的问题。解决的办法是，将不同时间差的零部件编组或分类。如长周期的一组（大修），中周期的一组（中修），短周期的一组（小修）。在同一组里又有时差的零部件，就要少数服从多数，价低的要服从价高的；从作用上来看，次要的零部件服从重要的，重要的服从主要的。必要时还可以插入适当的项修。此外，还可以根据实际情况，凡属拆装线上的零部件以及与修理部位有关的附属件，一般均可采用同步修理的方法。总之，要尽量做到可靠性与经济性相对合理，这就是我们的目的。这个问题只能在实践中逐步积累经验，不断提高其可操作性。

从可操作性角度而言，现在还没有一种维修模式的可操作性是很好的。如日本的TPM，其中心工作是“日常点检”。问题是这种点检是由操作工人完成的，而操作工人往往又不太愿意做这种额外的事，这就使点检工作往往流于形式。再说“计划预修制”，它的核心问题在于确定合理的修理间隔期。上面说的“过剩维修”或“维修不足”都是由于修理间隔期定得不合理造成的。再说“RCM——以可靠性为中心的维修”，这种维修模式也不是那么容易做的。要实施这种维修模式，首先要成立专家组，对设备故障后果进行严格的评估，这对一般企业来说就不容易做到，所以它只适合那些发生故障会造成灾难性后果的设备，如飞机、核电设备，以及各种大型的动力设备等。再拿“英国的设备综合工程学”来说，它的核心（目标）是要实现设备寿命周期费用最经济或最佳化。问题是，现在有多少企业有各种设备维修费用统计资料的？没有这种原始统计资料，又何来设备寿命周期费用最佳化或最经济呢？根据笔者的估算，设备一生的维修费用相当于其原值的3~4倍。所以说，要实现这种目标其可操作性也是很差的。因此，相对来说，“TYZ管理模式”的可操作性还是比较好的。相信用电脑管理这项工作，其可操作性会更好。

苏联早在20世纪50年代前就有了ппР、美国在20世纪50年代后有了PM、日本步美国的后尘也就有了TPM（其中“T”是日本人加上去的，它代表全员参加的生产维修），现在中国也有了TYZ（量化维修管理）的理论模型。笔者在此希望得到同行们的大力支持，为建立真正具有中国特色的设备管理模式而献计献策；更希望厂矿企业里的设备管理人员勇于实践，为建立这套设备管理模式做出自己应有的贡献。

这是一种管理模式的变革，是一种设备管理模式的创新，这在我国设备管理发展史上还是破天荒的。我国的设备管理也要像我国的科技领域那样有“中国创造”的东西。所以，希望能引起同行们的关注与支持。

下面这一节专门论述零部件寿命残存率“Y”是现代设备管理学的一个重要概念及其三大基本功能。

二、TYZ的一个重要概念——零部件寿命残存率

不管过去的静态管理也好，还是现在的动态管理也好，它们都有各自的修理间隔期，只不过是运用的理论与方法有所区别。静态管理以时间周期为基础来确定修理间隔期；动态管理是以技术状态为基础来确定修理间隔期，但它们都是围绕着维修管理的这个根本问题（修理间隔期）转。宝钢的点检定修制最根本的问题也是为了解决科学、合理的修理间隔期，使主作业线上的设备充分发挥效能，最大限度地减少停机损失。这也是现代设备管理应该认真研究的大课题。笔者提出的“零部件寿命残存率是TYZ管理模式”的灵魂，也是现代设备管理的一个重要概念。

（一）理想的修理间隔期

要研究这个问题，必须要从理论方面建立一种模型，能适合确定所有零部件的更换周期。靠状态监测不能完全解决这个问题，因为监测仪器不能测定设备在运行中所有零部件。状态监测技术只能作为确定修理间隔期的一种辅助手段，用它所测得的数据或状态来修正按照模型所确定的修理间隔期。

最理想的修理间隔期是在零部件失效前一天进行更换，这应该说是维修管理的终极目标或最高境界。从这个目标出发，按照零部件的平均使用寿命、潜在寿命、残存率与可靠性、经济性的关系来建立设备修理间隔期的理论模型，如式（13-1）就是这种理论模型。

所谓科学的、合理的修理间隔期，就是要使被更换（修理）的零部件寿命残存率符合可靠性与经济性的要求。不同类型的设备因为它们在生产中的重要性不同，对它们的可靠性和经济性要求也不一样。如飞机和武器装备等对可能靠性要求很高，经济性倒不是主要的，因此，对这一类设备的可靠性要求就要相应高一点。而对民用设备，或工厂企业里的一般设备，其可靠性要求就可以放低一点。维修管理就要用这样的方法来确定设备修理的间隔期，这样才谈得上是科学合理的。

（二）确定修理间隔期的方法与依据

1. 确定修理间隔期的方法

确定修理间隔期的方法大体有以下几种：

（1）按照零部件的使用寿命，或按它们的平均寿命来确定（这是主要的方法）。

（2）采用状态监测手段，按照设备的实际技术状况来确定（这是辅助的方法）。

（3）按照零部件的寿命残存率与可靠性、经济性的要求来确定（这是本章所介绍的方法）。

（4）凭维修人员和管理人员的经验。

2. 确定修理间隔期的依据

（1）故障停机率。

（2）维修费用。

（3）状态监测信息。

（4）可靠性与经济性的要求。

（5）其他因素。

现在厂矿企业里大多是根据第（1）、第（2）和第（3）这几个依据来确定修理间隔期的。本书却用第 （4）种方法。采用这种方法来确定修理间隔期会更科学、更合理，因为它既考虑到可靠性（安全性），也考虑到经济性；此外，用此法还可以判断有无过剩维修或维修不足。当然，由于采用此法需要一定的原始资料，即零部件的平均使用寿命，所以，当还没有这种统计资料的设备时，只好仍采用其他两种方法。

（三）零部件寿命残存率的三大功能

零部件寿命残存率的高低不仅与可靠性有关，而且与经济性也有关。我们研究它的目的是，一是如何使每个易损件保持必要的可靠性的前提下，把残存率降到最低限度。二是如何使我们的修理间隔期和修理周期建立在科学管理的基础上，也需要研究残存率。因为修理间隔期的长短直接影响到残存率的高低。三是如何使“过剩修理”这个概念定量化，也需要研究残存率问题。四是通过残存率的研究，可以使我们的设备维修管理实现标准化、规范化、系列化。五是掌握零件寿命残存率，有利于提高动态管理水平等。

这个概念可以说是现代设备管理学中的一个极其重要的概念。它的重要性不亚于《设备综合工程学》中的“设备一生综合管理”。从宏观上来说，现在还没有一个设备管理的概念能与“设备一生综合管理”相比的；从微观上来说，现在也没有一个能与“零部件寿命残存率”这个概念相比的。它的重要性主要表现在以下三大功能：

1. 管控零部件合理的更换时间

管控零部件合理的更换时间，实质上就是为正确选择修理间隔期提供了理论依据。通过式（13-1）就能管控零部件寿命残存率的高低；这个比值的高低主要是通过零部件的实际使用时间或定期更换时间“t”来实现的。这个时间的长短，实质上就是修理间隔期的长短。管控零部件更换时间的目的就是要选择相对合理的修理间隔期，这是设备维修管理的最高目标。这里只能说是相对合理，因为事实上不可能做到绝对合理。

通过式（13-1）能使修理间隔期从原来的凭经验、拍脑袋或通过点检或状态监测的维修模式转向能使零部件残存寿命（剩余寿命）实行量化管控的维修模式。这是设备管理与维修模式上的一大变革，这一变革能使维修管理从定性走向定量。笔者提出“零部件寿命残存率”这一新概念之所以不亚于《设备综合工程学》中的“设备一生综合管理”这个概念，道理就在这里。

2. 管控各类设备的维修费用高低

设备一生的维修费用相当于其原值的 3~5 倍；而维修费用主要是零部件的加工费和购置费。要控制设备维修费用，主要途径是控制零部件的费用——要让每一种零部件的物质寿命（使用寿命）得到充分的利用。如一般的设备或后勤设备，应当让它的零部件使用到它的平均寿命以后再来更换。这样就不会造成人力和物力上的浪费。对于生产设备，它的寿命残存率也不应超过 10%~15%；重要设备的寿命残存率可以控制在 15%~20%；对于特别昂贵的零部件的寿命残存率更要严格控制。这就是“量化维修管理”所带来的好处和优越性。

我们对《设备综合工程学》所追求的第一个目标——“设备寿命周期费用最经济”已经叫了几十年了，但在我们国内又有哪一家有寿命周期费用统计数据的？设备寿命周期费用主要是由维修费用构成的，而一台设备使用十多年、二十多年或三十多年，由谁来统计这些费用？由谁来积累这些费用？我们的管理制度里没有这种硬性规定——设备管理人员一定要统计维修费用，或必须掌握寿命周期费用，所以说，追求寿命周期费用最经济、最佳化都是空喊的口号。只有把每一只零部件的使用寿命尽可能地用到尽头，才能实现寿命周期费用最经济。所以，“零部件寿命残存率”的计算公式为实现寿命周期费用最经济提供了可操作的手段；也只有对每只零部件的更换时间（剩余寿命）做到精打细算，才有可能实现寿命周期费用最经济。

3. 管控各类设备对可靠性的要求

零部件寿命残存率与设备的可靠性是成正比的。残存率越高，可靠性也就越好，反之亦然。这里说的设备可靠性是指设备能正常运行的概率（或叫可靠度）。这如同人超过平均年龄之后，其能坚持每天 8 小时工作的可能性就越来越小的道理是一样的。也就是说“设备的可靠性完全取决于构成它的零部件寿命残存率”。因此，管控零部件的寿命残存率，也就管控了设备的可靠性（度）。

对于不同类型的设备我们就要分别制订不同的可靠性要求，目的就是要让每只零部件的寿命得到充分的利用。这就是将设备的可靠性与经济性融为一体，且能实行量化管控的维修模式。

管控设备的可靠性，实际上也就是管控了设备发生故障的概率。由可靠性理论知道，可靠性 + 不可靠性 = 1。这如同天气预报一样，如果说要下雨的可能性是 80%，那么，不下雨的可能性就是 20%，即二者之和等于 1。这里说的“不可靠性”，就是“发生故障的概率”。如果说，发生故障的概率是 40%，那么，不发生故障的概率（可靠性）就是 60%。由此可知，运用“零部件寿命残存率”这个公式，也能够管理控设备发生故障的概率。这就是将传统的故障管理（被动）逐步转向（主动）的量化故障管理。也就是说，我们在不远的将来完全有可能将设备的故障管理，从现在的“必然王国”(不可预测的灾害）逐步向“自由王国”(像预报天气一样）转变，这也是设备故障管理的最高境界。这或许有点理想化，但这要比《设备综合工程学》所追求的第二个目标——无维修设计——要实在得多。因为“无维修设计”完全是一种理想化的东西。不要说一天到晚在那里转动的生产设备，就是家里的空调也要经常维修。国外提出“无维修设计”这个概念已有几十年了，而现在经常有成千上万辆汽车被召回，就能说明这个“概念”是很难实现的。

从这三大功能不难看出，零部件寿命残存率实质上就是集技术管理、经济管理和现代管理科学于一体的内涵与外延都极为深广的概念。这样深广的概念在国内外设备管理发展史上是不多见的。除了《设备综合工程学》中提出的“设备一生的综合管理”这个概念之外，其他任何一个设备管理概念的内涵与外延都不可能超过它们。从科学性这个角度而言，“零部件寿命残存率”要比“设备一生综合管理”这个概念更科学、更精准、更实在。理由是：对设备实行一生综合管理，对设备在设计阶段，设备管理人员一般是很难进入到这个阶段里去的；只有在设备诞生以后，在采购时能参与投资决策就不错了。最后，对设备实行一生综合管理的目标是要达到寿命周期费用最经济，而寿命周期费用主要是维修费（它相当于原值的 3~4 倍），而这种维修费用的原始统计资料是很不完整的，很多企业里根本就没有这种原始资料。所以说，所谓的寿命周期费用最经济往往只是停留在书本上和口头上。不信你调查一下，现在有哪个企业的设备管理部门有“设备寿命周期费用”的统计资料？

三、计算零部件寿命残存率的方法

为了计算和掌握零部件寿命的残存率，首先要统计零件的使用寿命 T 或平均故障间隔期（Mean Time Between Failures，MTBF）。

例如某一只轴承，经过 10 次统计，其使用寿命 T 分别为 32 周、33周、35周、36周、36周、36周、37周、38周、38周、39 周。当修理间隔期定为 30 周时（属预防维修），这种轴承的寿命在每次更换时都还有一定的潜在寿命，其最短为 2 周，最长为 9 周，合计为 60 周。10 次统计的总使用时间为 360 周（32+…+39）。

这就是说，这种轴承的更换期若为 30 周时，其残存率为 16%，即平均有16%的寿命未被利用。

这是一只零部件的残存率，在实际工作中，每次设备修理时，需要更换零部件（指未失效的）可以有几只或几十只，甚至于更多。这时，就是计算几只或几十只零部件的平均残存率。如把上面 32~39 周的寿命，看成每只零部件的平均使用寿命，然后按照上述方法计算出的残存率，就是这些零部件的平均残存率。

认识世界是改造世界的前提。设备或零部件失效都有一定的规律性——或指数分布、或正态分布、或对数正态分布等。掌握和利用这种分布规律，借助现代科学管理方法，发挥零部件的平均使用寿命或平均故障间隔期（MTBF）的十大功用，采用定量分析方法，运筹与控制设备管理与维修各种活动。

具体方法：现以机器设备中常用的滚珠轴承为例来说明实际操作方法。如某种型号的滚珠轴承失效分布经多次失效时间统计确定为正态分布——统计失效的零部件至少在十只以上——其平均使用寿命 m = 4000 小时，标准偏差 δ = 800 小时，其方法参考有关可靠性工程中相关资料。如这种轴承价值比较高，分别被装在三种工作性质完全不同的设备上，在一定时期内（一两年），可靠度要求分别设定为 90%、70%和 50%；按照这三种可靠性要求，应分别制定这种轴承的更换周期。当可靠度要求 90%时，发生故障的概率为 10%；其更换周期按下面步骤计算：第一步查正态分布表，发生故障概率为 10%所对应的变量 $Z = -1.28$；第二步按下式计算更换时间 T：

$\because Z = (T - m)/\delta$，$\therefore T = m - Z \cdot \delta = 4000 - 1.28 \times 800 = 4000 - 1024 = 2976$

即更换周期是 2976 小时。当可靠度要求 70%时，发生故障的概率为 30%，同样，查 $Z = -0.52$，此时：

$T = m - Z \cdot \delta = 4000 - 0.5 \times 800 = 4000 - 400 = 3600$

即更换周期是 3600 小时。当可靠度要求 50%时，发生故障的概率也为 50%，查 $Z = 0$，此时的更换周期是：

$T = m - Z \cdot \delta = 4000 - 0 \times 800 = 4000 - 0 = 4000$

即更换周期是 4000 小时，与平均使用寿命相同。反过来，也可以计算在任何时段内零部件的可靠度是多少。下面再来验算一下剩余寿命和残存率：

第一种情况时，剩余寿命为 $t = m - T = 4000 - 2976 = 1024$，其残存率为：

$y = (m - T)/m = (4000 - 2976) = 1024/4000 = 25.6\%$。

这种情况的残存率比较高，为了减少经济损失，应将它保存，以备用于对可靠性要求不高的设备上，如用于第三种情况的设备。

第二种情况时，剩余寿命为 $t = m - T = 4000 - 3600 = 400$，其残存率为：

$y = (m - T)/m = (4000 - 3600)/4000 = 400/4000 = 10\%$

第三种情况时，剩余寿命为 $t = m - T = 4000 - 4000 = 0$。

由此可见，从经济角度来说，当然是用第三种情况最好，但可靠性差了一些；如果这种轴承很贵，那就要看这台设备在生产中的地位如何而定。这就要从技术、经济和生产经营等具体情况酌情处理，看哪一种更换周期最能为企业争得更高的经济效益。

四、设备可靠性与零部件寿命残存率的关系

零部件寿命残存率的高低就意味着零部件潜在寿命的长短，潜在寿命的长短

又直接关系到设备的可靠性程度。所以，零部件寿命残存率与设备可靠性之间存在着对应关系，又是互为条件的关系。它们之间的关系也可以说成正比的关系，即零部件寿命残存率越高，设备的可靠性也就越好。

TYZ 模式是为了提高设备管理的经济性，对企业里各类设备（A、B、C）给予合理的零部件寿命残存率，以确保各类（台）设备所要求的可靠性的一种维修管理模式。它把设备的可靠性与零部件的寿命残存率紧密地结合在一起——“将可靠性和经济性隔为一体且能定量调控的管理与维修模式”。

现在国内外讲的也是比较热门的一种维修方式就是“以可靠性为中心的维修”（RCM）。其实，RCM 法并不是真正用可靠性理论来进行设备维修，其具体方法实质上是以故障模式和故障后果为研究对象，运用逻辑决断图选择最合理的某种维修方式（包括定期恢复、定期更换、定期报废），其目的就是要减少或避免重大或灾难性的故障发生。

笔者提出的这种新的维修模式（TYZ）是以“设备的可靠性取决于组成它的各种零部件的寿命残存率”，或“设备的可靠性是其零部件的寿命残存率的综合体现”这一条基本原理为依据的。这里讲“零部件合理的寿命残存率”是指对不同类别的设备而言的。具体做法简述如下：

（一）根据残存率计算可靠度

这里仍以（132 页）轴承为例，10 次统计使用寿命合计为 360 周，平均每次使用寿命为 36 周。按 36 周计算 16% 为 5.76 周。也就是说，这只轴承平均提前 5.76 周进行更换，其实际使用寿命为 30.24 周（以下按 30 周计算）。

要计算可靠度，先要确定轴承的失效分布类型，这里按正态分布来计算可靠性（可靠度）。计算正态分布的可靠度，还要先计算出零部件失效的离散程度——标准偏差 σ 和平均失效时间（即平均寿命）。

平均寿命 m = 36 周（360 ÷ 10），标准偏差 σ 的计算公式为：

$$\sigma=\sqrt{\frac{\sum(T_i-m)^2}{n}} \qquad (13\text{–}4)$$

式中：T_i 表示每次实际使用时间（周）；M 表示平均寿命（周）；N 表示统计

次数。$(T_i-m)^2$的数值分别计算如下：

T_i	(T_i-m)	$(T_i-m)^2$	$\sum(T_i-m)^2$
32	–4	16	16
33	–3	9	25
35	–1	1	26
36	0	0	26
36	0	0	26
36	0	0	26
37	1	1	27
38	2	4	31
38	2	4	35
39	3	9	44

标准偏差值$\sigma=\sqrt{\dfrac{\sum(T_i-m)^2}{n}}=\sqrt{\dfrac{44}{10}}=\sqrt{4.4}=2.1$。

下面再根据修理间隔期（或零部件更换周期）T_0、平均寿命 m 和标准偏差 σ 计算正态分布的标准系数 Z。其计算公式为：

$$Z=\frac{T_0-m}{\sigma} \tag{13–5}$$

将已知数值代入式（13–5），得：

$Z=\dfrac{30-36}{2.1}=\dfrac{-6}{2.1}=-2.85$（注：这只轴承的平均寿命为 36 周，现在用到 30 周进行更换，所以 30 – 36 = –6）。

查正态分布表，当 Z = –2.85 时的故障概率 F = 0.002%，可靠度 R = 1 – F = 1 – 0.002 = 0.998 = 99.8%，由此可见，当残存率为 16%时，零部件的可靠性是很高的，除了重要的关键设备外，一般设备的可靠性不需要这么高。所以这种轴承的更换期还可以适当延长。

如把残存率降到 10%时，再计算它的可靠度是多少？36 的 10%是 3.6，即这个轴承按其平均寿命（36 周）提前 3.6 周进行更换，也就是说把修理间隔期从 30 周延长到 32.4 周。具体计算如下：

$$Z=\frac{32.4-36}{2.1}=\frac{-3.6}{2.1}=-1.7$$

查正态分布表，当 $Z=-1.7$ 时，故障概率 $F=0.04=4\%$，可靠度 $R=1-0.04=0.96=96\%$。这样高的可靠度，适合于比较重要的设备。从上面的统计数据来看，这种轴承最短使用寿命为 32 周，现在按 10%的残存率，把修理间隔期定为 32.4 周，其可靠度为 96%是比较合适的。

从经济方面来分析，最理想的是在零部件使用到其平均使用寿命时进行更换，但这时的可靠度只有 50%，这样低的可靠度，对预防维修的设备来说是不适宜的。如把残存率定在 15%以上，这时的可靠度近于 100%，也没有必要这样高的可靠度，所以，对大部分预防维修的设备来说，其残存率定为 10%是比较合适的。

设备是否存在过剩修理，也可以用 10%的残存率来判断。如适当放宽一些，残存率在 10%~15%范围之内进行更换零部件，都不属过剩修理之列。

（二）应用计算机管理残存率的步骤与方法

1. 零件统一编码

为了便于计算机管理，需要将设备统一编号。如宝钢用 12 位码编号，末 3 位数是零部件编码。

2. 输入使用寿命

将每次统计出来的零部件使用寿命（即失效时间）输入计算机。每只零部件至少要有 3 次以上的统计数。

3. 计算零件的平均寿命

将每只零部件 3 次以上的使用寿命统计数求其平均值，统计次数越多，其平均值越有代表性。将求出的平均值再存入计算机。

4. 零件编组

为使平均寿命相近的零件在一次修理中同时进行更换，就要将各种使用寿命不同的零部件进行编组，如前面的 32~39 周的为一组，41~49 周的为一组，以此类推。

5. 确定修理间隔期

确定修理间隔期的办法参照上面讲述的试算法，即在每隔一组的时间试算一次，看看在其前面一组失效零部件数的多少和后面一组零部件潜在寿命合计数。合理的间隔期就是要选在失效零部件数最小和潜在寿命合计数最小的时间上。

如果同一组零部件使用寿命离散度很大，如有的 31 周寿命，有的 39 周寿命，这时，也可以将 31~35 周的分为一组，36~39 周的分为一组。这样，也便于考虑日常维修和检查的时间。

6. 计算零部件寿命残存率

修理间隔期确定后，就可以按式（13–1）计算每种零部件或一组零部件的残存率。

7. 按照残存率计算可靠性

按照式（13–4）计算零部件使用寿命的离散程度——标准偏差值 σ；具体方法参照上述计算 σ 值的步骤与方法。

按照式（13–5）计算正态分布标准系数 Z 值，具体方法参照上述计算 Z 值的步骤与方法。

根据 Z 值查正态分布表上的故障概率 F，表上的函值就是故障概率 F，Z 值在正态分布表上用 t 表示（即表上第一列数值）。

计算可靠度 R，R = 1 – F，如正态分布表上查出的函数值为 0.05（即 F = 5%），那么，可靠度 R = 1 – 0.05 = 0.95 = 95%。

在实际进行这项工作时，可以先搞些试验，在取得一定经验的基础上，逐步推广应用。

当然，用这种方法虽则有些烦琐，但要加强维修计划的科学管理，提高管理水平，使维修管理工作建立在定量化、标准化的基础上，也必须要这样做。通过零部件寿命残存率的研究，可以使计划修理工作更科学、更合理，以提高设备维修的经济性，从而实现“将设备的可靠性和经济性隔为一体的管理（维修）模式”。

本章思考题

1. “TYZ 管理模式”是个什么概念？
2. 什么叫零部件寿命残存率？
3. 研究零部件寿命残存率有何作用？
4. 怎样计算零部件寿命残存率？
5. 零部件寿命残存率与可靠性有何关系？
6. 为什么要研究修理间隔期？现行各种修理间隔期存在什么问题？
7. 研究修理间隔期的意义与目的是什么？
8. 理想的修理间隔期是什么概念？
9. 怎样确定合理的修理间隔期？
10. 有哪些因素会影响修理间隔期？

第十四章　TYZ 管理模式的新颖性和科学性

一、TYZ 管理模式的新颖性

一是 TYZ 管理模式的新颖性体现在：目前国内外设备管理发展史上还未有过这样的管理模式——量化维修管理。

二是将设备的可靠性、经济性融为一体，也就是说用一种理论模型将它们用于确定各类设备或零部件的修理间隔期。通过式（13–1）、式（13–2）和式（13–3）将现代设备管理所要求的这两种要素——可靠性和经济性有机地融为一体，并能进行量化。

三是用这种理论模型可以检验现行的各种修理间隔期是否合理。我们现在企业里的设备修理间隔期和零部件更换期是否合理，谁都说不清楚。只有通过“TYZ 管理模式”的检验才有可能用数据说话。所有这些都是 TYZ 新颖性的体现。

二、TYZ 管理模式的科学性

TYZ 管理模式的科学性是相对于现有国内外各种设备维修模式而言的。现有国内外的各种维修模式有：苏联的计划预修制，美国的 PM、日本的 TPM，以及英国的设备综合工程学等。从科学角度来说，以上这些维修管理模式都比不上 TYZ 管理模式。这一点仅从前文讲的新颖性就可看出。这种管理模式要比现在的各种维修管理模式科学得多。科学管理的一个重要内容就是用数据说话，另一个内容就是具有客观性——要经得起实践检验。用现在的话来说，就是要接地气。而 TYZ 管理模式的一个重要概念，就是“零部件寿命残存率”。它是各种零部件剩余寿命的一个表达式，完全可以用零部件实际更换周期与其平均寿命之比来确定残存率的高低。这是实实在在地从实际工作中统计出来的。至于统计工作准不准确，那就另当别论了。

零部件寿命残存率的高低与可靠性成正比，与经济性成反比。这就是 TYZ 管理模式的一条基本原理。这条基本原理到哪里都适用，是经得起实践检验的。这就是 TYZ 管理模式的科学性所在。它的科学性还表现在以下几个方面：

（一）科学地确定设备修理间隔期

事实上，苏联的计划预修制，从科学角度而言要比美国的 PM、日本的 TPM 更科学一些，它至少有四条基本原理。而美国的 PM 和日本的 TPM 没有一条基本原理；即使是英国的设备综合工程学也没有一条基本原理。TYZ 的基本原理是：零部件的寿命残存率与可靠性成正比，与经济性成反比；零部件的寿命残存率的高低完全确定了设备的可靠性与经济性。TYZ 的科学性还在于将设备的技术管理、经济管理与可靠性要求融为一体；并以此来确定各类不同的设备的修理间隔期。

各种维修模式确定修理间隔期的依据不同。如苏联的计划预修制，是以设备的运行时间来确定设备的修理间隔期；而美国的 PM 和日本的 TPM 则以设备点检时出现的不良情况为依据来确定设备的修理间隔期，这就叫点检定修制。条件比较好的企业还配以设备监测技术来确定设备修理间隔期。这些维修管理方法虽有它们各自的特色，但它们都是单纯技术管理型的。很少根据这些不同依据来确定设备修理间隔期的可靠性和经济性。而 TYZ 管理模式是依不同种类设备对经济性和可靠性的不同要求来确定其零部件的寿命残存率，并据此来确定修理间隔期。这是迄今为止最为科学的一种维修管理模式——量化维修管理。

（二）建立了一套比较完整的理论模型

式（13-1）、式（13-2）、式（13-3）就是 TYZ 的理论模型。它们将设备的可靠性和经济性融为一体，这个理论模型将使设备真正实现科学管理。它依不同类级的设备对可靠性和经济性不同的要求来确定其零部件更换时间或修理周期。

（三）用相对修理损失的概念来核定各类设备的修理间隔期是否合理

在本书第十六章中讲到的相对修理损失的概念，如式（16-1）是用来核查设备修理间隔期是否定得合理的考核指标，即停机修理时间与实际使用时间“T”的比值“Z”；停机修理时间包括计划外和计划内的两种修理时间。我们的目标就是要争取这个比值“Z”最小，这里的实际使用时间“T”（指修理前的使用时间）与式（13-1）的时间“t”（是指零部件更换的时间）是有点相同，也有点不一样。前者是相对一台设备而言的，后者是相对一种零部件而言的。但后者使用时间的长短也直接关系到一台设备的使用时间的长短。也就是说零部件寿命残存率的高低也直接影响到整台设备的比值“Z”的高低，即设备使用效率的高低。

由此可见，TYZ 的管理模型不仅将可靠性和经济性融为一体，同时还用设备的有效性（相对修理损失）检验采用 TYZ 管理模式所确定的修理间隔期是否合理。建立这样一套理论模型，使设备管理的科学性达到了最高点。

当然，相对修理损失这个指标只有作为年度考核指标是比较有效的，因为设备在短时期内不修理（带病运转）照样可以用的，但长期不修是不可能的。所以这个指标只能用于年度考核指标来运用。以此来检验各种修理间隔是否合理。

三、TYZ 管理模式的前沿性

这种前沿性主要表现在以下几个方面：

（一）理念的前沿性

理念的前沿性是指以上这套理论模型在同类书中是前所未有的。也就是说我们在探索设备管理现代化方面，TYZ 管理模式这套理论已经走在了最前沿。现在，在国内外还没有比这更先进的理论模型，也可以说它完全站在设备管理理论的制高点上。

笔者提出的 TYZ 管理模式，是对现有各种设备维修管理模式的一种突破——将设备的可靠性、经济性融为一体，为实施量化维修管理提供理论模型。这种理论模型就是一种学术思想（理念）的表现，所谓理念的前沿性也是学术思想的前沿性的具体表现。这一理念的核心是“零部件的寿命残存率”。通过“零部件的寿命残存率”可将设备的可靠性和经济性融为一体。这种管理理念在国内外的设备管理发展史上都是前所未有的。

我们国家的设备管理模式，几十年来一直都是在模仿或照搬人家的：先是学习苏联的计划预修制，后又学习美国的 PM 和日本的 TPM，后来又学习英国的设备综合工程学，近来又学习所谓的“以可能靠性为中心的维修”模式，就是没有形成中国人自己的管理模式。笔者提出这套 TYZ 管理模式，在理念上要比现有各种维修模式先进得多。这就是理念上的前沿性。

（二）观念的前沿性

在市场经济条件下的设备管理的观念与计划经济时代（传统设备管理）的观念当然不一样，以前的设备管理仅是为生产服务，只要设备能正常运行就可以了。但现在不一样了，现在强调的是设备管理要为企业生产经营服务，强调设备管理的经济性，为增强企业的竞争力。这就是设备管理观念的转变。TYZ 管理模式的提出，就意味着设备管理的观念已产生了质的变化。因为这种管理模式与现在的任何一种维修管理模式都不一样——“量化维修管理”。这也是前无古人的，它完全是笔者亲身经历的设备管理实践经验的总结和设备管理观念上的突破与升华，创造出完全具有中国特色的设备管理模式。

四、TYZ 管理模式的挑战性

这种挑战性主要表现在以下几个方面：

（1）提出这种具有中国特色的设备管理模式本身就有一种极大的挑战性，因为我们国家的设备管理几十年来一直都是引用外国的，从来也没有过自己的管理模式。现在提出这样新颖的、具有独特性的一种管理模式，无疑是一种挑战——挑战国内外各种设备维修管理模式。

（2）实施这种新颖的管理模式也具有挑战性。综上所知，TYZ 管理模式是将设备的可靠性与经济性融为一体的，真要实施这项管理模式不是说干就能干的，若没有相当的可靠性理论基础，具体做起来还是有一定难度的。我们都知道，办任何一项事情，难度越大，其挑战性也就越大。从这个意义上来说，实施 TYZ 管理模式也具有一定的挑战性。当然，我们要鼓励更多的设备管理人员努力挑战这项新的管理模式，提高我们的管理水平，充分体现自己的人生价值。当然，在具体实施之前还需要经过一定时间的培训，提高大家的理论水平，并熟识有关操作程序。

（3）要实施 TYZ 管理模式，更大的挑战还在于是否善于积累各种零部件的使用寿命。因为在 TYZ 管理模式里，零部件寿命残存率是个重要因素，或者说它是 TYZ 管理模式的灵魂。既然如此，就要大量地积累各种零部件的使用寿命，否则，将会一事无成。这也是一项极具挑战性的工作。更何况我们的管理人员平时也不太注意这方面原始资料的积累。只要你手中有大量的各种零部件使用寿命的统计资料，你就成功了一半。

五、TYZ 管理模式的特点

（一）特点之一 ——集技术、经济和管理于一体

TYZ 这三个字母就代表集技术、经济与管理于一体。这里说的技术是指设备的技术管理；经济是指设备的经济管理；管理是指现代管理方法的运用，这里主要是指运用可靠性工程中的理论。

具体来说，“T”就是式（13-1）中的“t”，它是零部件的使用时间或是更换时间，掌握它的长短就是设备的技术管理。“Y”是零部件的寿命残存率，掌控它的高低就是经济管理问题——零部件寿命残存率的高低就意味着浪费或节约。式（13-2）的“Z”是可靠性工程中的一种函数，通过它可以在可靠性函数表上找到相对应的数值——可靠性。对待不同的设备将这三方面的因素集中在一起考虑，就能更好地达到技术管理与经济管理相结合的要求。

（二）特点之二——实施量化维修管理

这是国内外任何一种维修管理模式都无法相比的。它是设备维修管理模式上的一大突破。通过这种管理模式可以将设备的修理间隔期定得更合理、更接近实际需要。如企业里现在都将设备分 A、B、C 三类，而对各类设备在可靠性和经济性方面的要求肯定也是不一样的，这种不同的要求主要体现在修理间隔期的长短上。如修理间隔期长一点，其可靠性就差一点；反之，可靠性就高一点，可靠性高一点，其经济性就差一点——零部件未到更换时间就更换了，就是一种浪费。

对特别贵重或特别重要的零部件，也可以用这种管理模式为它们确定一种更合理的更换周期。如贵重的零部件重在经济性的要求；而特别重要的零部件或关

键性零部件，则重在可靠性方面的要求。这样就可以将我们的设备维修管理提高到前所未有的水平。

本章思考题

1. TYZ 管理模式的科学性和新颖性体现在哪些方面？
2. 为什么说 TYZ 管理模式具有一定的挑战性？
3. TYZ 管理模式的最大特点是什么？

第十五章　应用举例与实施步骤

这里以机器设备中常用的各类轴承为例举几个不同情况的例子。一是用于关键设备时的合理更换期；二是用于重要设备时的合理更换期；三是用于一般设备时的合理更换期。经以往统计这种轴承的平均使用寿命为 24 个月，其失效为正态分布，标准离差暂定为 4.8 个月。标准离差的计算公式见式（13-4）。根据这些已知条件求以上三种情况下合理的更换期。

一、以可靠性求修理间隔期

这里说的“以可靠性求修理间隔期”是指已知设备的重要性或设备分类后，即可知道它们的可靠性要求是多少，这个完全由企业自定，如关键盘设备的可靠性定为 90%、重要设备的可靠性定为 80%、普通设备或一般设备的可靠性定为 70%，以此类推。所以说，可靠性是已知条件。

（一）用于关键设备时的合理更换期

这里说的“关键设备”主要是指那些动力设备、连续作业的设备，或发生事故会造成重大生命财产损失的设备。

这里要求的是在已知可靠性的条件下求关键设备的修理间隔期，先列出各种已知条件：平均寿命 $m = 24$ 个月，标准偏差 $\sigma = 4.8$ 个月，求修理间隔期“t”。为了求得 t，先要求出标准函数 z，这个函数可直接从附表（标准正态分布表

(1)) 中查得，已知可靠性（度）为 90%，查表得 $z(t) = 1.3$。表中的 t 相当于我们书中讲的 z，这是因各版本用的字母不一致造成的。

$\because z = (m - t)/\sigma$

$\therefore t = m - z \cdot \sigma$

代入已知数据后，$z = (m - t)/\sigma$，$1.3 = (24 - t) \div 4.8$。

则，$t = m - z \cdot \sigma = 24 - 1.3 \times 4.8 = 24 - 6.24 = 17.76$。

即，当这只轴承用于关键设备，在保证可靠性为 90%时，它的修理间隔期应在 17.76 个月左右。这里说的左右，意思是不一定作硬性规定。上下差几天或几十天也无妨。这就要与其他零部件的修理时间相联系，不一定只为这只轴承而停机更换，灵活一点比较好。

（二）用于重要设备的合理更换期

方法与上面的一样，只是可靠性要求不同，其标准函数也不一样，所以，还是先查 z 值为多少。当可靠性要求在 80%时，标准函数 z 值为 0.84，再将它代入上述公式：

即，$z = (m - t)/\sigma$，$0.84 = (24 - t) \div 4.8$。则，$t = m - z \cdot \sigma = 24 - 0.84 \times 4.8 = 24 - 4.032 = 19.968$。用于重要设备时，其更换周期为 20 个月左右。

（三）用于一般设备的合理更换期

用同样的方法，先查可靠性为 70%时的标准函数 z 值。查得出 $z = 0.53$。

即，$z = (m - t)/\sigma$，$0.53 = (24 - t) \div 4.8$。则，$t = m - z \cdot \sigma = 24 - 0.53 \times 4.8 = 24 - 2.544 = 21.456$。用于一般设备时，其更换周期应为 21 个月左右。当可靠性要求在 50%时，查表得标准函数 z 为 0，其更换周期为：$t = m - z \cdot \sigma = 24 - 0 \times 4.8 = 24 - 0 = 24$。即当可靠性要求在 50%时，其更换周期刚好与平均寿命相同。

这里提醒读者注意：当标准偏差 σ 不同时，就是同样的可靠性要求，其更换周期也会不一样。如上例将 σ 改为 2 个月时，其更换周期就会大不一样，请读者自己试算一下。

二、以修理间隔期求可靠性

为了方便起见，这里以上一节讲的三个例子的更换周期（修理间隔期）为例。其他已知条件不变。

（一）修理间隔期为 17.76 个月时的可靠性（度）

这里用式（13–2），即 $z=(m-t)/\sigma$，先求得标准函数 z。为此将已知条件代入式（13–2）得：

$z=(24-17.76)\div 4.8=6.24\div 4.8=1.3$

再去查正态分布表（1），与 1.3 相对应的可靠度为 0.902 = 90%。

注意：表上的 t 就是标准函数 z。

如果认为 90%的可靠度太高，可以再调低一点，如调到 80%或 85%，并以此来调查整修理间隔期（更换周期）。方法与前文讲的已知可靠性求修理间隔期一样。

（二）修理间隔期为 20 个月时的可靠性

用同样的方法，先求得标准函数 z，并将已知条件代入式（13–2），即可求得：

$z=(24-20)\div 4.8=4\div 4.8=0.83$

再去查正态分布表（1），与 0.83 相对应的可靠度为 0.796，约为 80%。

（三）修理间隔期为 20 个月时的可靠性

用同样的方法，先求得标准函数 z，并将已知条件代入式（13–2），即可求得：

$z=(24-21)/4.8=3/4.8=0.625$

再去查正态分布表（1），与 0.625 相对应的可靠度为 0.73，约为 73%。

以此类推，还可以求得各种修理间隔期相对应的可靠性（可靠度）。

三、以经济性求可靠性

设备管理对经济性的要求越来越高，而设备一生的维修总费用相当于其原值的四五倍。要节省维修费主要还是在维修方面下功夫。零部件的费用是维修费中的大头，节省零部件费用就能提高经济性。这里以零部件寿命残存率的高低来衡量经济性的好与不好。残存率高，说明剩余寿命较长——经济性差；反之，剩余寿命较短——经济性较好。节约一点，就是经济性好，如我们在日常生活中也常用经济实惠来表达节约一点的意思。问题是，零部件寿命残存率的高低不仅与经济性有关，同时也与可靠性有关。所以，这两者必须兼顾，不同零部件就要采用不同要求。下面先来看如何以经济性来求可靠性的问题。当求得的可靠性过高或过低时，都要不断地作调整，直到两方面都得到合理的比例为止。

（一）求解的方法

以经济性求可靠性时，需要从式（13–1）求得零部寿命残存率 y：

$$y=(m-t)/m \tag{15–1}$$

y 值的高低就是经济性的表现。我们仍用上面讲的三个例子，其修理间隔期（更换周期）分别为 17.8 个月、20 个月、21 个月。平均使用寿命 m = 24 个月，将这些已知条件分别代入上式得：

$y=(24-17.8)/24=26\%$

$y=(24-20)/24=4/24=17\%$

$y=(24-21)/24=3/24=12.5\%$

零部件残存率 y 越高，经济性越差。这三个残存率中，经济性最好的是最后一个，即 y = 12.5%，其次是 17%，最差的是 26%。

仍用上面讲过的以修理间隔期求可靠性的办法求得可靠性（可靠度），具体用 $z=(m-t)/\sigma$，就能算出它们的可靠性（可靠度）是多少。详细计算作为练习题由读者自行进行演算。

（二）查正态分布的方法

正态分布表分（1）和（2）两种，见后面的“附表 1”。表（1）上的函数是可靠度（不发生故障的概率），表（2）上的函数是不可靠度（发生故障的概率）。

表中的 z 值由两部分组成，表左边直的一列数值加上表上方横的一列数值之和，就是 z 值。如查可靠度为 80%时，先从表（1）中找到 0.802，这就是 80%的可靠度的函数值；然后再从此函数值向左找到的 z 所对应的 0.8，再从 0.802 处向上找到对应的 z 值是 0.05，然后将这两项相加，就是我们需要找的 z = 0.85。

反过来，由正态分布变数 z 值找可靠度，先找到 z 值 0.8，再从上一行中找 z 值 0.05 所对应的函数值就是可靠度 0.802。以此类推。

表（2）与表（1）的数值相等，方向相反（即负值）。这个负值不是数学上的正负值，它是不能用于加减的。简单地说，表（1）的函数值是指不发生故障的概率（可靠性），而表（2）的函数是指发生故障的概率。它们之和等于 1。如天气预报一样，当下雨的可能性为 70%时，不下雨的可能性就是 30%。它们是零与和的关系。当 z 值为 0.85 时，表（1）上函数值为 0.8023，而表（2）上相同的 z 值，其函数值是 0.1977；两种函数值相加之和刚好等于 1。

四、实施 TYZ 管理模式的步骤

（一）师资培训

这里首先要进行设备管理人员的培训。这种培训可以分层次进行。最好是以各省份设备管理协会（设备维修分会等学术机构）为单位进行师资培训。这种培训的对象在素质上要求稍微高一点，如大专毕业的设备管理人员，更要有一定的设备管理的实践经验。培训时间也要适当长一点，大概需要一个星期的时间才能基本上掌握其中的要领。

（二）企业管理人员培训

有了师资力量后，就可以在企业进行设备管理人员培训，这一类培训主要是针对做管理工作的人员，而不是现场操作人员。如各企业里的设备科长或其他重点做管理工作的管理人员。培训时间大约需要 4 天左右。

（三）培训人数

这主要是依据企业的大小而定，大型企业适当多一些参加培训，如 5~10 个设备管理人员参加就可以了；中型企业有 3~5 个设备管理人员参加培训就可以了。

（四）具体实施

原则上先简后繁、先零后整，如先搞一些零部件做试验，等取得成功后逐步开展设备整机试验；如先搞一两只零部件做试验，办法是：先将它们的使用寿命的原始资料准备好，求出它们的平均使用寿命；然后再按前文所介绍的各种方法进行实施。在取得经验的基础上，开始搞一些简单的设备整机试验。

（五）设备分类

现在大多数企业已将设备分为 A、B、C 三级，或将设备分为关键盘设备、重点设备和一般设备三类。

（六）确定各类设备的可靠性

设备的可靠性是根据设备的不同类型，以及它在生产中的重要程度来确定相应的可靠性要求，如关键设备的可靠性（可靠度）定为 90%、重点设备定为 80%或 85%，一般设备定为 60%或 70%均可。这完全由企业自行设定。设定以后也可以经常进行调整。尽量将它调整得合理一些，因为可靠性高低直接关系到经济性。

（七）确定各类设备修理间隔期

以上所做的各种工作，都是为了确定合理的修理间隔期或更换周期。这是设备维修管理的重中之重，也是实施TYZ管理模式的主要目的。这项工作必须要一步一步来做扎实，不能操之过急，一定要稳扎稳打。一次定不好两次，两次定不好三次。总之，要将各类设备的修理间隔期定得相对比较合理为止。这也是设备管理的最高境界。

如果将此法用于我国TNPM体系的维修策略中，也可能会使维修策略取得更好的效果。不管何种维修模式，它最终都要规定各种设备的修理间隔期或零部件的更换周期。如点检定修制，也要规定各种零部件的更换周期。问题就是这种更换周期是怎样定出来的，是否合理，有什么办法来检验它的合理性。用TYZ管理模式就可以对其进行检验。

（八）用量化管理来验证经验管理

用量化管理来验证经验管理，意思是我们现在用的修理间隔期或零部件的更换周期，应该说都是凭经验确定的或凭状态监测确定的，用这些方法确定的修理间隔期或更换周期是否合理，就用上面说的这些量化管理的方法来验证。如果用量化管理方法所确定的修理间隔期或更换周期基本上符合由经验确定的修理间隔期或更换周期，那是最好不过了。如果不符合甚至差距很大，不妨用量化管理方法确定的修理间隔期进行试用一段时间，看看有什么问题。如果符合按各类设备对可靠性和经济要求，那么，以后按此量化管理的方法确定的修理间融期就可以了。如果不符合要求，那么再进行调整，直到基本符合为止。

总之，在这个阶段，还是以经验管理或者用状态监测技术为依据的修理间隔期为主，量化管理方法还处于试验阶段。这个阶段的时间可能会比较长，但只要坚持，一定会获得成功。关键在于确定各类设备合理的可靠性和经济性要求。

本章思考题

1. 将前文所讲的各种计算和查表方法重复做一遍。
2. 设定各类设备的可靠性主要以什么为依据?
3. 如何积累各种零部件的使用寿命?做这件事有什么困难?
4. 为什么说没有零部件使用寿命的原始资料,就无法实施 TYZ 管理模式?

第十六章　实施 TYZ 管理模式的若干措施

一、严格控制零部件的寿命残存率

设备或零部件的失效总是重复出现的，而失效的时间有长有短，如能以此求得零部件平均使用寿命和标准偏差，绘制失效分布图，确定分布类型，就可以掌握零部件失效分布的规律。这是设备维修管理的一项重要的基础性工作。

（1）对生产设备按其在生产领域中的重要程度划分等级，实行等级管理；并按不同的工作性质或等级要求确定其合理的可靠度。技术管理与经济管理的紧密结合就从这里开始。

（2）按各类设备不同的可靠度和零部件平均使用寿命，求解零部件合理的残存率，减少剩余寿命损失。

（3）按各类设备不同的可靠度和残存率，确定零部件合理的更换周期——修理间隔期。对残存率相同或相近的零部件实行同步更换（修复），减少停机损失。这是确定各种修理间隔期的主要依据。不管何种设备管理模式，最后都要确定一种认为比较合理的修理间隔期，差别在于依据有所不同。这就反映出各自的特色。

（4）对残存率相差较大的零部件是否可以同步更换，要通过分析零部件的剩余寿命和价值损失程度以及企业当时的生产情况等因素而定。当生产任务紧张时尽量实施同步更换，反之，可以分期更换。

生产与维修之间的矛盾永远都不会消除，只有通过技术与经济的综合分析才能得到合理的解决。过去那种要么生产压维修，要么维修压生产都是不可取的。在这里都要服从一个总目标：一切为了提高企业的竞争能力和经济效益。

（5）要充分利用零部件平均使用寿命（不可修复的）或平均故障间隔期（可修复的）在技术管理和经济管理中的作用。这是设备维修经济学的基石，如同“设备无修理开动台时数”是计划预修制的基石一样。要提高我国设备管理现代化水平，把技术管理与经济管理结合起来，搞出具有中国特色的设备管理模式，就必须依靠这个基石。从日本 TPM 的有关资料中可以看出，它们对平均故障间隔期的统计与分析是十分重视的。如在《设备综合工程学》一书第 121 页里讲可靠性与保养性时就强调：“要决定部件或机器的 MTBF 或 MTTF”，并设有专用的“MTBF 分析表”。这里的 MTBF 是指可修复的零部件平均故障间隔期，MTTF 是不可修复零部件的平均故障间隔期——平均使用寿命。

二、残存率的标准化与系列化

残存率的标准化，是指根据设备在生产中的重要性，按可靠性和经济性的要求，确定合适的残存率，并将其作为一项标准。如 A 类设备的残存率为 15%，B 类设备的残存率为 10%，C 类设备的残存率为 5%（指事后修理时），同时更换未失效的零部件。对关系到全厂生产的动力设备，其残存率也可以提高到 20%左右，这是按大类区分的各级残存率。按照实际情况，也可以在大类中再分小类。把残存率定得更合理一些。

残存率的系列化，是指在一个修理间隔期中有多少级残存率，每级残存率中又有多少个零部件，如前面统计的 32，33，…，39 周，这 10 个数值如代表 10 种不同零部件的平均寿命（或使用寿命），当修理间隔期为 32 周时，则每种零部件的残存率是不是一样的。如使用寿命为 32 周的零件，其残存率为 0（(32 - 32)/

32 = 0）；33 周的零部件，其残存率为 3%（（33 - 32）/33 = 1/33 = 0.03）；以此类推，计算出 10 种零部件共 7 级残存率（0、3%、8.5%、11%、13.5%、15.8%、18%），其中 11%的零部件有 3 种，15.8%的零部件有 2 种，其余各级残存率都只有一种零部件。

把残存率系列化，便于掌握在一个修理间隔期中各种零部件的可靠性。如残存率为 0 和 3%的这两种零部件，可靠性很差，而残存率 8.5%以上的 8 种零部件，可靠性就很高。对可靠性差的零部件可以安排日常维修或检查，以减少故障。

同样道理，也可以掌握两次中修之间和一个大修周期内各种零件（指使用寿命较长的零部件）的可靠性。

用这种方法掌握零件的可靠性，实际上就是一种比较实用的设备动态管理方法，也可以说是“以可靠性为中心的维修”的另一种模式。

通过以上论述，我们就能知道可靠性和经济性是怎样进行定量分析的。这种定量分析完全是设备管理人员调控的。这种调控主要是依据机器设备在生产经营中的地位而定，其目的就是要提高设备管理的经济性、提高企业的经济效益、增强企业的竞争能力。

三、残存率与相对修理损失的关系

设备修理间隔期的长短决定了某种程度的相对修理损失的存在。这种相对修理损失完全取决于设备计划外修理和计划内修理的时间之和与设备实际使用时间之比。现代设备管理与维修的任务就是要使这种相对修理损失降至最低。如何减少相对修理损失，实质上就是要正确选择合理的修理间隔期。这又与前文说的零部件寿命残存率公式（13–1）中的“t”有关。

（一）概述

修理间隔期的长短直接关系到故障停机时间，但要把修理间隔期定得很准确，使每个零部件的寿命残存率等于零，这是不客观的，也是不可能的。因为零部件的千差万别，即使把它们分成若干个组，进行定期地更换，也总难免有一定寿命残存率，或部分零部件未到更换期就已失效或发生故障。这就产生计划外修理。我们的目的是要把计划内的停机修理时间和计划外的停机修理时间降到最低限度。这是维修管理的一大目标。

（二）相对修理损失的概念

为了考核这个目标的实现程度，这里引用相对修理损失这个概念。它是用停机修理时间（包括计划内与计划外的修理时间）除以实际使用时间，其比值就是相对修理损失。其计算式：

$$Z=\frac{\tau_1}{T_1}+\frac{\tau_2}{T_2}+\cdots+\frac{\tau_n}{T_n}=\sum_{i=1}^{n}\frac{\tau_i}{T_i} \tag{16-1}$$

式中：Z 表示相对修理损失值；T 表示每次修理（定期）前的实际使用时间（天）；τ 表示修理劳动量（包括计划修理与故障修理）（天）。

也就是说，Z 值由两部分组成，即日常（故障）修理损失和定期（计划）修理损失。Z（日常）随着修理间隔期的延长而增加；Z（定期）随着修理间隔期的延长而减少。所以，我们的任务就是确定合理的修理间隔期 T，使 Z 值达到最小。这就是笔者提出的设备维修管理的最高目标。

这个目标既能充分反映出设备管理的水平，同时也与生产紧密相连。它是一个动态的技术经济指标。

我们知道，一台设备是由多只零部件组成的，而每只零部件的使用寿命各有长短，维修管理的最终任务就是要使每个零部件都能使用到极限寿命（即极限状态）进行更换或修理。这是设备维修管理中难度最大的一项任务，也是充分反映管理水平的一项工作。

这项任务难就难在要做大量的基础工作，要全部掌握各种易损件的磨损规律，要按这种规律确定修理间隔期和修理类别。这与目前修理设备的随意性（大多是凭经验）相比要艰难得多。但作为现代设备管理必须要向这个目标努力，如何去实现这个目标，将在下面作讨论。

这个目标之所以说与生产紧密联系，是个动态指标，因为它与实际开动时间T联结在一起。它与利用率指标不一样，利用率高低，只能说明设备可使用程度。而相对修理损失这个指标是把维修时间与开动时间加以比较，如果管理水平高，那么维修时间少，开动时间多，Z值就小；反之，Z值就大。

为了真实反映设备管理水平。Z值的大小不能以月度计算，因为在短时期内设备只用不修是完全可以的，但长期只用不修那就不行了。所以，考核Z值的大小要以年度为考核单位，或一个大修理周期为限。这样，才能真实反映出设备管理水平的高低和设备的可靠性与维修性。因此，Z值只能作为年度的考核指标，或作为维修管理的一个最高目标。而最低目标就是消除带病运转的设备。这两个目标对实行承包的企业来说，更是十分必要的。因为最低目标可以防止企业承包人的短期行为，最高目标可以帮助我们提高管理水平和设备综合效率。

此外，可靠性与维修性的好坏，不仅取决于设备前期管理的水平，也取决于后期管理的水平，因此，相对修理损失Z值的大小，不仅可作为维修管理的一个目标，同时也可以作为设备一生综合管理的目标，也可以说是追求寿命周期的费用最经济的具体化，是实现设备综合效率最高的一项可以定量化的指标。

我们的设备管理只要抓住这个目标（指标），就可以带动其他各项管理工作的转机。这个目标与上面说的零部件寿命残存率公式（13-1）中的“t”是一致的。

（三）如何确定合理的修理间隔期

实现这两个目标的主要途径是提高设备的可靠性和确定合理的修理间隔期，以及提高维修作业率和提高维修质量。这里主要问题是如何确定合理的修理间隔期。

1. 掌握零部件失效的时间

这里讲的失效时间，是指使用寿命；若是可修复的零件，是指故障间隔（指无故障工作时间）。最好是取它们的平均值（统计3次以上失效时间的平均值）。统计的次数越多，其平均值越接近实际情况。

办法是将每次更换的零部件实际使用时间记录下来，经过几次记录，就可以求出它们的平均寿命（或无故障工作时间）。也可以通过状态监测技术，借用各种监测仪器，测定零部件的磨损程度，并确定其极限状态，作为更换的依据。如某台设备由 70 个易损件组成，根据每次修理记录，它们失效的时间（平均值）按大小次序排列，如表 16-1 所示。

表 16-1　零部件失效时间

单位：周

21	27	32	32	35	36	36	36	36	37
38	38	39	41	42	42	42	43	43	44
45	45	46	46	47	47	48	49	49	51
51	52	52	53	54	54	54	54	54	55
55	55	56	56	57	58	58	58	59	61
62	62	62	62	65	67	68	68	69	70
71	72	75	78	79	81	82	90	95	100

可以看出，这台设备零部件失效时间最短的是 21 周（约半年时间），最长的是 100 周（约 2 年时间），这些零部件都需要在不同的维修类型中得到修理（或更换）。如果都在它们极限寿命之前进行更换（或修理），那是十分困难的，也不经济。为了提高修理的经济性，必须将这些零件分组进行修理（或更换），这里是以个位数 1~9 为一个组。

2. 确定修理间隔期

确定修理间隔期的目的既是减少间隔期内的故障和防止拼设备行为，也是使每个零部件的潜在寿命得到充分的利用。应用状态监测技术的目的也是如此。但状态监测不可能对每个易损件进行监测，而是利用修理记录中的原始数据，按不同寿命确定修理间隔期。其也是设备维修管理的基本手段。具体办法可以通过零部件失效（故障）分布图，提出几种修理间隔期的方案，并对每种方案进行分析比较，然后确定一个比较满意的修理间隔期。

根据表 16-1 绘制零部件失效分布情况（见图 16-1）。

图中纵坐标为单位时间（5 周）内发生失效的零件数（即频数），横坐标为使用时间（周）。T_1~T_3 分别代表不同的修理间隔期（方案）。从图中可以看出，T_1 的修理间隔期为 20 周，约 5 个月；$T_2 = 30$ 周，约 7.5 个月；$T_3 = 60$ 周，约 1.2 年。

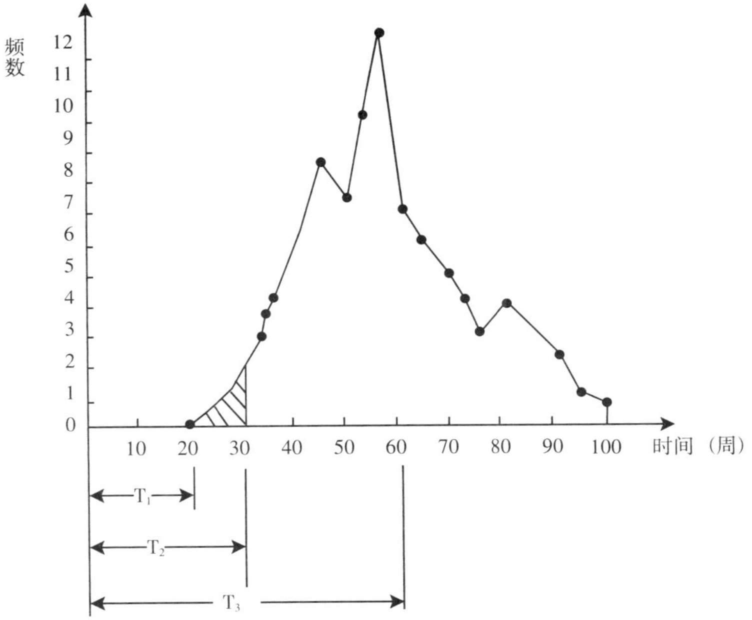

图 16-1　零部件失效分布

下面将逐个方案进行分析比较：当采用的修理间隔期为 5 个月时（20 周），设备的可靠性最好，因为最短的失效期为 21 周。但到第二个修理间隔期时（40 周），已有 11 个零部件失效，即表上的 32~39 周的零部件（21 和 27 周的两个零部件在第一次已经更换，如果这时将 41~49 周寿命的零部件进行更换，那么，有 16 个零件的潜在寿命（共 79 周）未被利用。

到第三个修理间隔期，又有 20 个零部件（51~59）已失效，而有 11 个零部件（61~70）的潜在寿命（共 56 周）未被利用（指第三次修理时更换到 70 周的零件）。

到第四个修理间隔期（80 周）时，已有 5 个零部件（71~79）失效，同时更换到 100 周的零部件时，还有 5 个零部件（共 48 周）的潜在寿命未被利用。

当采用 30 周的修理间隔期时，21~27 周的零部件已失效，如同时更换 40 周以内的零部件（32~39），就有 11 个零部件（共 65 周）未被利用。

到第二个修理间隔期时（即 60 周），41 ~ 59 周的零部件（共 36 个）已失效，同时更换到 70 周零部件时，就有 11 个零部件（61 ~ 70）共 56 周的潜在寿命未被利用。

到第三个修理间隔期时（第 90 周），已有 7 个零部件（71~82）已失效，如同时更换 100 周以内的零部件，就有 2 个零部件共 15 周的潜在寿命未被利用。

当采用 60 周的修理间隔期时，这时大部分零部件已失效，可见，这样长的修理间隔期是不行的。

下面将前文第一和第二两个方案（即 20 周与 30 周）的失效数和潜在寿命多少加以比较。

当用 20 周的修理间隔期时，在 4 个修理间隔期中，共发现失效的零件 37 个；提前更换的零件共 34 个，其潜在寿命共 191 周（未被利用的寿命），全寿命合计 1931 周，未被利用的寿命与全寿命的比值，就是寿命残存率，它是衡量零部件更换是否合理和无存在过剩修理的一个标准。当采用 20 周修理间隔期时，它的寿命残存率为 0.099 = 9.9%(191 ÷ 1931)。

当采用 30 周的修理间隔时，三个间隔期中失效的零部件共 45 个，提前更换的零部件共 24 个，其潜在寿命共 136 周，全寿命合计 1306 周，寿命残存率 0.1 = 10%(136 ÷ 1306)。

从以上比较来看，未被利用的寿命，20 周修理间隔期的比 30 周的多 55 周（191~136）；失效的零部件前者要比后者少 8 个（45~37）；寿命残存率两者都一样，都在 10%左右。当采用 30 周间隔期时，可以减少一次停机修理时间，这样分析的结果，应采用 30 周间隔期的方案。

这里用了一个新的标准——寿命残存率。用这个标准（或指标）可以帮助我们衡量设备管理水平的高低，也是判断是否过剩修理的一个尺度。这样，可以使过剩修理的概念定量化。从经济性和可靠性角度来说，寿命残存率在 10%左右是合理的。

此外，如果把 21 周和 27 周的这两零部件适当改进一下，延长使用寿命到 30 周左右；对 41~45 周的零部件也适当提高可靠性，或在 40 周和 50 周搞两次日常维修，更换 41~59 周寿命的这些零部件，这样可以大幅度减少设备故障率。

四、做好零部件使用寿命的统计工作

建立零部件使用寿命档案是设备管理与维修的一项重要基础性工作。做好这项基础性工作，对于设备加强科学管理、提高设备维修的经济性，都有一定的现实意义和深远意义。

在我们的工厂企业里，不修理的设备可以说是没有的。也可以这样说，我们的机器设备完全是依靠连年不断的维修来维持它们应有的技术性能和使用年限。这是我们的国情。既然如此，作为设备管理与维修的最基本的基础性工作，就是要掌握组成机器设备零部件的使用寿命。这对于科学地编制检修计划，确定合理的修理周期和修理间隔期，确定零部件合理的库存量，提高零部件的"等强度设计"，掌握设备的可靠性、降低故障率，使设备故障管理从"必然王国"走向"自由王国"，提高机器设备成新率评估的科学性、客观性等诸多方面都是极其重要的。

我国的设备管理已经历了五十多年的风风雨雨，其基础工作时有时无、忽冷忽热。现在有多少工厂企业能有这方面的比较完整的基础资料？没有这种基础资料，还谈什么提高管理水平？现代管理也好，科学管理也好，它们都离不开相关的基础资料的积累。尽管现在有各种各样的检测仪器可以进行状态监测，但这毕竟是局部的、有限的，它们不可能确定一台机器设备所有零部件的磨损状况和使用寿命。

由于种种原因，我们工厂企业里的设备使用年限都很长，据最近某铁矿统计，使用年限在 30 年以上的要占设备总台数的 41%，16~30 年的占 19%。这些设备之所以能使用如此长的时间，主要是靠其零部件周而复始地更换。而换下来的是否都已使用到其平均使用寿命？未换下来继续使用的，其安全性、可靠性如何？这些问题都需要掌握零部件的使用寿命才能作出科学的回答，如通过可靠性工程中的可靠度计算，就可以回答这些问题；但无论是用指数分布（正常磨损期的失效分布），还是用正态分布（急剧磨损期的失效分布）来分析与计算零部件在某个时点的可靠度，都需要以零部件的平均使用寿命为依据（参见拙作《现代工业设备管理》浙江科技出版社 1986 年版或 1991 年版）。或者说，也只有掌握零部件的使用寿命，才能应用可靠性工程对设备的可靠度——不发生故障的概率——进行有效的控制。这就是设备故障管理由“必然王国”走向“自由王国”的必经之路，实际上也是一种掌握规律和利用规律的过程。就是确定库存备件的合理储备定额也要以平均使用寿命为依据，其计算公式是：D = k · E · Z/C（式中的 C 就是平均使用寿命，D 是储备定额）。这是工厂企业减少工矿配件储备资金的有效手段。

有关零部件的“等强度设计”，2003 年第 4 期《中国设备工程》上刊登的由海军工程大学辜健等撰写的《利用等强度设计降低设备 LCC》一文中已讲得很多，这里不再重复。但要解决这个问题，首先要积累大量的零部件使用寿命方面的资料，否则，也只是纸上谈兵。现在工厂企业里很少有这方面的档案资料。现在我们的理念是把设备管理改称为“设备工程”。既然是工程，就有它自身的基础性工作。设备工程最主要的基础性工作就是要积累大量的零部件使用寿命方面的资料。只有这样，才能实现我国的技术装备等强度设计。这应视为中国设备工程的最高目标。

对于机器设备成新率的评估也需要零部件的使用寿命这种资料为依据。评估人员如能掌握这方面的资料，就可以根据修理周期和修理间隔期对设备的成新率进行客观、科学的评估，从而减少评估的盲目性。

总之，建立零部件使用寿命档案或数据库，对于设备管理与维修来说，应视为一项长期性的工作，这是按客观规律办事的需要，要作为一项制度长期坚持下去。①

此外，还要逐步建立起主要零部件失效分布图形的档案建设。这对于正确运用可靠性理论是必不可少的基础性资料。

① 此文发表于《中国工程设备》2004 年第 5 期。

五、学习与可靠性有关的基础知识

从以上所列举的这几个实际事例中可以看出可靠性工程（理论）在设备维修管理中的作用，它既能帮我们科学地确定设备预防维修的周期，也能帮助我们在不同类型设备中确定合理的可靠性或合理的检查周期，从而节省维修费用和提高设备的有用度（有效度）。

无论是确定修理间隔期，还是确定零部件的残存率，都可以借助和运用可靠性理论来解决。设备维修管理要提高科学性和经济性，必须要借助和运用可靠性理论。

（一）运用可靠性理论调控设备动态管理

笔者早在1987年就在《中国设备管理》杂志上发表了《可靠性工程与设备动态管理》。设备状态管理或动态管理都需要借助可靠性理论来实施。这里必须按设备在生产中的重要程度分别定出不同要求的可靠性（度）。RCM法最主要的就是根据设备故障后果来确定采取何种维修措施。如故障是灾难性的，那就必须采取预防维修的办法，坚决杜绝发生故障；故障后果不是很重的，就采用视情况维修；故障后果不影响生产又不影响人身安全的，就采取事后维修。由此可见，设备动态管理也必须根据设备重要程度采取相应的可靠性要求。这样既节省维修费用，又能提高设备有效度。

要想科学地确定各种设备合理的可靠性，就必须借助可靠性理论。具体地讲，即按设备故障的分布类型（如指数分布、正态分布、威布尔分布等）求得相关的各种参数，然后依这些参数，如故障概率、平均故障间隔期、累积故障率等，确定设备在不同环境下的可靠性要求。

（二）平均寿命与平均故障间隔期的计算方法

可靠性工程中的基本函数都以时间 t 为随机变量，我们可以通过数理统计的方法掌握它的规律性和数量特征。机械设备及其零部件的平均寿命与平均故障间隔期都是随机变量 t 的数量特征。所以，平均寿命与平均故障间隔是在可靠性工程中最常用的数值。

1. 平均寿命（m）

平均寿命是指一批零部件从它们开始使用到发生失效（故障）时的平均工作时间，即：

$$m = \frac{\text{所有零件的总工时间}}{\text{零件总数}} \tag{16-2}$$

2. 平均故障间隔期（MTBF）

我们在学习可靠性工程时，往往会碰到 MTBF 和 MTTF 这两个代号。它们都叫平均故障间隔期，但严格讲是有区别的。前者是指设备发生了故障，经修复或更换零部件后仍能继续正常工作的可修复的设备，是指两次相邻故障间的平均工作时间；而后者是指那些发生故障后不能修复的设备，由开始工作直到发生故障（失效）的连续正常工作时间。如电子仪器设备大多用 MTTF 来衡量其平均寿命。对于一般性能良好、工作正常、发生了故障也能及时修复的机械设备及零部件，可以认为它们的失效（故障）类型接近指数分布，可利用式（16–3）计算它们的平均故障间隔期，即：

$$MTBF = m = \frac{1}{\lambda} \tag{16-3}$$

所以说，平均寿命与平均故障间隔期，有时是一回事，有时却不一样。平均寿命应该说是指那些发生故障后不能修复的电子设备的正常工作时间，一般用 MTTF 表示较好。而 MTBF 表示可修复的设备在两次相邻故障之间的平均工作时间。

（三）标准偏差的概念

1. 标准偏差

这是数理统计中最常用和最基本的一种特征，也是可靠性工程中最常用的术语。其计算公式为：

$$\sigma = \sqrt{\frac{1}{n}\sum_{i=1}^{n}(x_i - \bar{x})^2} \text{ 或 } \sigma = \sqrt{\frac{\sum_{i=1}^{n}(x_i - \bar{x})^2}{n}} \tag{16-4}$$

式中，σ 表示子样本的标准离差；$\bar{x}$ 表示平均值，或叫 n 个数值的算术平均值；x_i 表示任意一个数值；$(x_i - \bar{x})$ 是各个数值与平均值的差，也就是各数值与平均值离差（或叫偏差）的大小，但它有正数，也有负数（如某数值 $x_i < \bar{x}$ 时），为了强调距平均值离差的大小，而不管它的正负，就把它全部自乘后都变成正数。将所得的结果取算术平均值，即为 $\sum(x_i - \bar{x})^2/n$。

因为在计算过程中用了平方，所以计算的单位发生了变化，如原来某组数值用“月”为单位，它表示零部件的使用时间，如果用平方单位，就是平方月或月平方，这就与原来的单位不一样。为了恢复原来的计算单位，必须再开平方。

2. 标准离差的计算方法

标准离差在以后的可靠性分析和计算中用得很多，所以对它的各种计算方法必须熟练地掌握。

如有下列一组数值，要计算它的 σ 值时，先求出 $\bar{x}$ 和 $(x_1 - \bar{x})$ 的数值，然后再计算 $(x_i - \bar{x})^2$，将 $\sum(x_i - \bar{x})^2$ 的数值代入式（16-4）即可求出，具体计算如下：

（1）先求出这一组数值的平均值 $\bar{x}$，即：

$$\bar{x} = \frac{6+7+7+8+9+9+10}{7} = 8$$

式中，分子中的 6、7、7、8、9、9、10，表示发生故障的时间（月），分母 7 代表统计次数，商数 8 代表平均故障间隔期（月）。

（2）计算 σ 值。

$$\sigma = \sqrt{\frac{\sum(x_i - \bar{x})^2}{n}} = \sqrt{\frac{12}{7}} = \sqrt{1.7} = 1.3$$

式中，$x_i - \bar{x}$ 表示各次发生故障的时间与平均值之差。如第一次发生故障时间为 6 个月，减平均值 8 个月，即 6 − 8 = −2；第二次发生故障时间为 7 个月，其与均值之差为 7 − 8 = −1；第四次发生故障时间为 8 个月。其与均值之差为 8 − 8 = 0；以此类推，计算出 σ 值。

本章思考题

1. 某台设备的可靠度要求低于 85%，其中一个零部件的使用寿命平均为 10 个月，零部件的寿命残存率应为多少（标准偏差 σ 取 1.5 个月）？

2. 相对修理损失的概念与故障停机率有何区别？

3. 考核相对修理损失率有什么优越性？

4. 修理间隔期的长短与相对修理损失有何关系？

5. 如何能使相对修理损失率稳定在一定水平上？

6. 为什么说使相对修理损失率长期保持在一定水平上是设备维修管理难度最大的事情？

第十七章 TYZ 管理模式的若干理论研究

一、概　述

这一章内容主要是论述形成 TYZ 管理模式的机理与理论依据，以及诸多因素之间的内在联系。这一章的内容不作为实施 TYZ 管理模式的培训内容，而是供对它有兴趣的设备管理人员作进一步深入研究之用。研究它们的目的就是要进一步了解形成 TYZ 管理模式的机理和相关要素的逻辑关系。因为 TYZ 管理模式从理论上来说，它要比现在任何一种维修管理模式都要复杂一些、深奥一些。所以，对此有兴趣的设备管理人员最好能进行深入的研究，以提高自己的理论水平。

（一）零部件失效分布的客观性

这里，我们先从零部件失效分布说起，因为这是客观存在的东西。一是无论是零部件失效概率，还是老年人的死亡概率，它们都可以归纳为近似正态分布——不完全是正态分布（即左右边图形不完会对称的正态分布）。二是这种分布的分散程度也不一样。因此，就有个表示分散程度的“标准偏差”，有时也叫“标准离差”。由这个标准偏差的存在，零部件更换周期也不一样；由于更换周期不一样，对零部件的寿命残存率的高低也有直接的影响；由于零部件的寿命残存率不同，对设备的可靠性和经济性也就有直接的影响。所有这些差异，都可以通过量化来调控，以此方法来达到设备的修理间隔期或零部件更换周期更科学、更合理的目的。这就是 TYZ 管理模式的理论体系和形成的机理。由此也体现出这种管理模式的科学性和客观性。

（二）若干因素相互之间的关系

这里共有五种因素相互之间的内在关联性：零部件失效分布的形状正态分布的关系；正态分布与标准偏差 σ 之间的关系；标准偏差 σ 与更换周期 t 的关系；更换周期 t 与零部件寿命残存率 y 的关系；残存率 y 与设备可靠性和经济性之间的关系。

由以上这些因素之间的相互关系进行量化调控，用数据说话，最后使各类设备的修理间隔期或零部件的更换周期达到相对比较合理的水平。这就是 TYZ 管理模式的科学性和客观性所在。这些相互关系和量化调控就构成了 TYZ 管理模式独特的理论体系。这是在国内外设备管理发展史上是前所未有过的创举。

二、故障率曲线与正态分布的关系

（一）零部件失效分布

我们知道，设备或零部件失效分布图或说故障概率分布图像是一只船，所以，称它为故障率船形曲线（见图 13–1）。这种故障率曲线图分为三个阶段：第一阶段是初始阶段，即新设备或刚大修后的设备投入使用初期，这个阶段的故障率比较高，随后慢慢地降下来。这一阶段的故障率称为超指数分布，大约需要几个月的时间。第二阶段是比较平稳运行阶段，这一阶段的故障率称为偶发故障期，属于指数分布，这一阶段的时间最长，几年或十几年。第三阶段是耗损阶段，也是最后一个阶段，这个阶段的故障率分布称为正态分布。这好像人的一生发病（死亡）概率一样，新生婴儿到学前这一阶段发病概率最高；接下来是青壮年时期，随着运动量的不断增加，身体也就越来越好，发病（死亡）概率就少了；到了五六十岁之后，身体条件就会越来越差，发病概率也就越来越高，直至死亡。这种自然死亡的概率分布大体上也属于正态分布。

我们搞设备预防维修的重点就在最后这个阶段，即耗损阶段，因为这一阶段的故障是有一定规律性的，也就是说设备或零部件使用到最后阶段，总是要失效的，即到了它们的使用寿命终点一定会失效。就像人一样，到了晚年总有一天要死亡的。

（二）正态分布的形状

所谓正态分布，是将一批零部件失效的时间点绘制在一个坐标轴上，然后将各点连接起来，它的曲线形状像是庙里的古钟。由于失效分布的分散程度不同，它的形状也都不一样。通俗一点讲，就拿我们平时上班时的准点率一样。早上 8 点上班，刚好 8 点整到的人有，但不多，或早一点，或迟一点，如某单位共有 100 个人上班，将他们上班的时间绘制在一个坐标轴上，横轴代表时间，纵轴代表到某点上班的人数。如开始有人早 10 分钟到达单位，有的早 8 分钟，有的早 5 分钟，有的早 3 分钟、2 分钟、1 分钟，也有正点到的；反过来，也有迟到的，迟到 1 分钟、2 分钟、3 分钟、5 分钟、8 分钟、10 分钟。这样将这些早到的人数和迟到的人数，以及正点到的人数描绘在坐标图上，并将这些点连接起来，就有点像图 16-1 那样的图形。如果劳动纪律好的单位，它的图形就像高的那一种——上班时间比较集中；而劳动纪律较差的单位就像中间的一种；劳动纪律很差的单位，上班时间就很分散，如迟到半个钟头的也有。同样的道理，即使同样的零部件失效时间也是不一致的，有早也有迟。但它们总在平均寿命附近失效的比较多，就像现在我们平均寿命 80 岁，有 60 岁死的，有 70 岁死的，有 80 岁死的，有 90 岁死的，有 100 岁死的或更长寿的。但在 80 岁左右死的就比较多一点。所以人的寿命分布也是近似正态或偏正态分布的。零部件失效也是这样，不完全是正态分布，但为了方便起见也往往将它们视为正态分布来处理。具体还得专门学习一点可靠性工程知识，这里不详谈。

三、正态分布的形状与标准偏差的关系

（一）σ值的含义

这里先举个例子，我们很多单位早上一上班就要开班前会。开会时间定在什么时候才能让所有员工都能到会？这是需要研究的一个课题。前文讲过，因劳动纪律各单位都不一样，所以，开班前会的时间也会不一样。劳动纪律好的可以早一点开，而劳动纪律差的只好迟一点开，否则，有些人就不能参加会议。同样的道理，零部件失效的时间都不一样，什么时间安排更换最合理，要根据失效的分散程度而定。

当零部件失效分布离散程度比较集中时，它的标准偏差就少一点，反之，就会大一点。这就是零部件失效分布与标准偏差σ的关系。

如正态分布比较集中，即离散程度较少，那么，每一条直方图就变得狭长一些；反之，就变得宽一些。这好比劳动纪律比较好的单位，职工上班早到或迟到的差距不会很大，如一般不会超出2分钟左右，而劳动纪律较差的单位，他们之间的差距可能高达5分钟甚至10分钟。

（二）σ值与z值的关系

z值与σ值的关系见式（13-2）：

$z=(m-t)/\sigma$

式中，σ是变量，而z是应变量。当式中的分子值（m－t）不变时，σ值越大，z值就越小，反之，z值就越大；而z值的大小就是可靠性（可靠度）的高低。前面第十三章第四节中讲过这个问题，我们从正态分布表上由z值查到相对应的可靠度。如果认为这个可靠度偏高或偏低，那么，再回过头来调整一下t值的大小，使其适合各类设备应有的可靠度要求。

四、标准偏差与更换周期的关系

根据以上所述，所谓标准偏差，它是表明失效分布离散程度的一个变数。如劳动纪律好的单位，他们各人上班时间的离散程度也小一点，反之，离散程度就会大一点。要想科学地安排修理时间或更换零部件的时间，就必须按照离散程度进行定量的调控。如失效离散程度比较集中的零部件，其更换周期可以适当长一点，尽量接近平均寿命值；反之，更换周期就要适当短一些，否则，设备就会发生故障。下面通过 $t = m - z \cdot \sigma$ 来说明它们之间的关系。这里仍用上面的例子，平均寿命仍是 24 个月，$z = 0.53$。当标准离差分别为 4.8、4、3、2 时，试算它们的更换周期。

（1）当 $\sigma = 4.8$ 时，其更换周期：

$t = m - z \cdot \sigma = 24 - 0.53 \times 4.8 = 24 - 2.54 = 21.46$（月）。

（2）当 $\sigma = 4$ 时，其更换周期：

$t = m - z \cdot \sigma = 24 - 0.53 \times 4 = 24 - 2.12 = 21.88$（月）。

（3）当 $\sigma = 3$ 时，其更换周期：

$t = m - z \cdot \sigma = 24 - 0.53 \times 3 = 24 - 1.59 = 22.41$（月）。

（4）当 $\sigma = 2$ 时，其更换周期：

$t = m - z \cdot \sigma = 24 - 0.53 \times 2 = 24 - 1.06 = 22.94$（月）。

从以上计算的结果就可以看出，标准偏差越小，更换周期越接近平均寿命；标准偏差越大，其更换周期越远离平均寿命。

由此可见，在相同的条件下，当离散程度不同时，它们的修理间隔期或更换周期也是不一样的。我们研究这个问题的目的是让零部件失效时间尽量集中一点，让标准偏差尽量小一点，这样才能更好地延长零部件的使用寿命，节约维修费用。为了达到这个目的，我们在平时的设备管理工作中要加强监管，不要让设备超负荷运转，加强润滑管理，提高操作工人的技术水平，增强他们的责任心，严守操作规程，增强自我维护意识等。对于那些过早失效的零部件，也要尽量找出失效的原因，从中寻找防止过早失效的途径和措施。

五、更换周期与零部件残存率的关系

零部件寿命残存率，首先它是个经济概念。笔者是从经济维修这个角度提出这个概念的。零部件的更换周期与其寿命残存率的关系是相互制约的关系。即一方的数值确定之后，另一方的数值也就完全确定了。但它们又是反向的关系，即将一方的数值提高之后，另一方的数值就会随之降低。

从经济角度而言，零部件的寿命残存率越低越好，越低越节约；最好是残存率为零，即将零部件使用到它们的平均寿命，或超过平均寿命时，那么，更换周期也就越长。从下式就可以看出它们的关系：

$$y = (m - t)/m \tag{17-1}$$

式中：t 是零部件的更换周期或是设备的修理间隔期；y 是零部件寿命残存率；m 是零部件平均使用寿命。

当更换周期 t = m 时，残存率 y = 0；当更换周期限超过平均寿命时，残存率为负值。残存率定在什么水平最为合理，这就要看设备或零部件的重要性而定。

当平均寿命一定时，残存率的高低完全取决于更换周期或修理间隔期。在通常情况下，我们一般都先知道零部件的平均使用寿命。在这样的情况下，要么先设定残存率的高低，再求解合理的更换周期或修理间隔期；或者用现在各种零部件更换周期或修理间隔期，来求解残存率是否合理。残存率是否合理，主要取决于对设备的可靠性和经济性的要求。

六、残存率与可靠性和经济性的关系

以上所论述的各种关系都是形成 TYZ 管理模式的机理和客观性。这一节的三者之间的关系是 TYZ 管理模式的实质性内容，也是实施这种管理模式的具体方法。上述各种关系最终都要落实到这三者之间相互依存和相互约束的关系上。只有处理好这三者之间的关系，TYZ 管理模式才能收到应有的效果。

（一）残存率与可靠性之间的关系

在“第一篇维修经济学原理”中有一条基本原理是“零部件寿命残存率与可靠性成正比，与经济性成反比”。这就是三者之间的关系，它是具有规律性的，与我们的管理水平无关。管理水平的高低无非取决于这三者的关系调控得合理与否，而改变不了它们这种内在的规律性。

如一台新的发动机，它发生故障的概率是很低的，也就是新发动机的可靠性高；反之，用过十多年的旧发动机，它发生故障的概率是很高的，即它的可靠性很低。如果这台发动机的平均寿命为 10 年，那么，当它使用到第 10 年时，它的可靠性只有 50%；再用下去，它的可靠性就越来越低了。如果这台发动机用在飞机上，就必须保证它有 95%以上的可靠性，因此，必须提早更换它才能确保安全。具体要通过计算才能知道为确保 95%的可靠性，这台发动机应该使用到第几年更换。如提早 3 年更换，则它的寿命残存率是 30%，提早 2 年更换，则它的寿命残存率为 20%，以此类推。由此可见，这台发动机的寿命残存率的高低完全取决于它的更换周期。

由上可知，更换周期的长短与残存率的高低有关，而残存率的高低又与可靠性有关。这就是零部件残存率与可靠性的关系，而它们的关系又是呈正比例的关系。即零部件寿命残存率越高，它的可靠性也越高，反之，则可靠性越低。

（二）残存率与经济性的关系

零部件寿命残存率与经济性是呈反比例的关系。原因是，残存率越低，经济性越好；反之，经济性越差。因为零部件寿命残存率的高低，就意味着零部件剩余寿命的长短，这种长短又意味着浪费与否。如前文所说的发动机，平均寿命为10年，如果用了5年就是把它更换了，在大多数情况下完全是一种浪费，除非是用在极为重要的设备上，如用在飞机上就不算浪费了。不浪费就是节约，节约就是经济。如坐轮船购买经济舱就是为了节约一点钱。我们平时说的经济实惠，也是说不要太浪费的意思，这就是经济。不浪费或少浪费，就是经济性好，反之，经济性就差。因此，对零部件而言，我们要尽量将它用到不能用为止，当然，前提条件是在确保安全生产的情况下可以这样做，否则，造成事故就不合算了，不合算就是另一种浪费。所以说，残存率与经济性的关系是相互依存的关系，是相互约束的关系。即任何一方都不能过高或过低，否则，就是不合理。更何况，它们之间的关系又直接影响到可靠性的高低。

本章思考题

1. 为什么说船形曲线最后一段属正态分布？正态分布有什么特点？

2. 正态分布的形状与标准偏差有何关系？为什么说标准偏差值的大小与分离程度有关？

3. 标准偏差值的大小对更换周期有何影响？

4. 更换周期与零部件残存率是什么关系？

5. 零部件寿命残存率与经济性和可靠性有何关系？

第十八章　TYZ 管理模式的形成过程

说起设备量化维修管理模式（TYZ）的形成，还要追溯到拙作《现代工业设备管理》1991 年版的第三十五章“修理间隔期的研究与分析”，其第二节就是“零部件寿命残存率的计算”。由此可见，笔者在那个时候就对如何更科学、更合理地确定设备修理间隔期重视有加。以后发表的几篇论文更进一步形成了 TYZ 管理模式萌芽。

一、历史背景

我国的设备管理已经历了 50 年的风风雨雨。按孔子说的“五十而知天命”，也就是说到了经验已经成熟，也懂得事物发展规律和有自己主见的时候了。

从有关资料得知，设备寿命周期费用主要是由维持费用组成的，占 70%左右。无论是军事装备，还是民用的机器设备，在这方面国内外都有所研究和统计。如刘庆华等编著的《装备管理工程》一书中说：“某型坦克使用 20 年，其维持费为采购费的 4.4 倍；某型飞机使用 15 年，其维持费可购买该飞机 6 架。”苏联 1978 年出版的《设备修理和技术维护的组织》一书中也说：“苏联每年用于维修的费用平均为设备价值的 30%；金属切削机床整个寿命期的维修费用高于原值的 2~4 倍。”20 世纪 80 年代天津人民出版社出版的《成本研究班教材》一书中也说：“一台机器设备原始费用只占寿命周期费的 30%。”我国的机器设备使用年限大多在 10~30 年，也有 30 年以上的。所以，设备一生的维修费用相当于原值的

4~5 倍。据某钢厂 1978 年和 1979 年的统计资料，其年度维修费用分别要占产品总成本的 14%和 15.27%，笔者估计按照现行灵活的维修方式也不会低于 10%。

我国加入 WTO 后，在市场经济的条件下，企业之间的竞争愈演愈烈。而我国的设备管理水平反而在下滑，这已是一种共识。按日本中岛青一先生的理论，决定产品数量、质量、成本、交货期的是设备，左右安全、卫生、环境等各种问题的根源也是设备。日本的 TPM 被称为全员参加的生产维修，有人说它是“赚钱的维修”，也有人说它是“盈利的维修”，由此可见，设备管理在市场经济条件下应该是大有作为的。我们能否也来个“经济的维修”呢？这就是笔者斗胆提出“设备量化维修管理模式”的起因和历史背景。

提出这种新观念的客观基础是：我国设备的技术管理和经济管理的潜力还很大；技术管理相关的基础工作还很差；经济管理讲得多，实际工作做得少；技术管理与经济管理相结合也只是强调得多，具体方法少；等等。具体一点讲，即如何对工作性质不同的各类设备提出不同的可靠性要求，确保有限的维修资源有效利用；如何掌握各种零部件失效的分布类型，使技术管理工作有可靠的客观基础，减少盲目性；如何判断零部件剩余寿命的合理性，为不断降低维修费用提供客观依据。

二、基本思路

（1）设备或零部件的失效总是重复出现的，而失效的时间有长有短，如能以此求得零部件平均使用寿命和标准偏差、绘制失效分布图、确定分布类型，就可以掌握零部件失效分布的规律。这是技术管理的一项重要的基础性工作。

（2）对生产设备按其在生产领域中的重要程度划分等级，实行等级管理；并按不同的工作性质或等级要求确定其合理的可靠度。技术管理与经济管理的紧密结合就从这里开始。

（3）按各类设备不同的可靠度和零部件平均使用寿命，求解零部件合理的残存率，减少剩余寿命损失。

（4）按各类设备不同的可靠度和残存率，确定零部件合理的更换周期——修理间隔期。对残存率相同或相近的零部件实行同步更换（修复），减少停机损失。这是确定各种修理间隔期的主要依据。不管何种设备管理模式，最后都要确定一种认为比较合理的修理间隔期，差别在于依据有所不同。这就反映出各自的特色。

（5）对残存率相差较大的零部件是否可以同步更换，要通过分析零部件的剩余寿命和价值损失程度以及企业当时的生产情况等因素而定；当生产任务紧张时尽量实施同步更换，反之，可以分期更换。

生产与维修之间的矛盾永远都不会消除，只有通过技术与经济的综合分析才能得到合理的解决。过去那种要么生产压维修，要么维修压生产都是不可取的。在这里都要服从一个总目标—— 一切为了提高企业的竞争能力和经济效益。

（6）要充分利用零部件平均使用寿命（不可修复的）或平均故障间隔期（可修复的）在技术管理和经济管理中的作用。这是“设备量化维修管理”（TYZ）的基石，如同“设备无修理开动台时数”是计划预修制的基石一样。要提高我国设备管理现代化水平，把技术管理与经济管理结合起来，搞出具有中国特色的设备管理模式，就必须依靠这个基石。从日本 TPM 的有关资料中可以看出，它们对平均故障间隔期的统计与分析是十分重视的。如在《设备综合工程学》一书第 121 页里讲可靠性与保养性时就强调：“要决定部件或机器的 MTBF 或 MTTF”，并设有专用的“MTBF 分析表”。这里的 MTBF 是指可修复的零部件平均故障间隔期，MTTF 是不可修复零部件的平均故障间隔期——平均使用寿命。

三、原理与方法

（1）基本原理：认识世界是改造世界的前提。设备或零部件失效都有一定的规律性——正态分布。掌握和利用这种分布规律，借助现代科学管理方法，发挥零部件的平均使用寿命（MTTF）或平均故障间隔期（MTBF）的十大功用，采用定量分析方法，运筹与控制设备管理与维修各种活动。

（2）具体方法：现以机器设备中常用的滚珠轴承为例来说明实际操作方法。如某种型号的滚珠轴承失效分布经多次失效时间统计确定为正态分布——统计失效的零部件至少在十个以上——其平均使用寿命 m = 4000 小时，标准偏差 δ = 800 小时，其方法参考有关可靠性工程中相关资料。如这种轴承价值比较高，分别被装在三种工作性质完全不同的设备上，在一定时期内（一两年），可靠度要求分别设定为 90%、70%和 50%；按照这三种可靠性要求，应分别制定这种轴承的更换周期。当可靠度要求 90%时，发生故障的概率为 10%；其更换周期按下面步骤计算：

第一步查正态分布表，发生故障概率为 10%所对应的变量 Z = –1.28。

第二步按下式计算更换时间 T：

$\because Z = (T - m)/\delta$，$\therefore T = m - Z\cdot\delta = 4000 - 1.28 \times 800 = 4000 - 1024 = 2976$。

即更换周期是 2976 小时。

当可靠度要求 70%时，发生故障的概率为 30%，同样，查 Z = –0.52，$T = m - Z\cdot\delta = 4000 - 0.5 \times 800 = 4000 - 400 = 3600$，即更换周期是 3600 小时。

当可靠度要求 50%时，发生故障的概率也为 50%，查 Z = 0，此时的更换周期是 $T = m - Z\cdot\delta = 4000 - 0 \times 800 = 4000 - 0 = 4000$，即更换周期是 4000 小时，与平均使用寿命相同。反过来，也可以计算在任何时段内零部件的可靠度是多少。

下面再来验算一下剩余寿命和残存率：

第一种情况时，剩余寿命为 $t = m - T = 4000 - 2976 = 1024$，其残存率为：$y = (m - T)/m = 1024/4000 = 25\%$左右。这种情况的残存率比较高，为了减少经济损失，应将它保存，以备用于对可靠性要求不高的设备，如用于第三种情况的设备。

第二种情况时，剩余寿命为 $t = m - T = 4000 - 3600 = 400$，其残存率为：

$y = (m - T)/m = 4000 - 3600/4000 = 400/4000 = 10\%$

第三种情况时，剩余寿命为 $t = m - T = 4000 - 4000 = 0$。

由此可见，从经济角度来说，当然是用第三种情况最好，但可靠性差了一些；如果这种轴承很贵，那就要看这台设备在生产中的地位如何而定。这就要根据技术、经济和生产经营等具体情况酌情处理，看哪一种更换周期最能为企业争得更高的经济效益。这就是“设备量化维修管理模式”具体运用的一个实例。

四、TYZ 与 TPM 和 PM 的区别

由上述可见，技术管理与经济管理如此的紧密结合，无论是日本的 TPM 或美国的 PM、还是英国的设备综合工程学，以及苏联的计划预修制，至少在这些文献资料上还没有看到过这种量化维修的管理模式。其最大的区别：第一，从零部件失效分布入手掌握它们的规律性，以此为科学依据进行了技术管理和经济管理；第二，这里所进行的一切工作都是量化的，这是其他设备维修管理模式所不及的；第三，根据设备或零部件所处的重要位置或价值高低分别确定它们应有的可靠度和经济性要求，真正做到修得其所。

这种量化维修管理模式之所以称为“中国的 TYZ”，这是为了对应“美国的 PM”和“日本的 TPM”。笔者的本意还在于美国有 PM，日本有 TPM，我们中国也有 TYZ；从科学性上来说，TYZ 要比 PM 和 TPM 高得多。

要实施这一套新的管理模式，首先要建立严格的零部件失效统计制度，实行严格的统计责任制；那些不可修复的零部件更换下来后，要对其进行剩余寿命分析，作为如何进行合理的更替使用的主要依据，挖掘节省费用的潜力。

对此有兴趣的同志，不妨先对那些不大重要的零部件进行小的试验，在取得经验的基础上再不断扩大应用范围。在当今电脑大量普及的情况下，做这项工作其实也不会有多大难度，关键是要有事业心。笔者已是古稀之年的人，只能在理论上作些探讨而已，亲自试验已是不可能了，寄希望于广大年轻设备管理人员进行不断的探索与研究，研究出一套有中国特色的“设备维修管理模式”。

本章思考题

1. 本章所讲的“TPM和PM”与TYZ管理模式有什么区别?
2. 为什么说“重视零部件寿命档案建设”是实施TYZ管理模式的前提条件?
3. 要实施TYZ管理模式，为什么要学一点可靠性工程方面的知识?

第四篇　论文集

这里的论文发表在不同历史时期的各种报纸杂志上，可分为三部分。

第一部分共有4篇文章，主要论述笔者的一个核心观点——提高设备折旧率，相应缩短设备更新周期，不但不会增加生产成本，反而会降低生产成本，增加企业利润和国家财政收入。这一观点与我国传统的折旧观正相反，形成了独特的理论体系。

第二部分共有3篇文章，主要论述与第三篇“设备量化维修管理模式”有关的问题——可靠性工程、零部件平均寿命和零部件寿命残存率等，也形成了独特的理论体系。

第三部分是笔者在不同时期发表的一些零散的、观点与众不同的文章。

第一部分　有关加速设备更新的论文

一、提高设备折旧率，增加财政收入

我们的折旧理论从过去到现在都认为："如果折旧率规定得过低，就会人为地扩大利润，虚增积累；如果折旧率规定得过高，就会人为地缩小利润，影响资金的正常积累，妨碍扩大社会再生产。"我以为情况并非完全如此。设备折旧率规定得过低，也不会造成虚假的利润；设备折旧率规定得过高，也不会人为地减少利润。提高设备折旧率，缩短设备使用年限还会从根本上增加财政收入。理由是：

（一）提高设备折旧率，缩短设备使用年限，能大大节省设备维修费用

马克思说过："机器越是超过它的中年期，正常的磨损越是增多，构成机器的材料越是消耗和衰老，使它维持到平均寿命的末期所需要的修理劳动就越频繁、越多。正像一个老年人，为了防止不到时候就死去，必须比一个年轻力壮的人支付更多的医药费。"[①] 实际情况确实如此。现在有很多老旧设备一次大修费用相当于设备原值的50%~60%，高的达80%~90%，个别还超过设备的原值。

---

①《马克思恩格斯全集》第24卷第195页。

北京汽车制造厂部分设备一次大修理费与设备原价值之比，历史最高水平是：冲床类 38.76%~42%，车床类 47%~53%。1977~1980 年，这些设备一次大修理费与原值之比都在 60%~99%。这类实例不胜枚举。

由于设备老旧，不仅大修理费用高，中小修费用也高。如杭州钢铁厂二轧分厂，某年大修费 15.6 万元，而中小修费用合计为 45 万元，相当于大修费的 3 倍（还未包括修理工人的工资）。济南钢铁厂 1978 年维修费合计 1425 万元，中小修占 988 万元，是大修费的 2.3 倍。1979 年维修费合计 1794 万元，中小修费占 1278 万元，是大修费的 2.4 倍。该厂 1978 年的维修费用占产品总成本的 14.03%，1979 年占 15.27%。目前维修费用之高，已成为工业企业的沉重负担。

为了便于分析比较，下面我根据部分厂矿企业维修费用的实际支付情况，参照设备修理的工时定额和材料消耗定额，推算出一台设备不同使用年限的年平均维修费用与设备原值之比。为了便于计算，这里设大修周期均为 6 年，第一次大修理费按设备原值的 30%计算，以后每延长一个大修周期均按设备原值的 10%递增，如第二次大修理费按原值的 40%计算，以此类推，在同一次大修周期中小修理费平均按该期大修理费的 1.5 倍计算，那么，设备的使用年限若分别为 30 年、24 年、18 年和 12 年，其年平均维修费用（省略最后一次大修）与设备原值之比见表 9-1。

从表 9-1 中可以看出，设备折旧率低的，修理费用高，因而产品总成本也高，当总产值一定时，利润就少。设备折旧率高的，修理费用低，因而成本也低，利润就高。这说明提高设备折旧率，缩短设备使用年限，由于维修费用节省和设备生产效率的提高，会增加利润，增加财政收入。

为了进一步证明这种推算的客观性，引用国外的两个数字予以对照。据苏联 1978 年出版的《设备修理和技术维修的组织》一书，苏联“每年用于维修的费用平均为设备价值的 30%。金属切削机床整个寿命周期的修理费用高于原值2~4 倍”。天津人民出版社出版的 《成本研究班教材》也提到，“据国外统计数字表明，一种设备在它的正常寿命期内，它的原始费用只是整个寿命周期费用的一部分甚至是一小部分。一台机器设备，原始费用只占寿命周期费用的33%。”[①] 这就是说，国外一台设备寿命周期的维修费用相当于原值的2倍。这刚好介于我前文所提出标准的12年与15年，国外的设备使用年限大多数是10~15年。

（二）由于缩短了设备使用年限，新设备不断增加，设备的使用效能高，与此有关的动力、燃料消耗，跑、冒、滴、漏损失，设备事故所造成的修复费用和停机检修的经济损失也会相应减少

“据上海某工厂的测算，金属切削机床经过几次大修，性能、效率下降的幅度大体上是：经第一次大修，下降5%，经第二次大修，又下降5%，经第三次大修，再下降15%，经第四次大修，再下降15%。这就是说，一台设备经过四次大修后，它的性能和效率只有原来的50%左右。”[②] 金属切削机床如此，其他设备也大同小异。如果把设备的使用年限缩短到10~15年，那么，多数设备只要经过一次大修，在第二次大修前就进行更新，设备的性能和效率基本上还保持原来的90%~95%，当然会比使用二十多年或三十多年的设备有更好的经济效益。目前全国用于设备维修的机床约90万台，占全国机床拥有量的1/3。维修工人，要占生产工人总数的8%~15%，而维修工人的劳动生产率，据有关部门的统计只有生产工人劳动生产率的30%~50%。缩短设备使用年限，减少维修工作量，这些经济损失都会相应减少，相对来说，都能增加财政收入。目前厂矿企业的流动资金，按我们冶金系统来说，有20%~30%用于备品备件和二类机电等物资的储备，这种储备完全是为了设备维修。如果设备使用年限缩短一半，由于新设备不断增加，维修工作相应减少，就可以减少这类储备资金的占用和储备物资的经济损失。同时，备品备件和二类机电由于保管不善和原设备已更新改造，无法利用等原因报废所造成的损失几乎每年都有。

一些工业国家实行递减折旧法，是符合设备使用规律的。因为新设备在开头一两年基本上不用修理，利用率很高，产量也高，多折旧一些是合理的。此后，

---

①《成本研究班教材——成本管理专题部分》第160页。
②《工业企业的设备管理》第112页。

设备越来越老，修理次数越来越多，利用率也一年不如一年，折旧也应逐年减少。如长风机械厂试行提高设备分类折旧率后，降低了工时成本，增加了企业盈利。该厂将新设备的折旧年限定为八年左右，老旧设备视新旧程度按月提取0.8%~1.2%，相当于年折旧率为9.6%~14.4%。这样，促进了生产车间提高设备利用率。

（三）目前机械行业由于任务严重不足，直接导致上缴利润大幅度下降

如嘉兴冶金机械厂1979年利润为800万元，1980年降到500万元，1981年计划300万元也完不成，最后调整到150万元，1982年也只有150万元。机械行业之所以造成这种被动局面，根本原因在于生产资料的消费水平太低，不适应现有的设备制造能力。如果我们的机电产品都像有些工业国家那样，有70%~80%用于更新，那么，不管国民经济怎样调整，重工业也不会受到如此巨大的冲击。如果把我们的设备更新周期缩短到与现有的设备制造能力相适应，使各类设备制造厂按三班制开足马力，那么，整个重工业的产值和利润也会直线上升，国家的税利收入就会增加。所以说，提高设备折旧率，缩短设备更新周期，提高生产资料消费水平，国家就可以从机械工业和重工业系统增加财政收入。

如果把设备使用年限从目前平均24年左右缩短到12年左右，把折旧率提高到8.3%，每年就有8.3%的设备进行更新。目前全国约有6000万吨设备（每吨平均按5000元计算），每年就有500万吨老旧设备报废更新。这500万吨作为废钢废铁来源，相当于新建一个鞍钢。用废钢铁炼钢，还可以节省能源和几亿元生产费用。

总之，通过以上分析可知，提高设备折旧率，缩短设备使用年限，不仅可以降低成本，提高劳动生产率，增加财政收入，而且由于加快了工业技术装备的更新换代，有利于机械工业的发展，使重工业保持一定的发展速度。但是，我这个观点是与现行的设备折旧理论完全不符的，希望有更多的同志提出意见，对此展开讨论。

二、加速企业设备更新，提高生产资料消费水平

1981 年 9 月 25 日，财政部主办的《信访摘报》第 11 期全文刊登我这篇文章，并报送党中央、国务院等国家机关，受到国务院相关负责同志的高度重视。全文如下：

浙江省冶金工业局陈后宋同志给我部来信，反映当前工业生产经济效果不好，除了由于长期吃大锅饭以外，主要是生产资料的消费水平太低，有相当一部分工业装备不能充分发挥作用。

来信人认为，目前工矿企业的生产设备已日趋老化，效率低、故障多、消耗高，维修费用大。设备维修费用与设备的使用年限是成正比的，使用年限越长，维修费用也就越大。如杭州制氧机厂，用于机床的大修理费用，占原值的 70%左右，个别机床达到 80%~90%。至于中、小修费用，则比大修理费用还要多。如山东济南钢铁厂，1979 年维修费合计 1790 多万元，其中，中、小修费用占 1200 多万元，相当于大修费的两倍半；设备的维修费用占产品总成本的 15%，占在用和备用设备原值的 15%左右，大大高于西方一些工业国家。如西德每年设备维修费用只占设备原值的 6%~10%，法国只占其营业额的 10%。如果把我们的设备维修费用降低到西德的水平，那么，国家每年至少可以节省 200 多亿元的维修费用。

来信人说，目前全国平均综合折旧率是 3.6%，其折旧年限是 30 年。使用 30 年的设备，一般要经过五个大修周期，其中有四次大修（平均大修周期为 6 年）。按这个比例计算，一台设备从投产到更新，其寿命周期总的维修费用是五个大修周期维修费用之和，相当于其原值的 5.5 倍（最后一个大修周期没有大修费用），按 30 年计算，平均每年的维修费用相当于其原值的 18%。如果把设备使用年限缩短到 12 年，设备只经过两个大修周期，而且可以不搞第二次大修。这样，一台设备从投产到更新，其寿命周期中的总维修费用相当于其原值的一倍多，平均

每年的维修费用相当于其原值的11%，同使用年限24年的设备相比，平均每年可以节省的维修费用相当于原值的5%。也就是说，维修费用中节省的开支，可以用于提高设备折旧率，即使把折旧率从目前的3%提高到8%，也并不会增加企业生产成本。

来信人提出，根据我国当前的实际情况，提高设备折旧率可以分三步走：第一步，从1981年到1985年，在保持总的折旧额不变的前提下，把设备的折旧率逐步提高到7%~8%，并相应降低建筑物和大修理的折旧率。例如某个企业的固定资产总值是1000万元，其中，建筑物部分是300万元，机器设备部分是700万元，综合折旧率是4.5%，大修理折旧率是3%，现在年折旧额是75万元。为了提高设备折旧率，可以把建筑物部分的折旧率由4.5%降到2%，将大修理折旧率由3%降到1.5%，将机器设备的折旧率由3%提高到7.7%。固定资产如果能实行分类折旧更好，主要设备的折旧率定得高一些，一般设备定得低一点。第二步，从1986年到1987年，把设备的折旧率提高到10%左右。即每年有10%的设备进行更新。那时大部分设备是新的，维修费用会大幅度下降，工业生产的经济效果当然要比目前好上几倍。在这个基础上，过几年再走第三步，即把设备的折旧率提高到15%左右。

来信人还要求，设备的基本折旧资金应至少大部分用于设备更新或改造，国家不应该集中企业的折旧资金。因为折旧基金是企业维持简单再生产的老本，如果年年上缴百分之几十给国家集中使用，那么，对多数企业来说，这个老本就越来越小，以致难以维持简单再生产。至于企业一时不用的折旧资金，可以通过银行进行企业之间的有偿调剂。

注：按照2014年国家出台政策，允许一些企业的设备折旧年限从原来的10~14年按60%折旧，这样一来，其折旧率就要提高16%以上。这与我当时在文中提出分三步走的第三步提高到15%基本上是一致的。

三、让重工业为主的整个工业充满活力

核心观点：“浙江读者陈后宋提出：缩短设备更新周期，相应提高折旧率，不但可以降低生产成本，增加财政收入，更是促进机械工业和重工业健康发展的上乘之策。”

编者按：“缩短设备更新周期，提高设备折旧率，将会出现生产资料的高消费。这种高消费是一件好事，将会使以重工业为主的整个工业充满活力，将会使生产技术不断更新换代，因而对国民经济的发展具有战略意义。希望探讨妥善的方案，为此开放前进的绿灯。”

这是 1982 年的事。到了 1985 年，国家就为此而开放了绿灯——颁发了新的企业固定资产折旧条例（试行）。其中设备的折旧年限与我主张的完全一致。下面是正文：

每台设备都有它的经济寿命期，超过这个期限而继续使用，就会增加单位产品的成本。因为，设备的维修费用以及动力、燃料、润滑油料等的消耗，是和设备使用年限成正比的。

单从维修费用一项看，维修支出之巨大，已成为我国企业普遍的沉重负担。杭州制氧机厂一些机床的大修费用，为机床原值的 70%左右，个别的达到原值的 80%~90%。济南钢铁厂 1978 年、1979 年两年的维修总支出占该厂产品总成本的比例分别为 14%和 15%；与全厂在用和备用设备的原值相比，也为 15%左右。

目前全国的固定设备资产约为 3000 亿元，如以维修费用平均占原值 15%匡算，每年花在维修上的钱，就有 450 亿元之巨。据西德的资料，在一般情况下，西德的设备维修费用相当于原值的 6%~10%。如果我们能达到西德那样的水平，每年即可节省 150 亿~270 亿元。

这笔匡算的账，足以说明超龄旧设备长期使用，动机似是节约，效果却是莫大的浪费。我国许多企业之高成本、高消耗，跟设备陈旧和长期不更新是直接相关的，更不要说因设备陈旧、技术落后而影响整个工业技术水平的提高和影响产品的竞争能力了。

要改变这一状态，就必须缩短设备更新的周期，而且必然还要相应提高设备的折旧率。这样会不会增加生产成本和减少财政收入呢？

目前全国的设备折旧率平均为3.6%，设备使用期30年。如以平均使用期24年，折旧率相应为4.2%计算，年平均维修费用约为设备原值的16%。如把更新周期缩短为12年，折旧率相应提高为8.3%，年平均维修费用将减为占设备原值的11%，修理费用减少5%，折旧率提高4.1%，两者相抵，仍可节省设备原值的0.9%。

从以下几个方面，更可以看出更新周期改为12年、折旧率改为8.3%的经济效果：

（1）用“均匀流”计算公式：假设设备原值为1万元，24年的年平均维修费用换算成现值（当年的金额），共为14208元；改为12年，即为7656元。这就是说，使用期24年的设备，维修费用现值要比使用12年的多6522元，相当于原值的65%多。

（2）用固定资金利用率作对比：从24年改为12年，设备投资即可提早12年全部回收；折旧率从4.2%改为8.3%，每年可多提410元折旧基金（仍假设原值为1万元）。用复利公式计算，12年内所获净利，年平均为原值的4%左右。全国3000亿元设备，仅此一项即可增加利润120亿元。

（3）流动资金占用的对比：现在厂矿企业为设备检修而储备的各类物资，数量极大。以冶金部门说，这种储备约占企业全部流动资金的20%。这样大量的储备，不仅不产生利润，还由于技术进步而不再适用以及保管不善等原因，经常报损报废。如把更新周期改为12年，这种储备至少可减少一半；也就是全国至少可少占用上百亿元资金，年利润也将增加10亿元左右。

（4）设备综合效率的对比：工业生产的经济效果很大程度上取决于设备的综合效率，即设备的输出（产量、质量、安全等）与设备的输入（维修、动力、燃料、润滑油料等）之比。而设备的综合效率，又取决于设备的新旧程度。如把使用期从24年改为12年，设备成新率（也叫设备新度）将提高一倍，综合效率必将大为改观。

（5）更新周期缩短一半后，维修工作量将随之减少一半以上。目前全国用于维修的机床约有 90 万台，如减少一半，即有 45 万台机床可腾出来用于制造。以平均每台机床年生产力 20 吨、每吨值 5000 元计，45 万台机床的年产值为 450 亿元。这又是一笔可以净增的产值。

所以，答案是十分清楚的，把设备更新周期缩短为 12 年，折旧率相应提高为 8.3%，不是提高成本和减少收入，而是降低成本和增加收入。至于设备技术面貌的改观，以及追上国际水平的更新换代而所产生的巨大经济效益，更是无法估量的了。

设备更新周期的缩短，还直接有利于促进重工业的发展。重工业产品在国内的出路，无非是两条：一是为基本建设服务；二是为老企业提供更新的设备。据某些西方国家的资料，机械工业产品中 80%用于设备更新。我国的情况如何？这可以从折旧基金上去推算。目前全国的设备折旧基金，粗略估计约为 120 亿元，其中一半要上缴，留给企业的为 60 亿元。这 60 亿元又要作多种用途，环境保护、安全生产、职工福利等也要从这里支出，因而真正用作设备更新的，以一半计也只 30 亿元，约可添置设备 60 万吨。我国机械工业中民用设备的年生产能力约为 2500 万吨，60 万与 2500 万相比，仅占 2.3%。

我国现在拥有的机床数量，在全世界已占第三位，但在现有企业设备更新方面，机械产品并未获得广阔市场，处于很低的消费水平。如果缩短设备更新周期，提高机械产品的消费水平，使机械产品用于设备更新的比例，从现在的百分之几增加到百分之几十，那么，尽管有国民经济调整和基本建设削减，机械工业和整个重工业也不会受到如此大的冲击。因此，目前机械工业和重工业“吃不饱”，不能完全归之于经济调整，根本原因还在于设备更新周期长，不能为机械工业和重工业提供广大而稳定的市场。从长远看，增加设备更新在机械产品消费中的比例，是促进机械工业和重工业健康发展的上乘之策。①

① 此文发表在 1982 年 2 月 8 日《世界经济导报》上。

四、必须改造落后的折旧观

传统折旧观的核心是“因旧而折”。它只考虑固定资金在周转中的保本性，以维持简单再生产。这对建筑物一类的固定资产是适用的，用50年的厂房按50年折旧，用一百年的厂房按100年折旧，只要它不倒塌，都可以进行生产，它与生产效率、物质消耗无直接关系。对机器设备来说，情况就完全不一样，用10年的设备与用60年的设备其生产效率、性能和物质消耗至少相差一大半。我们国家的工业品之所以成本高，经济效益差，除了管理落后这个因素外，根本的原因还在于生产设备陈旧落后，效率低，消耗高。

从某种意义上来说，机器设备也与人相似，它既是生产者，又是消费者，正因如此，我们在考虑设备折旧时，首先要考虑何种折旧率更有利于发展生产，有利于提高经济效益。这就是说，要改“因旧而折”为“因利而折”，使每台在用设备都能得到经济合理的使用。进一步说，我们采用何种折旧率（使用年限）能使设备的产出与投入（生产与消耗）之间达到最佳的平衡，我们的目的是要让设备在役龄期内发挥最大的经济效益。在商品经济社会里，或在商品生产的条件下，设备的折旧问题，首先要考虑如何能为企业生产出有竞争能力的产品。这是确定设备折旧年限（折旧率）的一个标准。

按照经济寿命确定设备折旧率与这个标准基本上是一致的，因为在经济寿命期内使用设备，能使设备得到经济合理的使用。这就为降低产品成本创造了客观条件。

总的来说，我们今天研究设备的折旧理论，主要是研究设备折旧率的高低与产品成本、利润和财政状况的关系，因为传统的折旧观念（提高设备折旧率，就会增加产品成本，减少利润，减少国家财政收入）在人们的脑子里已根深蒂固，它严重地影响到现代化建设的进程和经济效益。尽管近几年有很多同志主张提高折旧率，加快设备更新，促进技术进步，但这些同志的主张只是提出要过河，而没有提出过河的具体办法和措施。

现在还有很多同志认为提高设备折旧率会增加生产成本，减少利润，影响财政收入。持这种观点的人，只看到提高折旧率，增加了折旧费，而没有看到提高设备折旧率，相应缩短设备使用年限后，有关费用减少，如维修费、能源消耗等，再加上有关技术经济指标的提高，如产量、质量等。只要算一下总账，提高折旧率，相应缩短设备使用年限，绝不会增加生产成本，减少利润。

无论从理论上，或从实践上来分析，说提高设备折旧率会减少利润，或影响财政收入，是不全面的，也是不科学的。这种落后的折旧观念应当更新。至于折旧率提高后，使用年限缩短了，更新速度加快了，各类机电设备供需矛盾如何解决，这是另一回事。有条件的，可以更新得快一些，没有条件的，可以更新得慢一些，一切从实际情况出发。但在理论、观念方面，必须按照客观经济规律重新认识设备的折旧问题，重新审查传统折旧观念到底是否正确。[①]

① 此文发表于《财会通讯》1984 年第 11 期。

第二部分　有关设备量化维修管理模式的论文

一、可靠性工程与设备动态管理

设备动态管理的实质，就是要使设备或零部件在一定时间内不发生故障或完成一定任务的可靠度。实行动态管理，可以减少突发故障，减少停机时间，达到提高设备利用率的目的。

设备的动态管理，目前大致有两种方法：一是利用监测技术，对设备某一部位或某个零部件的磨损状况进行测定，然后判断其是否要修理或更换；二是利用可靠性工程的理论与方法，预测和控制设备或其零部件在一定时间内不发生故障的可靠度，或按照设备某种可靠度的要求，确定修理间隔期和零部件的更换周期，以达到安全、可靠、经济的目的。

前一种方法只适用于可测部位的零部件，而后一种方法则适用于任何部位的零部件。此外，前一种方法只能测出零部件的磨损程度，却不知道它们在一定时间内不发生故障的概率，而后一种方法就可以预测出零部件在一定时间内不发生故障（不失效）的概率。只要真正掌握各种易损件的失效概率，那么，就可以说实现了设备的动态管理。

（一）设备故障率分布类型与可靠度函数

设备故障概率的分布是多种多样的，在可靠性工程中常用的分布有指数分布、正态分布和威布尔分布。这里只介绍正态分布。

设备从投入生产到报废的整个使用过程中，故障率的分布曲线大体呈船形（见《中国设备管理》1986 年第 4 期第 18 页图 3）。投产后初期运行阶段，称为早期故障期；正常运行阶段称为偶发故障期（恒常故障期）；后期阶段称为耗损故障期。其故障率分布的类型分别为超指数分布、指数分布和正态分布。在实际工作中，主要是掌握正态分布故障期内设备故障分布的规律及其可靠度函数的计算方法。

正态分布的可靠度函数主要用于描述设备处在磨耗阶段的特征，即船形曲线的最后一段（具体略）。

（二）可靠度函数与设备动态管理

1. 指数分布可靠度函数式的应用

例如某零部件的平均寿命 T = 4000 小时，当实际连续使用时间 t 分别为 400 小时、800 小时、1000 小时、1200 小时、2000 小时、4000 小时的时候，其可靠度 R(t) 按照可靠度公式计算，则依次为 0.95、0.82、0.77、0.74、0.60、0.37。

在实际计算这种可靠度时，查指数表更为方便。只要知道零部件的实际平均寿命，用这种方法就可以计算出在不同使用时间内不发生失效的可靠度。按照这个方法就可以对这台设备进行动态管理。尽管这种方法不很精确，但总比心里没数要强得多。

反过来，如果对某种设备有可靠性要求，也可以利用这个方法求得合理的修理间隔期或检查周期。

根据各种设备在生产中的重要程度，确定它们的可靠度，然后按可靠度确定它们的检查周期或修理间隔期。这样，既经济，又可靠，可以避免过多的检查和修理。这是可靠性工程应用于设备动态管理的一大优越性。

2. 正态分布可靠度函数式的应用

前面在介绍正态分布可靠度函数式讲到标准函数式，即设 z = x 是个随机变量，也就是实际连续使用时间 t，T 是平均寿命。这样：

当 x < T 时，z 为负值；当 x > T 时，z 为正值；当 x = T 时，z 为零值。

故正态分布表也有两种：一种是 z 为正值的表，一种是 z 为负值的表。表中有用 z 的，也有用 t 的，但它们的含义是一样的，本书附表 1 统一用 z。但当 z=0 时，两种表中的数值是一样的，均为 0.5，即连续使用时间等于平均寿命时，可靠度与不可靠度是相等的，都是 50%。这是正态分布的特征。

例如某零部件经过 8 次统计，其使用寿命如下所示。

某零部件实际使用寿命统计表：

统计次数：1、2、3、4、5、6、7、8

使用寿命（月）：5、6、6、8、7、7、9、8

（1）计算平均寿命 T。计算平均寿命有两种方法，一种是用算术平均值，另一种是用数学期望值。前者用于确定型的，后者用于概率型的。本例属确定型的，所以用算术平均值，

$T = 7$

（2）计算标准偏差 σ。所谓标准偏差（有的也叫标准离差），是用 xi 的值减去 T 所得的差数。它表明一组数字分散的程度。σ 值越大，说明使用寿命差距越大，σ 值越小，说明使用寿命差距越小。

由于 xi – T 的差数有正有负，为了避免正负的影响，公式里引进了平方，即：

$\sigma \doteq 1.2$

（3）求出可靠度 R(t)。当要计算这只零部件使用到 6 个月、7 个月和 6.5 个月的可靠度时，先要分别求出相对应的平均寿命和实际使用时间，具体参照《现代工业设备管理》一书。[①]

① 此文发表于《中国设备管理》1987 年第 6 期。

二、重视零部件使用寿命档案建设

在我们的工厂企业里，不修理的设备可以说是没有的。也可以这样说，我们的机器设备完全是依靠连年不断地维修来维持它们应有的技术性能和使用年限。这是我们的国情。既然如此，作为设备管理与维修的最基本的基础性工作，就是要掌握组成机器设备零部件的使用寿命。这对于科学地编制检修计划、确定合理的修理周期和修理间隔期，确定零部件合理的库存量，提高零部件的“等强度设计”，掌握设备的可靠性、降低故障率，使设备故障管理从“必然王国”走向“自由王国”，提高机器设备成新率评估的科学性、客观性等诸多方面都是极其重要的。

我国的设备管理已经历了五十多年的风风雨雨，其基础工作时有时无、忽冷忽热。现在有多少工厂企业能有这方面的比较完整的基础资料？没有这种基础资料，还谈什么提高管理水平？现代管理也好，科学管理也好，都离不开相关的基础资料的积累。尽管现在有各种各样的检测仪器可以进行状态监测，但毕竟是局部的、有限的，它们不可能确定一台机器设备所有零部件的磨损状况和使用寿命。

由于种种原因，我们工厂企业里的设备使用年限都很长，据最近某铁矿统计，使用年限在 30 年以上的要占设备总台数的 41%，16~30 年的占 19%。这些设备之所以使用如此长的时间，主要是靠其零部件周而复始地更换。而换下来的是否都已使用到其平均使用寿命？未换下来的、继续使用的零部件，其安全性、可靠性如何？这些问题都需要掌握零部件的使用寿命才能作出科学的回答，如通过可靠性工程中的可靠度计算，就可以回答这些问题；但无论是用指数分布（正常磨损期的失效分布），还是用正态分布（急剧磨损期的失效分布）来分析与计算零部件在某个时点的可靠度，都需要以零部件的平均使用寿命为依据（参见拙作《现代工业设备管理》，浙江科技出版社 1986 年版或 1991 年的再版本）。或者说，也只有掌握零部件的使用寿命，才能应用可靠性工程对设备的可靠度——不发生故障的概率——进行有效的控制。这就是设备故障管理由“必然王国”走向“自由王国”的必经之路，实际上也是一种掌握规律和利用规律的过程。确定库存备件的合理储备定额也要以平均使用寿命为依据，其计算公式是：$D = k \cdot E \cdot Z/C$（式中的 C 就是平均使用寿命，D 是储备定额）。这是工厂企业减少工矿配件储备资金的有效手段。

有关零部件的“等强度设计”，2003 年第 4 期《中国设备工程》上刊登的由海军工程大学辜健等撰写的《利用等强度设计降低设备 LCC》一文中已讲得很多，这里不再重复。但要解决这个问题，首先要积累大量的零部件使用寿命方面的资料，否则，也只是纸上谈兵。现在工厂企业里很少有这方面的档案资料。现在我们的理念是把设备管理改称为“设备工程”。既然是工程，就有它自身的基础性工作。设备工程最主要的基础性工作就是要积累大量的零部件使用寿命方面的资料。只有这样，才能实现我国的技术装备等强度设计。这应视为中国设备工程的最高目标。

对于机器设备成新率的评估也需要零部件的使用寿命资料作依据。评估人员如能掌握这方面的资料，就可以根据修理周期和修理间隔期对设备的成新率进行客观、科学的评估，从而减少评估的盲目性。

总之，建立零部件使用寿命档案或数据库，对于设备管理与维修来说，应视为一项长期性的工作，这是按客观规律办事的需要，千万不要因领导人的口味不同而受影响，要成为一项制度长期坚持下去。[①]

三、设备维修经济学初探

本文发表在《中国设备工程》2004 年第 8 期，它主要是想表达建立“设备

① 此文发表于《中国设备管理》2004 年第 5 期。

维修经济学”不是笔者的一时冲动，早在十多年前，甚至在1986年出版的拙作《现代工业设备管理》，1991年再版时第三十五章第二节就讲到了“零部件寿命残存率的计算公式”。这种计算公式是本书第三篇“设备量化维修管理模式”的基石。下面是《设备维修经济学初探》的全文：

摘要：本文主要是在市场经济条件下，为使我国的设备管理与维修适应国内外企业剧烈竞争的环境，提出一种新的管理理念——设备维修经济学（英国有《设备综合工程学》）。这种新的管理理念是以零部件的平均使用寿命的十大功用为平台，运用各种现代管理科学，对每项维修管理活动进行定量分析，使技术管理与经济管理得到最紧密的结合，并以最大限度地延长设备无维修工作台时和争取更加合理的设备更新周期为其两大目标，追求不断地降低设备一生的维修费，提高企业的竞争力。

关键词：零部件；平均使用寿命；可靠性；剩余寿命；零件残存率；失效分布

（一）历史背景

我国的设备管理已经历了风风雨雨五十余年。按孔子说的“五十而知天命”，也就是说一个人已进入到了经验丰满的成熟期，是懂得事物发展规律和有自己主见的时候了。

英国的“设备综合工程学”是以追求设备寿命周期费用最佳化为目标的。而设备寿命周期费用主要是由维修费组成的，约占70%。无论是军事装备，还是民用的机器设备，在这方面国内外都有相关研究和统计资料。如刘庆华等编著的《装备管理工程》一书中说：“某型坦克使用20年，其维持费为采购费的4.4倍；某型飞机使用15年，其维持费可购买该飞机6架。”苏联1978年出版的《设备修理和技术维护的组织》一书中说：“苏联每年用于维修的费用平均为设备价值的30%；金属切削机床整个寿命周期的维修费用高于原值的2~4倍。”20世纪80年代天津人民出版社出版的《成本研究班教材》一书中也说：“一台机器设备原始费用只占寿命周期费的30%。”我国的机器设备使用年限大多在20~30年，也有30年以上的。所以设备一生的维修费用相当于原值的4~5倍；据某钢厂1978年和1979年的统计资料，其年度维修费用分别要占产品总成本的14%和15.27%；

我估计按照现行灵活的维修方式也不会低于10%。

我国加入WTO以后，在市场经济的条件下，企业之间的竞争愈演愈烈。而我国的设备管理反而在下滑，这已是一种共识。按日本中岛青一先生（他是《设备综合工程学》的作者）的理论，决定产品数量、质量、成本、交货期的是设备，决定安全、卫生、环境等各种问题的根源也是设备。日本的TPM，即全员参加的生产维修，有的说它是“赚钱维修”，也有的说它是“盈利维修”，由此可见，设备管理与维修在市场经济条件下应该是大有作为的。我们能否也来个“经济维修和快速的使用”呢？这就是我在此斗胆提出“设备维修经济学”的起因和历史背景。

（二）观念创新

在市场经济的推动下，我国的设备管理观念虽有较大的转变，但设备管理的实质性工作仍没有发生根本性的变化。如何提高企业的竞争能力和经济效益，应该成为当今设备管理的核心课题。设备维修经济学是从经济角度审视和控制各项维修费和设备如何合理使用这两个基本问题，重点是研究设备一生的维修费和更新周期是如何影响企业的经济效益的；这两个基本问题也直接关系到整个工业和国民经济的发展速度。

提出这种新观念的客观基础是：我国设备的技术管理和经济管理的潜力还很大；技术管理相关的基础工作还很差；经济管理讲得多，实际工作做得少；技术管理与经济管理相结合也只是强调得多，具体方法少；等等。具体一点讲，如何对工作性质不同的各类设备提出不同的可靠性要求，确保有限的维修资源得到有效利用；如何掌握各种零部件失效的分布类型，使技术管理工作有可靠的客观基础，减少盲目性；如何判断零部件剩余寿命的合理性，为不断降低维修费用提供客观依据；如何使备件库存储备更合理，减少资金占用；如何衡量与分析设备修理、更新、改造的经济性；等等。这些都是设备维修经济学的研究内容。

从理论层面上来说，设备维修经济学是研究与设备维修管理有关的经济效益评价和选优的科学，是一门全新的学科。它的研究对象是工厂企业里的各类机器设备；从经济的角度来研究与设备使用与维修有直接关系的实际问题；它的宗旨是要让各类机器设备达到合理的使用周期和合理的修理间隔期；目标是降低生产成本，提高企业的竞争力。

（三）基本思路

（1）设备或零部件的失效总是重复出现的，而失效的时间有长有短，如能以此求得零部件平均使用寿命和标准偏差，绘制失效分布图，确定分布类型，就可以掌握零部件失效分布的规律。这是设备维修经济学的一项重要的基础性工作。

（2）对生产设备按其在生产领域中的重要程度划分等级，实行等级管理，并按不同的工作性质或等级要求确定其合理的可靠度。技术管理与经济管理相结合就从这里开始。

（3）按各类设备不同的可靠度和零部件平均使用寿命，求解零部件合理的残存率，减少剩余寿命损失。

（4）按各类设备不同的可靠性和残存率，确定零部件合理的更换周期——修理间隔期。对残存率相同或相近的零部件实行同步更换（修复）——减少停机损失。这是确定各种修理间隔期的主要依据。不管何种设备管理模式，最后都要确定一种认为比较合理的修理间隔期，差别在于依据有所不同。这就反映出各自的特色。

（5）对残存率相差较大的零部件是否可以同步更换，要通过分析零部件的剩余寿命和价值损失程度以及企业当时的生产情况等因素而定；如当生产任务紧张时尽量实施同步更换，反之，可以分期更换。

生产与维修之间的矛盾永远都不会消除，只有通过技术与经济的综合分析才能得到合理的解决。过去那种要么生产压维修，要么维修压生产，都是不可取的。在这里都要服从一个总目标—— 一切为了提高企业的竞争能力和经济效益。

（6）要充分利用零部件平均使用寿命（不可修复的）或平均故障间隔期（可修复的）在技术管理和经济管理中的作用。这是设备量化维修管理模式的基石，如同“设备无修理开动台时数”是计划预修制的基石一样。要提高我国设备管理现代化水平，把技术管理与经济管理结合起来，搞出“具有中国特色的设备维修管理模式”，就必须依靠这个基石。从日本 TPM 的有关资料中可以看出，它们对平均故障间隔期的统计与分析是十分重视的。如在《设备综合工程学》一书第121页里讲可靠性与保养性时就强调“要决定零部件或机器的MTBF或MTTF”，并设有专用的“MTBF分析表”。这里的MTBF是指可修复的零部件平均故障间隔期，MTTF是指不可修复的零部件的平均故障间隔期——平均使用寿命。

（四）原理与方法

（1）基本原理：认识世界是改造世界的前提。设备或零部件失效都有一定的规律性——或指数分布、或正态分布、或对数正态分布等。掌握和利用这种分布规律，借助现代科学管理方法，发挥零部件的平均使用寿命（MTTF）或平均故障间隔期（MTBF）的十大功用，采用定量分析方法，运筹与控制设备维修管理的各种活动。

（2）具体方法：现以机器设备中常用的滚珠轴承为例来说明实际操作方法。如某种型号的滚珠轴承失效分布经多次失效时间统计确定为正态分布——统计失效的零部件至少在10只以上——其平均使用寿命m = 4000小时，标准偏差δ = 800小时，其方法参考有关可靠性工程中相关资料。如这种轴承价值比较高，分别被装在三种工作性质完全不同的设备上，在一定时期内（一年或两年），可靠度要求分别设定为90%、70%和50%；按照这三种可靠性要求，应分别确定这种轴承的更换周期。当可靠度要求为90%时，发生故障的概率为10%；其更换周期按下面步骤计算：第一步查正态分布表，发生故障概率为10%所对应的变量Z = −1.28；第二步按下式计算更换时间T：

$\because Z = T - m/\delta$

$\therefore T = m - Z \cdot \delta = 4000 - 1.28 \times 800 = 4000 - 1024 = 2976$

即更换周期是2976小时。当可靠度要求为70%时，发生故障的概率为30%，同样，查Z = −0.52，T = m − Z·δ = 4000 − 0.5 × 800 = 4000 − 400 = 3600（小时），即更换周期是3600小时。当可靠度要求为50%时，发生故障的概率也为50%，查Z = 0，此时的更换周期是T = m − Z·δ = 4000 − 0 × 800 = 4000 − 0 = 4000（小时），即更换周期是4000小时，与平均使用寿命相同。反过来，也可以计算在任何时段内零部件的可靠度是多少。下面再来验算一下剩余寿命和残存率：

第一种情况下，剩余寿命为 t = m – T = 4000 – 2976 = 1024（小时），其残存率为：

y = m – T/m = 1024/4000 ≈ 25%

这种情况的残存率比较高，为了减少经济损失，应将它保存，以备用于对可靠性要求不高的设备上，如用于第三种情况的设备。

第二种情况下，剩余寿命为 t = m – T = 4000 – 3600 = 400（小时），其残存率为：

y = m – T/m = 4000 – 3600/4000 = 400/4000 = 10%

第三种情况下，剩余寿命为 t = m – T = 4000 – 4000 = 0

由此可见，从经济角度来说，当然是第三种情况最好，但可靠性差了一些；如果这种轴承很贵，那就要看这台设备在生产中的地位如何。这就要从技术、经济和生产经营等具体情况酌情处理，看哪一种更换周期最能为企业争得更高的经济效益。

如果零部件失效属指数分布，分析方法大同小异，但对可靠性的计算更简单一些，其他都一样。这里不作介绍，以上讲的都是设备维修经济学的主要内容。

此外，还有备品配件如何合理地储备，对于设备维修、更新、改造等的技术经济分析，旧的零部件如何合理更替使用等，这些当然也是设备维修经济学的题中应有之义。有关这方面的问题在成书时应有所介绍。

（五）几个特点

由以上所述可见，技术管理与经济管理如此地紧密结合，无论是美国的 PM，还是英国的设备综合工程学、日本的 TPM，以及苏联的计划预修制，至少在这些文献资料上还没有看到过，这是第一个特点；第二，从零部件失效分布入手掌握它们的规律性，以此为科学依据进行更有效的技术管理和经济管理；第三，这里所进行的一切工作都是定量的，有科学依据的，这也是其他设备维修管理模式所不及的；第四，运用各种科学管理方法对各项技术经济措施的效用进行运筹与控制。

要实施这一套新的管理模式，首先要建立严格的零部件失效统计制度，实行严格的统计责任制；对那些不可修复的零部件，更换下来后，要进行剩余寿命分析，作为如何进行合理的更替使用的主要依据，挖掘节省费用的潜力。

对此有兴趣的同志，不妨先对那些不大重要的零部件进行小的实验，在取得经验的基础上再不断扩大应用范围。在当今电脑大量普及的情况下，做这项工作其实也不会有多大难度，关键是要有事业心。我已是古稀之年的人，只能在理论上作些探讨而已，亲自试验已是不可能了，寄希望于广大年轻设备管理人员进行不断的探索与研究，研究出一套有中国特色的设备维修管理模式来。

第三部分 有关设备技术与经济统一性的论文

一、试谈拼设备及其对策

企业实行各种形式的承包制和经济责任制，是在社会主义制度下调动广大职工生产积极性的一种好形式，是真正实行多劳多得按劳分配的一项基本措施。几年来的实践证明，只有这样才能充分调动人们的主观能动性。然而，在生产资料公有制的社会里，实行这种或那种形式的承包制和经济责任制，容易产生只管生产、不管设备的弊端。当前，各企业中拼设备的现象普遍存在，设备管理部门正在大声疾呼制止拼设备，这是设备管理工作在新形势下遇到的新问题。如何解决好这个问题，不单是设备管理部门的事，也是经济管理部门值得认真研究的一个新课题。

（一）对拼设备问题的几点看法

1. 拼设备

所谓拼设备，是指那些使设备长期超负荷运转或该修不修而让设备长期带病运转的做法。至于开足机器马力、提高设备的利用率和负荷率则不能叫拼设备，而是提高生产率的有力措施。分清这两种情况，有利于减少设备管理部门与生产管理部门之间的矛盾。

拼设备的两重性——向优性和向劣性。所谓向优性，是指提高设备的利用率和负荷率。过去，我们有很多设备利用率很低，这是很大的浪费。现在，由于实行了各种形式的生产承包制，工人的生产积极性和设备的利用率都有所提高，它对提高劳动生产率和促进生产的发展都是有利的。

所谓向劣性，是指由于设备磨损加剧，缩短了设备的检修周期或使用寿命，甚至达不到规定的折旧年限。这种情况会造成承包者一时得利而国家蒙受损失。

2. 拼设备不一定都是坏事

这里所说的拼设备，是指以上提到的两种情况都有。一台设备，如果稀稀拉拉地用，可以用上二三十年；如果连续三班开足马力用，可能只用七八年或三五年，从经营观点来看，使用设备要有时间观念。这不仅是科学技术日新月异的需要，资金的时间价值也促使那些聪明的企业家不再拖长设备的折旧时间。用得快、折旧得快、更新得快，这可以说是发展工业的一大法宝。

因此，设备管理部门要树立起一种新的观念，用设备要以赚钱为目的。只要能真正提高企业的经济效益，怎么用都可以。目前，有些设备确是超负荷运转，因而维修工作量和备件消耗量增加，故障增多；但由于超负荷运转，产量也相应提高，利润得以增加。这里的关键，是要看得与失之间谁比谁大。如果得大于失，即使拼设备也是合算的。反之，如果失大于得，那么，这种拼设备是不合算的，应该加以制止。

（二）拼设备问题的对策

现在，很多管设备的同志对于拼设备的问题很担心，但又感到这个问题很难处理。看来，处理拼设备的问题只能因势利导，促进生产的发展。从总体上来说，拼设备并不全是坏事，应该看到它积极的一面，即它的向优性；对于它的向劣性，则要通过改革不合理的规章制度加以克服。

我们的方针应该是：既要管好设备，又要促进生产。途径是：改革不合理的折旧制度；提高管理水平，拿出科学管理的办法；采取相应对策，用经济手段管理经济。

实行各种形式的超产奖和承包制，意味着设备的利用率和负荷率提高，也就是设备的使用年限会相应缩短。因此，相应的提高设备折旧率是合乎情理的。也只有这样，才不至于使国家财产在推行经济承包中遭受不应有的损失。

根据承包制的特点，设备折旧应该采用“递减折旧法”或“按工作量折旧法”。计算工作量（产量）的设备，最好是采用“按工作量折旧法”。

这两种方法都要先确定设备的使用年限，然后计算出各年或单位产品的折旧额。下面分别介绍这两种折旧法。

（1）递减折旧法。这种方法是以预计折旧年限的各年数之和作分母，而以年份的序数按反序作分子计算各年度的折旧率。

例如，某台设备原值为10万元，预计使用10年，试计算各年度的折旧率。

解：分母 $=10+9+8+\cdots+1=55$。分子分别为10、9、8、…、1。第1年的折旧率为：$10\div55=0.18$。第2年和第3年的折旧率分别为0.164和0.145……第10年为0.018。

从以上数字可以看出，第1年的折旧费为第10年的10倍。这是符合劣化规律的。采用这种折旧法时，即使由于拼设备而使设备比预期提早5年报废，这时，设备投资已有72.5%回收，剩下的27.5%可一次性摊入报废当年的成本。这样，可使国家财产不受损失。

采用这种折旧法，可以使承包者从经济利益上来考虑如何合理地使用设备。

（2）按工作量折旧法。这种折旧法是按单位产品计提折旧，即先预计出设备使用年限，然后估计每年和整个使用期内能生产多少产品（或工作量），再计算出单位产品（或工作量）的折旧费。它的计算公式为：

$$\text{单位工作量（产品）折旧费}=\frac{\text{设备原值}-(\text{残值}-\text{清理费})}{\text{预计使用年限内可完成的总工作量}}$$

这种折旧法适用于可以单独计算工作量的设备。如汽车按里程折旧；织布机按千米折旧；轧钢机按吨位折旧；等等。现在承包汽车的很多，按目前的折旧率，承包者当然是占了便宜。若改为工作量折旧法，按里程计算折旧就比较合理。例如，某汽车原值为25000元，预计使用10年，在10年内估计可行驶40万公里。报废时的残值为2210元，清理费为200元，则每公里的折旧费为

0.0575 元。

采用这种折旧法，即使 5 年行驶 40 万公里也可收足折旧费。如果这辆汽车使用 5 年后只行驶了 30 万公里就要报废，那么，还有 10 万公里的折旧费便一次性摊入当年的运输成本。这样，承包者就要受损失。如使用 5 年行驶了 50 万公里，那么，多行驶的 10 万公里便不计提折旧。这时，承包者就会有更大的收益。

以上这些办法都是用经济手段来寻求生产承包和设备管理之间的平衡关系。但是，这些手段仍要与科学管理密切配合。尤其是原始统计数据要准确，这是考核工作的依据。所以，设备管理工作在新的历史条件下，要重视有关原始数据的统计，如无故障工作时间、实动台时、零部件的磨损规律、零部件的平均寿命等。

同时，要严格区分拼设备与提高设备利用率的界限。要明确规定每台设备的最高负荷，不超出这个最高限度。新设备一般都有额定的工作负荷，对旧设备要重新审定其所能承担的最高负荷。这项工作做好了，也可以减少生产部门与设备部门之间的矛盾，使设备管理工作更有效地为生产服务，为提高企业经济效益服务。[①]

二、应用现值法确定设备更新周期

设备更新周期和折旧率是一个问题的两个方面，只要确定了其中的一个，也等于确定了另一个，尽管在实际工作中这两者不可能完全一致，但在理论分析（探讨）这个问题的时候，应该把两者看成是一致的，否则，就不能自圆其说，也说不清楚。

要讲设备折旧率的科学性，可以用一句话来概括：设备的折旧率只能依据合理的更新周期或设备的经济寿命来确定。

这里讲的合理的更新周期，不外乎三层意思：

---

① 此文发表于《设备维修》1985 年第 4 期。

一是我们确定的设备更新周期，要在设备有生之年能使企业生产具有竞争能力，或生产经济效益比较高的产品，这主要着眼于设备的性能和效率。

二是我们所确定的设备更新周期，要使设备一次大修理费用不大于该设备再生产价值的30%左右。或者说，要使设备一生的维修总费用现值不大于该设备当年的购置费（即设备原值）。这主要着眼于设备的维修费用。

三是我们确定的设备更新周期，要使各类（各行业）的设备有不同的折旧年限，或者说，要根据各类设备的制造周期、使用情况等有所区别——大小设备的折旧年限不能“一刀切”。

现分述如下：

设备的效率和性能与设备的使用年限成反比。设备使用年限越长，其效率和性能下降的幅度越大。据上海某工具厂的测算，机床通过第一次大修，其效率下降5%；第二次、第三次和第四次大修，其效率又分别下降5%、15%和15%。通过四次大修的机床，其效率下降到原有的60%左右。这当然不是绝对的，但总的趋势是越修越旧，越修越落后，效率和性能越修越差。

按两班制来计算，机床设备的大修周期一般为6年左右。为保持机床设备应有的效率和性能，或者说，使机床设备的效率和性能不低于新设备的90%，一般机床设备的更新周期不超过两个大修周期（即12年左右）为最佳。其他类型的机电设备，其折旧年限也可根据这个办法（即根据效率下降的幅度）来定。

三、设备资产评估的理论与实践

随着我国经济体制改革的不断深化和市场经济的发展，目前各行业形成了多种经济性质和多种经营方式的新局面，资产产权的变动（如企业实行股份制或合资等）已由过去的无偿调拨变为有价交换。

同时，由于价格政策的放开，企业固定资产的账面值与市场实际价值产生了严重的背离。为了维护资产所有者和经营者各方的利益，也为了使企业转换经营机制和执行新的会计制度，现在有许多企业已进行资产评估，对各类固定资产的重估价值和成新率进行评估。

设备资产的评估是企业资产评估的一项主要内容，而且工作量大，牵涉面广。笔者最近参加了一些企业的资产评估工作，从机器设备评估角度看，有些问题值得进一步研究，如规定使用年限问题，超龄设备的成新率问题，以及尚可使用年限如何确定等。

（一）关于规定使用年限问题

在评估设备成新率时，规定使用年限（折旧年限）是一项主要参数。规定使用年限的长短，直接关系到成新率的高低。这里暂不考虑其他因素对成新率的影响。

现在的问题是，规定的折旧年限有新老两种，即 1985 年颁发的分类折旧年限和最近制订的企业财务会计制度中新的折旧年限。如机器设备的折旧年限，前者平均为 18 年，后者为 12 年。笔者参加评估的几个企业都采用后者，取最高限（即 14 年），这样，无形中降低了设备的成新率。

如某台设备已使用了 10 年，若规定折旧年限分别为 18 年和 14 年，则它的成新率分别为：

$\text{成新率} = (1 - \frac{10}{18}) = 1 - 0.55 = 0.45 = 45\%$；$\text{成新率} = (1 - \frac{10}{14}) = 1 - 0.71 = 0.29 = 29\%$；前者比后者高 16%。

事实上，新的会计制度从 1993 年开始执行，而有的企业仍按老的计提折旧，所以新的折旧年限对设备的新度（净值/原值）未产生影响。故在近一两年内对设备资产进行评估，我认为应该采用 1985 年颁发的分类折旧年限较为公正、合理。

（二）关于超役设备的成新率问题

这里讲的超役设备，是指超过规定折旧年限的设备。这种设备在老企业里占的比重很大，按照当时国家有关部门的规定，对超役设备不再评估，或原则上不予评估，这就等于给老企业削减了一大半财产，对国家和企业均十分不利。

从理论上来说，超役设备的成新率为零，不应进行评估。但事实上，许多超役设备由于连年不断地修理、更换、改造，目前仍具有一定的生产能力，有的还充当主要角色，内在质量相当不错。我们的机器设备，绝大多数是靠不断维修来维持应有的功能，以满足生产的需要。这就是我们的国情，设备资产评估要从这个国情出发。

鉴于这些情况，我们这次在杭州钢铁厂的资产评估中，对目前还在使用的超役设备的成新率大多定为 20%（最低限）；最近几年大修或中修过且技术状况较好的，也有超过 50%的。对于准备报废的超役设备，其成新率均为 5%，即保留一部分残值。

杭钢是 1958 年投产的老企业，大部分设备都是 1973 年前投入使用的，如果对这些超役设备不进行评估，那么，杭钢的设备资产还能剩下多少呢？杭钢现在生产很正常，效益也很好，这还得归功于这些年老而体壮的旧设备。所以，我们的评估也就从这种实际出发，比较公正地处理了一大批超役设备的成新率问题。

（三）超役设备成新率的计算公式

我们对超役设备成新率的计算，通常按下式进行：

$$\text{成新率} = \frac{\text{剩余寿命}}{\text{已使用年限} + \text{剩余寿命}} \times 100\%$$

$$\text{成新率} = \frac{\text{尚可使用年限}}{\text{已使用年限} + \text{尚可使用年限}} \times 100\%$$

这两个计算公式，都不够科学，也很难操作，如超役设备大多已使用 20 年以上，在此期间未经修换的零部件是很少的。因此，对超役设备来说，已使用年限从投入使用时起算就显得不够科学，此外，要确定尚可使用年限或剩余寿命也是相当困难的。按照《资产评估概论》一书中讲的，“固定资产的尚可使用年限，是通过工程技术检测手段，根据磨损程度确定的”。这对少数设备来说，是可以办到的，但面对一个拥有几千或上万台设备的评估单位，都这样做是不可能的，因为机器设备难以停下来进行检测。

我们在实际工作中，大多是在现场与设备使用单位的工程技术人员一起确定成新率的。然后，据以确定或计算尚可使用年限（剩余寿命）就方便了。在大量的设备资产评估中，也只能这样做。

如何更科学地确定超役设备的剩余寿命和已使用年限，冶金部在〔1993〕冶经字第386号文、关于发布《冶金企业资产价值重估办法》（试行）的通知中提出如下计算式：

剩余寿命 = 规定的折旧年限 − 已使用年限

采用“加权”的方法，即：

加权已使用年限 = ∑加权更新成本 ÷ ∑更新成本

加权更新成本 = 已使用年限 × 更新成本

这适合于经过几次更新改造的资产已使用年限的计算。我认为，它也适合于经过几次大修或改造性大修的设备。这个方法比较科学，但对一个原始资料不齐全的企业来说，又是难以计算的。

另外，在剩余寿命计算公式里，超期大修理费与重估后原值的比例需要作些调整或修正，否则，这个比例关系就会失真。也就是说，先要把超期大修理费按某种利率或物价上涨指数换算成现值（指与重估后原值有个相同的时间基点），这样，才能比较真实地反映出当时历次大修的程度。[①]

四、试论用修理周期推算法确定设备的成新率

——与朱火荣同志商榷

摘要：本文首先对朱火荣同志《用磨损方程确定剩余寿命的探讨》一文提出几点看法，然后提出新的成新率评估方法——修理周期推算法。该法从机器设备成新率的本质和机理入手，综合考虑与成新率评估相关的各种因素，将零部件磨

① 此文被选入“中国‘八五’科技成果选”，发表于《中国设备管理》1994年第3期。

损时间化、周期化，以便评估人员操作。

关键词：机器设备；修理周期；间隔期；修理强度；无维修工作时间；大修；中修

《中国设备工程》2003 年第 8 期刊登了朱火荣同志的《用磨损方程确定剩余寿命的探讨》一文（以下简称朱文）。现就几个问题与朱火荣同志商榷。第一，文中讲到“各类固定资产寿命年限国家已有明文规定”。据我所知，国家没有明文规定各类固定资产的寿命年限，只规定了折旧年限。折旧年限与寿命年限是两个不同的概念，不应混淆。交通部在 20 世纪 90 年代中期出台过一个硬性规定，汽车的使用年限一律为 12 年（经济寿命）。但由于各地自然条件和各单位使用状况不同，最终只好取消。第二，朱文中的“寿命年限的估算”共有三种方法，估算出来的都是经济寿命——设备使用到何时更新最合理。而每种方法都需要维持费，包括维修费、动力费、润滑油脂费及操作工的工资等，这种费用很难确定。因此，在实际评估中很少用经济寿命来确定寿命年限，何况这些费用与设备的使用环境、管理水平等诸多因素有关。第三，朱文第二部分讲到“应用磨损方程确定被评估机器设备的主要磨损情况，从而算出剩余寿命，较科学、简便”。我对“较科学、简便”有不同看法。首先，采用磨损方程确定剩余寿命确切地说是很科学而不是较科学，但谈不上简便。因为采用此法需要两组数字，即磨损件的报废标准和实测数据。朱文中讲的计量泵报废标准为 0.15 毫米，而实测其间隙为 0.08 毫米。我们知道，各种零部件磨损极限（报废标准）可以从相关机修手册中找到，但一台设备有多个磨损件，如一台普通车床的磨损件至少有 100 余个，配合间隙至少也有几十个。评估时设备少则几十台，多则成百上千台，收集如此多的报废标准的耗时可想而知。评估时实测零件的磨损间隙更非易事，一是评估人员没有这种实测的技能；二是即使有，也不可能停止生产来拆开实测，只有准备大修时才有必要进行修前的全面技术检查及鉴定。因此，评估人员要实测零部件的磨损情况实在是不简便甚至是不可能的。朱文中举的齿轮泵的例子，因为齿轮泵的大小似西瓜，构造也很简单，只能说是一个辅助件，故缺乏机器设备评估的代表性。总之，这种理论是先进的，但缺乏可操作性。为此，我提出“用修理周期法确定设备成新率”的方法，或称为“修理周期推算法”。

（一）修理周期推算法

机器设备是由各种零部件组成的，它的成新率应是各种零部件新旧程度（磨损状况）的综合体现。设备修理周期的长短实质上就是各种零部件使用寿命长短的反映。评估人员难以掌握零部件的磨损情况，即在现场无法测定零部件的磨损程度（间隙大小），但可以掌握其更换周期（修理周期），再根据零部件的磨损极限或修理尺寸进行磨损状况分析，以此推算出零部件的剩余寿命和成新率。这就是修理周期推算法。

零部件由于所处的位置和作用不同，其磨损程度也不同，这就形成了不同的使用寿命，构成了不同的更换周期（修理周期）。如汽车发动机里的曲轴轴颈，其修理尺寸是 0.25 毫米，即其轴颈磨损到比标准尺寸（50 毫米）少 0.25 毫米时就要送修。如修理周期是 5 年，其每年的磨损量（磨损强度）为 $0.25 \div 5 = 0.05$（毫米）。如评估时此曲轴已使用 3 年，则其剩余寿命还有 2 年，其成新率为 $[(5-3) \div 5] \times 100\% = 40\%$。这 40%是相对于第一个大修周期而言的，因为一根曲轴可以修复若干次。朱文中讲的齿轮泵磨损强度为 0.012 毫米/年，报废标准为 0.15 毫米，则其更换周期为 10 年左右。在这 10 年里无论何时进行评估，只要知道其更换周期（修理周期）为 10 年，就很容易求得它的剩余寿命和成新率，不需要在现场实测磨损程度。这种方法实际上是将零部件的磨损时间化、周期化。

（二）修理周期推算法的基本思路

组成机器设备的零部件具有不同的磨损强度和技术要求，这就构成了不同的修理周期和修理间隔期，机器设备的成新率也就随之变化。这从理论上解析了机器设备成新率的实质和变化机理。由此可知，设备成新率主要取决于以下三大因素。

1. 修理周期结构

机器设备是靠不断的维修维持其应有的性能和成新率，因此其成新率也完全取决于修理。修理的类别有大修、中修、项修和小修。通过大修可以恢复其应有的功能和精度，成新率也会相应提高，有的大修可以恢复如新。但大修周期比较长，一般通用设备的大修周期为 6~8 年，易损件较多的更换周期是 2~3 年或更短。这就需要在两次大修中间安排 2~3 次中修。易损件更换周期更短的，如半年或一年，就需要通过小修来解决。这样就形成了一个比较合理的修理周期结构，使各种磨损件能及时更换，确保机器设备正常运行，也能使设备的技术性能和成新率保持在符合工艺要求的水平。有的企业取消大修，以增加若干次项修或中修来代替大修，就是采用化整为零的维修方式，但在一个大修周期内维修工作总量是不变的。

2. 修理强度

同一台设备，大修、中修、项修和小修的修理工作量是不同的。如第二次大修的工作量一定比第一次大，费用也高，因为需要更换的零部件比第一次多，故其修理强度也大；中修或项修的修理强度则完全取决于当时需要更换的零部件的多少。所以，机器设备的成新率与各类修理的修理强度关系密切。表示修理强度的指标是修理工作量或修理费用；工作量的大小与平均定额相比较，修理费用高低与重置价格相比较。如一次修理费用相当于重置价格的 50%左右，说明修理强度很大。

3. 无维修工作时间

无维修工作时间是指前后两次修理间隔的时间。如小修与小修、中修与小修、大修与小修之间的间隔时间。这种间隔时间越长，无维修工作时间越长，零部件磨损状况越严重，成新率就越低；反之，成新率就越高。

此外，管理方面的因素也会直接影响成新率。如操作不当、润滑不良、精机粗用以及超负荷运行等都会加剧零部件的磨损，引起机器设备成新率的变化。

（三）推算过程的若干假设

机器设备成新率的评估不像评估零部件那么简单，除需要综合考虑以上因素外，还要有若干种假设，才能进行分析、推算和评估。这些假设以某些经验数据为基础，而非任意设定。

1. 大修前成新率的假设

修理费用是对机器设备有形磨损的补偿，磨损多少，补偿多少。大修理费用是对设备进行一次全面、彻底补偿的价值表现。资料显示，第一次大修理费约相当于原值的30%，第二次约相当于原值的40%，每次递增约10%。即第一次大修时的有形磨损约为30%，第二次约为40%；相应的成新率分别为70%和60%。这是从总体上设定的，由于机器设备的类型和工作性质等因素不同，在具体评估时需酌情而定。为了说明问题，这里引用由郑国伟、文德邦主编的《设备管理与维修工作手册》第351页中的一段话："在正常情况下，同型号规格的设备随着使用年限的增加，其大修工作量也相应增加；即对于同一台设备，第二次大修的工作量要比第一次大修时大些。因此，有的企业对此采用以下调整系数：按平均修理工作量定额，第一次大修取0.9~0.95、第二次大修取1.0~1.05、第三次大修取1.1~1.2（可供参考）。"由此可见，这组修正系数也正好是每次递增约10%。

2. 大修后成新率的假设

按过去的要求，大修后的验收标准是"复旧如新"，即各方面的要求与新设备一样，但受各种条件的限制又不可能，所以，第一次大修后的成新率一般为90%~95%，精度要求高的设备取高限；第二次大修后的成新率一般为85%~90%，总的倾向是递减的。从这两种假设也可看出，大修后成新率可提高25%~35%。

3. 各种修理类别工作量之比的假设

据资料介绍，中修、项修、小修的工作量分别为大修的50%、30%和15%~20%。[①] 这是按过去比较完整的修理周期结构而言的，仅供参考。设定这种比例是为了便于对中修或项修后的设备酌情确定成新率。这并非绝对，如项修的范围就难以确定，修理一个、两个或三个项目都叫项修，且项目有大有小。最简便的方法是看工作量和修理费用，修理费用的高低可以直接反映有形磨损的程度，可以此判断成新率的变化。

（四）操作举例

（1）了解修理周期结构。较正规的企业一般都有设备的大修理周期和中、小修间隔期，也有用项修（针对性修理）代替中修的。二班制工作的通用设备的大

---

① 见《李东陆设备管理论文集》第133页。

修理周期一般在 6~7 年，中修一般两年一次，小修约半年一次。这种修理周期结构也可表示为 1，2，9。即 1 次大修，2 次中修，9 次小修。可据设备的不同情况而定，这里仅是举例而已。没有完整修理周期结构的企业，可以了解其修理间隔期，如两次中修或项修之间的间隔。

（2）了解被评估设备最近一两次的修理类别，如大修、中修、项修（小修可不考虑）主要零部件的修理和更换情况，要与设备管理和维修人员紧密合作，特别要依靠车间一级的设备管理人员。

（3）详察运行情况，如运行环境、使用情况、维护保养、有无重大故障等。

如某大型精密车床第一次大修后离评估时刚好一年（大修前已经使用了 7 年），其间未作任何修理，各方面的情况都比较好，能满足工艺要求，欲确定其成新率。首先，评估人员需要考虑该设备是大型精密车床，大修后的工作精度和性能肯定接近新设备的水平；但按一般规律，第一次大修后性能要下降约 5%，即大修后的成新率可以看作 95%。其次，要考虑这一年其成新率下降了多少。该设备的大修周期是 7 年（大修前已使用了 7 年），说明其主要零部件的使用寿命在 7 年左右，大修后只使用了 1 年。所以，其成新率应接近 90%。这也与《资产评估》书中讲的"机器设备成新率评估参考表"第二项"较新设备"的成新率最高取值（89%）相符。

如该设备第一次大修后已使用了 3 年，一年前进行了一次中修，现在的技术、性能和精度仍比较好，这时的成新率应如何评估？初步推算其成新率已降至 90%左右。推算方法是：$70\% + [(95\% - 70\%) \div 7] \times 4 = 70\% + 14\% = 84\%$。这里的 70%是设定大修前的成新率。即大修时有形磨损约为 30%，相应成新率为 70%；$(95\% - 70\%) \div 7 = 3.5\%$是将大修后成新率提高的 25%按 7（年）平分，平均每年降低约 3.5%，现在已使用了 3 年，已更换的主要零部件离下次大修还有 4 年时间，即 $(7 - 3) \times 25\% \div 7 = 14\%$；一年前的中修可以提高设备精度，成新率也因此有所提高。中修的成新率可按提高 10%~15%考虑，中修后又使用了一年，再加上大修时没有更换的零部件也有所磨损，所以，这里可折合为 5%，此时的成新率可以定为 $84\% + 5\% = 89\%$，取 90%。前文讲的使用一年后的成新率为 90%，也是通过此方法算出来的，即 $70\% + (25\% - 3.5\%) = 70\% + 21.5\% = 91.5\%$，取 90%。如果采用使用年限法评估，使用 10 年的设备则评不到这么高。这就是此法的客观性。

有的企业没有完整的修理周期结构，如冶金、水泥等流程工业，大多采用季节性修理。我们只要掌握其修理周期，仍可按此进行分析评估。如冶金行业的设备修理大多在年底进行，即在完成全年生产任务后的 12 月进行全厂性的设备大检修，平时只是一般性的维修保养以维持正常的生产秩序。经过一年一度的大检修后，其设备性能基本可恢复到原设计能力的 85%左右。再经近 11 个月的连续使用，其性能又降到 50%左右。机器设备的成新率在一定的年限内也总在 50%~85%变化。对冶金企业来说，年底大检修前的设备成新率不应低于 50%，否则就难以维持正常的生产秩序及保证产品的产量和质量。通过这种分析，我们就不难确定成新率。如在 6 月进行资产评估，离年底检修还有 5 个多月（修理周期的一半），成新率大约降低了 15%，此时的成新率可初步定在 67%，再结合实际使用情况作适当调整，如调整到 70%左右就比较合适。这种一年全面检修一次的设备，其成新率下降的幅度可以这样推算：每月下降的幅度 = 35% ÷ 11 ≈ 3%。这样，不管在哪个月评估都可以推算出初步的成新率。①

五、不要贬低设备原样更新的经济价值

现在对设备更新的含义有两种解释：第一种是用相同或类似的新设备来替换原有的旧设备。这叫作“原样更新”；第二种是用技术上先进的新型设备来替换技术上落后的旧设备。这叫作“技术更新”。

现在不管哪篇文章哪本论著，一提到设备更新，总是说技术更新的重要性，并强调要搞技术更新，而不要再搞原样更新。也有的说，应以技术更新为主，尽量不要搞原样更新。总之，都强调技术更新，把技术更新放在首位。

---

① 此文发表于《中国设备管理》2004 年第 1 期。

从总体上来说，或从长远观点来看，不搞技术更新是不行的，这是毫无疑义的，不搞技术更新，就难以实现工业自身的现代化。但在目前情况下，强调以技术更新为主，是否切合当前的国情，是否有利于加快原有老旧设备的更新速度？我认为是值得研究的。现在的确有很多企业想搞技术更新，没有先进设备就不更新，宁愿继续使用老旧设备。这种带有倾向性的问题，我认为有关领导部门要认真研究，否则，会影响当前经济建设的速度，也不利于提高企业的经济效益。

（一）当前的现实

（1）目前各厂矿企业使用的各类机电设备，绝大部分是20世纪五六十年代投产的，它们的役龄都在15年以上。这些老旧设备实际上都到了更新期。这就是说，目前我国已进入了大规模设备更新的时期，如不加快这些老旧设备的更新，势必会影响到整个国民经济的发展速度。但这些设备都要进行技术更新，国家能拿得出这么多的先进的新型设备吗？即使分10年更新完毕，也是不可设想的。就拿机床设备来说，现在全国各类机床设备拥有量约为300万台，如每年按5%的速度更新，也需要15万台先进的新型机床。而目前全国机床年产量还不到15万台，具有20世纪七八十年代水平的先进的新型机床即使占10%的话，也不到1.5万台。由此可见，供需矛盾之大。如果都要这10%的先进设备，那还有90%的20世纪五六十年代投产的机床又怎么办？难道叫这些生产厂关门吗？

机床设备如此，其他机电设备也好不了多少。从现行的各类机电设备的产品目录来看，绝大部分还是20世纪五六十年代的产品。这是最大的现实问题。

（2）目前大部分厂矿企业的劳动力都有富余，企业通过整顿后，多余的劳动力很难安排。如果企业再增加先进的自动化程度较高的设备，那么，多余劳动力的安排会更加困难。

再说，目前厂矿企业使用的技术不大先进的，或者技术比较落后的设备，正像钳工师傅的榔头一样，虽则是落后的劳动工具，但在今后一段较长的历史时期内还是需要的。就机械厂来说，大量的机械加工任务主要是靠普通机床来完成的。那些线切割机床、数控机床和高精度机床的加工量毕竟是少数。就目前情况来看，厂矿企业对生产设备自动化程度的要求并不很迫切，原因在于人多任务少。

总之，设备更新应当充分考虑我国目前需要更新的设备多和需要就业的人员多这两大现实。

（二）不要贬低原样更新的经济价值

农民用的锄头和犁耙，用旧了不能用时，照样买同样的锄头和犁耙，年年如此，代代如此。这是最典型的原样更新。锄头和犁耙虽属于落后的劳动工具，但在我们国家里，今后几十年内还是少不了它。可见这种原样更新的经济价值。当然，有条件用拖拉机的地方应该采用拖拉机，这是不矛盾的。

在工业生产中也一样，有条件采用先进的新型设备当然是好事，但没有条件采用先进的新型设备时，我们不应禁忌原样更新。我们应当从实际情况出发，按经济原则，或者说，以生产经营的观点来认识及时进行原样更新的经济价值。我们不妨从微观经济的角度来分析一下这种价值的大小。

（1）先拿设备维修费用来说，即使用完全相同的新设备时，新设备的维修工作量也比旧设备少，停机检修损失少，维修费用也低。根据目前有些企业维修费用统计数字来看，很多老旧设备的大修费用一般为设备原值的 50%~60%，高的达 80%~90%，还有更高的。中小修费用也很可观。据初步匡算，使用 20 年左右的设备一般都需经过 3 次大修，加上中小修理费用，平均每年的维修费相当于设备原值的 15%左右。使用同样的新设备，其平均每年的维修费不会超过原值的 5%（指在三五年之内）。如原值为 10 万元的 10 台设备，已使用了 20 多年还不及时更新，仅是维修费用一项每年就要多支付 1 万元左右。假如推迟 5 年再更新，就要多支付 5 万元的维修费；如按 15%的资金利润率来计算，就相当于损失 6.7 万元（按年金为 1 万元计算它的终值）。

（2）从设备的效率来说，设备使用年限越长，效率越低，不管何种机电设备都不例外。一般使用 20 多年的机床设备至少要经过三次大修（两班制），它的效率至少要降低 20%左右。假如一台新机床每年所提供的产值平均按 5 万元计算，那么，使用 20 年左右的机床只能提供 4 万元的产值，使用 10 台旧机床每年就要损失 10 万元，按 15%的资金利润率计算，推迟 5 年更新就要损失 67 万元（按年金为 10 万元计算它的终值）。

（3）再从修理工作量来说，新设备的修理工作量总要比旧设备少。一台新设备在三五年之内的修理工作量与已使用20来年的旧设备相比，一般要节省2/3左右。所以，现在有些企业由于这几年加快了老旧设备更新，大修工作量和一般维修工作量都有大幅度减少，因而不仅节约了大量的维修费用，同时还将维修工人充入生产第一线扩大产品生产，从而使企业取得更好的经济效益。

一般来说，机修工人的劳动生产率总比第一线的生产工人低。如上海柴油机厂，生产工人的劳动生产率为1.35万元/人·年，而机修工人只有0.384万元/人·年。上海机电一局系统平均劳动生产率为1.949万元/人·年，而机修工人的劳动生产率仅为生产工人的20%~25%。目前各厂矿企业从事设备维修的工人占直接生产工人的8%~15%。如有1000名直接生产工人的企业，维修工人要占80~150名。如果将2/3充入生产第一线从事产品生产，按照生产工人的劳动生产率，企业每年就可以增加55万~100万元的产值。

据笔者所知，如温州冶金机械厂、嘉兴冶金机械厂和苏州长风机械厂，这三个厂都由于近几年加快了老旧设备更新，设备维修工作量大幅度减少，它们将一部分机修工人充入生产第一线后，都不同程度地增加了企业的盈利。

温州冶金机械厂1979~1983年共更新设备283台（包括一部分新增的设备），占全厂设备总台数的46%左右。全厂设备平均役龄从1979年的14.1年缩短到1983年底的9.13年，因而设备的技术状况发生了根本的转变，维修工作量大幅度下降，大修费从1980年的30多万元降低到1983年的6万元。它们的方针是减少大修，增加更新，提高企业技术装备的素质。由于新设备大量增加，老设备越来越少，维修工作量也逐年减少，它们现在将原来的机修车间撤销，新建了一个通用车间，以增加新产品开发。但该厂这几年所更新的设备并不都是先进的新型设备，绝大部分还是20世纪五六十年代的老产品，如新设备中比例最大的是CW6140型车床。这种车床在1974年编的产品目录就有。这种车床的加工范围完全与C620车床一样，但质量较好，受用户欢迎。

设备更新无论何时何地都应以及时、实用为原则，要从本企业的实际情况出发选择设备更新的方案，在目前先进的新型设备不多的情况下，更不应该禁忌原样更新。如用CW6140型车床来替换原来的C620车床，应该说还是属于原样更新一类的（我这里说的原样更新并不是非要与原来的设备一模一样。用 20 世纪五六十年代的设备来替换原有的旧设备都应该说是原样更新）。如能及时地进行原样更新，它照样会给你的企业带来比继续使用旧设备更多的盈利。

例如当受多数用户欢迎的 CW6140 型车床订购不到时，如用完全一样的 C620 车床来替换原来已使用二十多年的 C620 旧车床，在经济上也不一定会吃亏多少。我们不妨算笔账：从产品目录中可知，这两种车床的主电机功率都是 4 千瓦，这说明它们的生产能力是差不多的。CW6140 车床的价格是 9800 元，而 C620 车床的价格是 5300 元，相差 4500 元。也就是说，购 C620 新车床来替换旧的 C620 车床可以节省 4500 元的设备投资。或者说，购买一台 CW6140 车床的钱差不多可以购买 2 台 C620 车床。2 台 C620 的新车床难道会比一台 CW6140 车床的经济效益差吗？同时还可以多安排一个劳动力（这在目前是一个非常突出的问题），有利于发展劳动密集型的企业。

所以说，C620 车床的更新问题，也不一定都要选择 CW6140 型的，如果 C620 已能满足生产工艺的要求，何必非要等 CW6140 型的车床呢？尤其是用于一般机械加工或维修的车床，更没有必要，也不值得去争现在难以订购的 CW6140 型的车床。如果从生产经营的观点来看待这种问题，当前设备更新的矛盾就可能会少一些。机床设备有这种情况，其他机电设备也是大同小异。先进的新设备总是少数，不看到这个现实，盲目在那里等待用先进的新型设备来更新，也许会弊多利少。

在目前情况下，大中小型企业的设备更新问题，也应有所区别。大型企业的技术装备水平代表一个国家的工业水平，先进的新设备首先应满足这些企业的需要。大量的中小型企业的设备更新应以一般性的设备为主。只有这样，才能既促进机械制造业的生产，又能使中小型企业的老旧设备逐年得到更新。在目前，我们应当提出对各方都有利的设备更新方针，把长远的观点与当前的现实紧密地结合起来，使国民经济继续沿着良性的轨道发展。

六、以科学发展观统领设备管理

摘要：在市场经济条件下，设备管理只有以科学发展观为统领，适时地更新落后的、超龄的设备，才能节省维修资源，提高技术装备现代化水平，增强企业的竞争能力；同时也能为社会提供更多的废旧钢铁，少开采矿山资源，走可持续发展之路。

关键词：科学发展观；可持续发展；设备更新；废旧钢铁；矿山资源

党的十六大和十六届三中全会提出“树立全面、协调、可持续的科学发展观”的战略理念，这是我国实现全面建设小康社会宏伟目标的重大举措。这一举措的核心是突出重视资源和生态环境，增强可持续发展的能力。现在各行各业都在制定和落实科学发展观的具体计划和措施，设备管理在这方面也应有所作为，而且潜力很大——直接与科学发展观有内在联系的是设备的维修与更新决策及二手设备市场的管理问题。

2002 年 4 月 18 日《中国冶金报》刊登了一篇名为《30 年后钢厂“吃”什么?》的文章。文中说：“在针对我国钢铁工业可持续发展的研究时，矿业专家们发出警告：按我国铁矿现在开采的速度，在没有新矿源的情况下，现有储量能够维持开采 30 年，远景储量可开采 50 年。据来自地矿部门的调查，在全国 426 个以矿业为主导的城市中，黑色金属矿山城市 38 座，都将面临资源短缺。我国近来每年都要进口 7000~8000 吨铁矿石。目前每年全社会回收废钢 3000 万吨，缺口 700 万~800 万吨……”

矿石是不可再生的资源，挖一吨少一吨，现在很多矿山都早已挖空了，这样下去我们的子孙后代吃什么？可能有的读者会说，这与设备管理有何关系？应该说不仅有直接的关系，而且关系还很大！

如文中说的全社会回收的废钢每年缺口 700 万~800 万吨，这就与设备管理有关了。全社会的废钢铁从哪里来？其来源之一是各厂矿企业每年更新报废的机器设备。如果我们的观念不更新，“穿新鞋走老路”，即新三年，旧三年，修修补补又三年，那么报废的机器设备又从何来？总不更新旧设备，废钢铁来源就少了。

这里讲的“穿新鞋”是指国务院〔1985〕63号文件《国有企业固定资产折旧试行条例》（以下简称《条例》）中附的《企业固定资产分类折旧年限表》，表中的机械设备的折旧年限为10~14年。这个《条例》现在大家都在执行，机械设备的折旧年限从原来的二十多年缩短到现在的10~14年。折旧基金是按这个新规定提取的，问题是设备更新周期是否相应地缩短了。如果没有就是“穿新鞋”走老路。笔者提倡提高设备折旧率，缩短设备更新周期。这样有很多好处。

1982年笔者在《世界经济导报》上发表了一篇题为《让重工业为主的整个工业充满活力》的文章，其中心思想是如何提高设备折旧率，相应缩短设备使用年限，加速老旧设备更新，提高生产资料消费水平。这既能解决机械工业饥不择食问题，又能带动重工业的发展，同时也能提高工厂企业机器设备的技术性能，减少设备故障，节省维修费用。更换下来的老旧设备又能增加废旧钢铁回收，减少矿山开采，节约炼钢成本等，是一举多得的大好事，是在走可持续发展的科学发展道路。

现在企业里有不少超龄服役的设备。笔者上面讲的潜力还很大，道理就在于此。该更新的不及时更新，该报废的不及时报废，不仅浪费了大量的维修资源，直接影响到生产效率，也使国家因废钢资源不足多挖了不可再生的矿山资源或多进口矿石。这就是摆在设备管理面前的很现实的问题。

从企业角度来说，没有及时更新落后的、超龄的设备总有各种原因，但从科学发展观的战略高度来说，企业设备管理也要从大局考虑，为子孙后代着想，如每个企业一年内多更新报废几台旧设备，全国的废钢铁储量就会大量地增加。在我前面提到的文章中估算了一笔账，按当时全国固定资产总额估算，机电设备约占60%，其中机械设备大约占50%。按当时新设备价格平均5000元/吨估算，全国约有6000万吨机械设备。如果平均按12年更新一次，全国每年就有500万吨废旧钢铁，相当于当时鞍钢的年产量。时间已过去了二十多年，这个数字肯定已远远不止500万吨了。

如果厂矿企业都能按现行的《企业固定资产分类折旧年限表》及时更新老旧设备，加速老旧设备更新，提高生产资料消费水平，既能提高工厂企业机器设备的技术性能，减少设备故障，节省维修费用，又能将更换下来的老旧设备变成钢铁的主要炉料，变成新的钢铁，制造新的设备。这样循环往复就是重复利用矿山资源的最佳途径，既能降低生产成本，又能缩短生产周期。对设备管理而言，这就是实实在在地走可持续发展之路。在市场经济条件下，设备管理也只有以科学发展观为统领，适时更换老旧设备，才能增强企业的竞争能力。

此外，从宏观角度来说，二手设备市场也应属设备管理范围。二手设备市场的形成有其历史原因，但也有“修修补补又三年”的传统观念在起作用。在强调可持续发展的科学发展观的今天，二手设备市场是否值得继续存在就值得讨论了。但作为大中型企业的设备管理人员对这个问题的态度应该是既不要让本企业的旧设备流入二手设备市场，也不要到二手设备市场购置旧设备。这也是设备管理能否真正落实科学发展观的一个分水岭。[①]

七、试谈我国设备管理现代化的理论基础

我国现代化设备管理的理论基础是什么？这是 1988 年第二次全国设备管理现代化研讨会上的研讨题目之一。当时多数代表认为设备综合工程学应是我国设备管理现代化的理论基础，但我在会上力排众议，不赞同把《设备综合工程学》这本书作为我国设备管理现代化的理论基础，并提出了自己的建议。

我认为，弄清这个问题很重要，特别是对培训设备管理人才，提高理论水平极为重要。因此，我们要科学地分析理论基础一词的含义与作用，区分它与管理理论和管理模式有何不同。下面就我国设备管理现代化的理论基础问题谈几点看法。

---

① 此文发表于《中国设备管理》2005 年第 5 期。

（一）理论基础的含义

作为应用科学的理论基础，实质上就是以研究和揭示某一客观规律为主要内容的基础理论。如可靠性工程的理论基础是概率论与统计学；苏联计划预修制的理论基础是摩擦学；等等。苏联的波烈索夫在《设备修理和技术维护的组织》一书中讲到定期修理制度的理论基础时说，"为了使计划预修制度达到高的经济效果，它必须以决定设备修理的需要量、计划修理的工作量及其特性的各项现存规律作为基础"，并提出了定期修理制度理论基础的五项基本原理。

我们知道，实践的需要是系统工程产生的动力，而各种系统理论的出现，为系统工程的发展提供了理论基础。如运筹学、控制论、信息化、系统理论等都是系统工程的理论基础。

大系统理论也以控制论、信息论、微电子学、社会经济学、生物生态学和运筹学等为理论基础（见《现代管理科学词库》）。这些基础理论都是研究某种自然规律和社会经济规律的。如控制论是研究动物（包括人类）和机器内部的控制器和通信的一般规律的理论科学；信息论是研究信息传输和信息处理系统一般规律的科学。

总之，只有研究和揭示某种客观规律的科学，才能为某种新科学提供理论基础。我认为这是理论基础的含义。

（二）设备综合工程学可否作为理论基础

对于这个问题我是持否定态度的。理由是：

（1）设备综合工程学产生和发展的历史不长，目前还尚未形成比较完整的系统理论。中岛清一在《设备综合工程学》一书的前言中说："设备综合工程学并不是已经完备的工程学，尚处于发展阶段。"

设备综合工程学的引进，无疑对我国设备管理制度的改革已经产生并将继续产生影响，但是不能认为它就是我国设备管理现代化的理论基础。

（2）马仪同志在 1982 年天津会议上讲过"参照设备综合工程学的观点，作为改革我国设备管理制度的方向是可行的……"他也只提"参照设备综合工程学的观点”，而没有把它提升到理论基础的高度。

根据我的学习体会，设备综合工程学是针对使用现代化设备遇到的新问题，继承了设备工程的成果，汲取了现代管理理论并综合了现代科学技术的新成就发展起来的一门新兴科学。尽管如此，也不能把设备综合工程学作为我国设备管理现代化的理论基础，这是因为理论基础与管理理论、管理模式的含义是有区别的。有的同志认为设备综合工程学是我国设备管理现代化的理论基础，主要是没有严格区分它们之间的不同含义。

（3）中岛清一在《设备综合工程学》一书中说，设备综合工程学集中体现在五点。其第一点明确了目的，其余的是管理的方法和规定了教育训练的途径，没有谈到什么规律性的东西，也没有涉及什么基本原理。

（三）我国设备管理现代化的理论基础

设备管理现代化，主要体现在管理思想（理论）、管理组织、管理方法、管理手段和管理人才五个方面的现代化。这些现代化涉及很多科学领域。所以，其理论基础也应是多学科的，任何一门科学理论都囊括不了这个基础。

研究什么是设备管理现代化的理论基础，要从分析设备一生和设备管理工作中的规律性着手，然后寻找哪些科学足以阐明这些规律。这些科学应当成为我们推动设备管理现代化的理论基础。用这些坚实的理论与我国设备管理的实践相结合，建立起来的现代设备管理将有无限的生命力。

1. 现代设备管理维修工作的规律性

（1）维修方面的规律性：任何一台设备，在正常条件下工作，其修理工作总量实际上是稳定的，最佳的修理间隔期客观上是存在的，按照这种间隔期进行修理，一定条件下是最经济的维修方式。工业设备的维修，必须研究这种规律。

（2）经济方面的规律性：在设备使用过程中，有关费用的支出，从经济角度来说，最佳的活动方案客观上是存在的。提高设备管理的经济性，这是现代设备管理追求的一个主要目标，也是商品经济时代对设备管理的基本要求。新技术、新方法的应用一方面受到经济的制约，另一方面必将影响到经济性。当前国际上研究 LCC 的经济性是一个重大课题。

（3）技术方面的规律性：在用设备的失效或故障总是客观存在或在所难免的。如何采用新技术、新工艺改造设备，延长设备的使用寿命或减少故障、提高效能又是设备管理本身的内在动力。生产不同产品对设备的技术要求也不同。

（4）管理方面的规律性：要保持现代化设备的正常功能和提高设备的综合效率，客观上就要求有关学科和部门之间共同配合，密切联系。制造与使用相结合，如果搞得不好，先天不足，“后遗症”一大堆，用户将吃尽苦头，这是实际经验总结出来的一条规律；设备管理人员的素质决定着设备管理水平，但以公有制为基础的固定资产管理的好坏，与“吃大锅饭”的职工群众没有直接利害关系，因此他们一般不关心、不爱护机器设备。

2. 现代设备管理的理论基础

按照以上提到的这些规律，作为现代设备管理的主要理论基础似应包括下列学科：

（1）摩擦学（或叫摩擦技术）：它是研究相对运动接触面的摩擦、磨损和故障的减少，以及研究适当润滑的一门综合性科学技术。对于流程工业的设备管理来说，应当研究这门科学的实用价值。掌握磨损规律和润滑理论，对于设备管理来说是至关重要的基本功。

中岛清一在《设备综合工程学》一书中说：“设备综合工程学这个新词汇的产生，完全是因为摩擦技术这个词汇取得成果而促成的。可以说，摩擦技术是设备综合工程学的先驱。”传统设备管理也好，现代设备管理也好，设备维修总是一个重头戏。从这一点来说，为了提高设备的有效利用率和设备维修的经济性，摩擦学应该成为现代设备管理维修的理论基础。对于流程工业的设备管理和严格执行计划预修的设备，磨损规律应是最基本的理论基础。

（2）工程经济学和管理经济学：它们是研究工程项目的经济性问题，即按经济准则选择工程项目的最佳方案的科学。这里讲的工程项目是广义的，它可以指一个工厂、车间，也可以是一项技术革新或改造计划，还可以是一台设备，甚至设备中某一零部件的更换方案等。

在设备一生的各个环节上都有费用的支出，如何使其经济、合理，求得最佳的决策方案，管理经济学和工程经济学既可以为理论研究者提供理论和方法，也可以为经营决策的各部门（如工程、计划、销售、财务、生产、设备和行政等部门）提供交流意见的共同基础。它们应该成为现代设备管理的主要理论基础。

（3）可靠性工程学：它是对设备或系统进行可靠性分析、故障预测与控制的一门实用性新学科。以可靠性为中心的维修思想的形成，对提高设备有效利用率、降低维修费用、延长使用寿命和保证设备安全运行等都具有重要的意义。

可靠性工程与设备维修管理关系更为密切。它对机械设备的主要维修方式以及确定其最佳维修周期和平均寿命等都有系统的论述。因此，可以认为，可靠性工程是现代设备管理维修的理论基础之一。

（4）系统论（系统工程）：它是以系统为研究对象，把要研究和管理的对象视为系统，进而采用系统工程的理论和方法，从制造和使用的全过程上求得系统（设备）技术上先进、经济上合理、时间上最省的最佳效果。

设备管理涉及的面很广，既有技术、经济、管理方面的问题，也有人际关系问题；既有厂内和厂外问题，又有前期管理和后期管理的问题；等等。系统工程的理论与方法为我们有效地解决这些问题提供了有利的工具。因此，系统工程应该成为现代设备管理（综合管理）的重要理论基础。

（5）管理工程学：它是研究管理的共同观点和方法的科学。它既研究对物的管理，也研究对人的管理。总之，它围绕着生产经营的各个领域的各种管理都有所论述，是现代设备管理不可缺少的理论基础。

如何提高人们对机器设备的关切度，是设备管理的一个特殊问题。在实行企业承包制后，这个矛盾更加突出。解决这个问题，还得要研究人们的心理状态。所以说，行为科学在现代设备管理中也是必须研究的一门管理科学。

总之，我认为我国设备管理现代化的理论基础应是多学科的，立论观点是否可取，有待大家讨论。①

---

① 此文发表于《中国设备管理》1989 年第 3 期，后被评为一等奖。

八、加速设备更新，应对“入世”挑战

设备更新周期的长短，事关民族工业的兴衰。这是我从事设备工作几十年来得出的一个结论。加入世贸组织之后，我国的传统工业已到了最危险的时候，我们必须要有相应的对策。在这方面，我在 20 年前提出的主张，仍有一定的现实意义。

20 年前（1982 年 2 月 12 日），《世界经济导报》在第一版有这样一句话：“浙江读者陈后宋提出，缩短设备更新周期，相应提高折旧率，不但可以降低生产成本，增加财政收入，更是促进机械工业和重工业健康发展的上乘之策。”我这篇文章的题目是《让重工业为主的整个工业充满活力》（刊登在第 5 版），并有按语——“缩短设备更新周期，提高设备折旧率，将会出现生产资料的高消费。这种高消费是一件好事，将会使以重工业为主的整个工业充满活力，将会使生产技术不断更新换代，因而对国民经济的发展具有战略意义。希望探讨妥善的方案，为此开放前进的绿灯！”这篇论文于 2001 年入选《中国当代思想宝库》。1981 年由财政部主办的《信访摘报》第 11 期，全文刊登我的建议《加速企业设备更新，提高生产资料消费水平》。1984 年 《财会通讯》也刊登了我的一篇论文《必须改造落后的折旧观》，此文获优秀论文奖。

这三篇文章，可称为我在设备经济管理方面的“理论创新”，因为我这个观点与传统的折旧观念完全相反。传统的折旧观认为，提高固定资产折旧率，会增加生产成本，减少利润，影响财政收入。这对房屋折旧来说是对的；但对机器设备来说，就不一定正确。因为机器设备既是“生产者”，又是“消费者”。机器设备越是老旧，消费也就越高。我国设备的折旧年限，在 1985 年以前一直是二十多年，实际使用年限还有比这更长的：用了修，修了用，一直修到不能修为止，它一生的维修费用相当于其原值的五六倍。这都是有据可查的。欣喜的是，1985 年国家颁发了新的折旧条例，如通用设备从原来的二十多年一下子缩短了一半

（12~14 年）。

我写这些文章的初衷，并不单纯是主张缩短折旧年限，更重要的是缩短设备的更新周期，提高企业经济效益，促进工业的健康发展。现在我之所以要重提这个问题，是因为现在设备的折旧年限虽然缩短了一半，但在企业里并不完全是按折旧年限更新设备：有的照样在那里修了用，用了修，维修费用降不下来。这样，势必要增加生产成本，也难以应对“入世”后的挑战。我的理论立足点在于，在缩短折旧年限的同时，要缩短更新周期。这样，可以用节省下来的维修费用去平衡增加的折旧额，甚至会超过所增加的折旧额。这就是提高设备折旧率，相应缩短设备使用年限，不会增加生产成本的道理所在。

在 20 世纪 80 年代初期，我发现很多机械厂饥不择食，而同时，工厂企业里使用的大多是老旧设备，故障多，效率低，维修费用高。这也是造成我国产品高成本的一大原因。我的这个新论点（理论）就是在这种历史背景下形成的。时间已过了 20 年，时代在进步，情况在变化，但我的论点（理论）仍然具有现实意义：机械工业虽走出低谷，但近几年，有的还是在出让厂区的土地（有的连厂房也一起转让），规模越来越小，从根本上说还没有复苏；钢铁产量供过于求，库存大量积压；下岗工人越来越多，政府压力越来越大；“入世”后市场竞争越来越激烈，传统工业受到极大的挑战。这些都促使我重提这个理论。

这里先拿穿衣服打个比喻：过去中国人的习惯是：新三年，旧三年，缝缝补补又三年。那时根本就谈不上什么服装工业。现在大人、小孩年年穿新衣服，而且讲究穿得舒服、穿得好看；有的年轻人，特别是年轻的女同胞们，观念更新得更快——式样、款式略微有点不满意的衣服就换新的。我国的服装工业之所以有今天这样的蓬勃发展，还不是靠人们穿着观念的转变？当时我之所以向国家有关部门提出建议，《加快设备更新，提高生产资料消费水平》，用意就在于使我国的整个工业充满活力。因为那时的国民经济调整，很多工业都处于极度萎缩状态，日子很难过。如冶金机械厂在那里生产纺织机，而且都是小批量生产，成本很高，效益很差。这实在是无奈之举！

今天，如果我们的工厂企业将设备的更新周期缩短到与现行的折旧年限（12~14 年）基本一致，加快设备更新改造，那么，相关的工业就会兴旺起来，首先是机械工业和冶金工业。这是两大传统基础工业，它们兴旺起来了，也会带动相关传统工业的发展。这应该说是传统工业应对“入世”挑战的最佳捷径，也是从源头上减少下岗工人的一着好棋。今天我们的国情是：人口多，文化素质差。只有大力发展传统工业，才是最好的出路，也应该说是“三个代表”的体现。再说，设备更新周期缩短后，企业里的老旧设备少了，技术装备现代化水平高了，更有利于提高产品的产量、质量，降低设备维修费用和能源消耗，从而提高我国产品在国际市场上的竞争力，能有效抵制“入世”后国外商品对我国民族工业的冲击。

我这个理论的核心在于：缩短设备更新周期，提高生产资料消费水平，促进工业的健康发展。要达此目的，必须要做到12年折旧，12年更新（平均）两个大修周期，确切地说是。我在20年前做了大量的分析研究工作，从技术与经济两个方面论证了12年左右的更新周期最经济。因为我们国产设备的大修周期一般在5~7年（两班制），取其均值为6年。也就是说，一台设备用两个大修周期，中间大修一次，到了第二次大修时就进行更新（进口设备例外）。这样，年度设备费用（年度折旧费+年度维修费）最低；而利用率又相对较高。所以，我在20年前写的（前文提到的）这些文章中，都强调12年的更新期（但这不是绝对的，因为设备的大修周期各不相同）；现在，12年折旧（平均）问题早已解决了，如何实施按现行分类折旧年限及时地更新超龄设备，是值得大家认真研究的。1985年国家颁发的固定资产折旧条例，其目的也在于，“正确计提折旧，促进设备更新和技术改造”。所以我今天重提这个理论也是符合现行国家政策的。

从宏观上来说，缩短设备更新周期还有很多好处，如每年大量更新下来的旧设备可以增加炼钢的原料，减少矿山资源的开发——矿业专家发出警告说：“按我国铁矿现在开采的速度，在没有新的矿源发现的情况下，现有的储量只能维持30年，远景储量可开采50年。”——同时，还可以节省将矿石炼成铁的生产成本、节省从矿石还原成生铁所需的能耗、减少用水量等。这个过程可以周而复始地进行下去。

从物质条件来说，现在要比过去好得多，我国的钢铁产量居世界第一位，供过于求；机械制造能力大量过剩，设备利用率很低；更为有利的是设备折旧年限几乎比过去缩短了一半，可用于更新的折旧基金因而也多了一倍。有了这三大有利因素，现在完全有理由把我国的设备更新周期平均缩短到 12 年。在这方面，除了加大宣传力度外，国家要采取有力的措施——设备的折旧基金只允许用于设备的更新改造；超龄服役的设备原则上不搞大、中修，必须强制更新；同时还要强调，企业进行设备更新改造时，首先考虑立足于国内，采用实用性强的国产设备，不要盲目追求国外的先进设备。这样，有利于发展我国的民族工业，应对“入世”挑战。[①]

九、论设备管理在生产力中的重要地位

摘要：设备完全替代了人的劳动之后，设备管理就成为讨论生产力发展的重要议题。本文从不同角度、不同视野，如经济哲学、生产力哲学、政治经济学、生产力经济学、生产要素论以及设备综合工程学等有关学科来论证设备管理在生产力中的重要地位。

关键词：设备；管理；生产力；劳动工具；系统；因素

（一）生产力诸要素

这里讲的生产力指现代生产力，或称“社会的物质的生产力”（以下简称生产力）。设备管理也是指现代设备管理或称设备工程，它是现代生产力诸因素中的一项重要因素。为论证此问题，本文先从有关生产力的理论谈起。

给生产力明确下定义的是斯大林。他说：生产物质资料时所使用的生产工具，以及因有相当生产经验和劳动技能而发动着生产工具并实现着物质资料生产的人，这些要素总合起来，便构成为社会的生产力。毛泽东说得更简单：生产力有两项，一项是人，一项是工具。这就是生产力的“二因素论”。但过去比较普

① 此文入选“WTO 与中国经济研究文库”。

遍的观点是“三因素论”，即“劳动者、劳动工具和劳动对象”。随着时代的发展和科技的进步，人们对生产力的认识也在不断深化，从简单到复杂，从局部到系统，从片面到全面。如“四因素论”是在“三因素论”的基础上加入科技（科学技术是生产力），“五因素论”是再加入管理（管理是生产力，向管理要效益）。此外，还有加入教育、能源、信息等的“多因素论”。

科学技术转化为生产力，要以知识形态渗透到各个部门，然后转化为生产技术和管理技术（其中有管理制度和管理方法等），这是各种版本生产力经济学的共识。如现代设备管理就渗透着各种现代科学管理方法，包括可靠性工程、价值工程、网络技术、状态监测和诊断技术，以及设备的更新改造决策等。这些现代化的管理方法都可以在各种版本的现代设备管理中找到。

在生产力三要素中，劳动者和劳动资料（劳动工具）是最活跃的，随着科技进步，作为劳动资料（劳动工具）的机器设备越来越先进，生产效率也越来越高。有些流程工业的生产车间里操作人员很少，作用只是看管机器设备的运行状况，如冶金、化工、建材、石油、机械等传统工业的生产力，主要取决于现代化的劳动工具——机器设备的技术性能和生产效率。这是现代生产力的一大特点。

作为生产力要素之一的管理，属于运行性因素（软件）。《生产力经济概论》一书指出：“科学化的组织、管理，在很大程度上决定着现代生产力的命运。西方有‘三分技术，七分管理’之说，我们自己的经验教训也证明了这个道理。”这里讲的“管理”，从生产要素角度来说，是指微观性质的管理，即企业内部生产要素的管理。其中的设备管理，是现代生产力系统中一项极为重要的因素。这是以机器设备为主要劳动工具的现代生产力的另一大特点。

（二）对生产力的系统分析

先举个简单的例子。伐木作业的生产力系统由伐木工人、砍木工具和树木组成。当几个伐木工人的积极性基本相同时，决定生产力高低的主要因素就是劳动工具（刀或锯）的锋利程度。刀锯越锋利，生产力就越高。但刀或锯用到一定时候会变钝，影响生产力。为此要对刀锯进行磨砺。什么时候磨砺最好，这就是管理问题。现在采用机械化伐木，那么，运行性因素——主要是对机械设备的管理，以保持劳动工具正常、高效地运转为设备管理工作的重点。如果设备管理不到位，劳动工具经常出故障，就会影响生产力系统的正常运行。这对大型工业企业或自动化程度较高的工厂企业来说都是至关重要的。因此，中国长江三峡工程总公司在设备管理方面的口号是“设备为纲、重在管理、安全运行、确保施工”[①]。三峡工程的生产力之高，建设速度之快，堪称世界一流，应该承认，也必须承认设备管理在其中的重要地位。此外也可从另一个角度证明这个问题：“……即使生产力诸因素的条件符合要求，如果没有先进的管理方法，也不会使它们发挥出应有的效能。例如上海轧钢厂，在原有设备条件不变的情况下，采用了管理决策、价值工程等15种现代管理技术，从而新增加效益861万元。”这里讲的管理决策和价值工程等都是现代设备管理的内容。

（三）生产力系统的均衡性

这里均衡性是指组成生产力系统的各因素要均衡、匹配，如同计算机的硬件与软件一定要匹配一样，否则，计算机系统就难以满足各种需求。生产力系统的硬件是指劳动者、劳动工具和劳动对象。这是最基本、最简单的因素。在现代工业生产力系统中，除这三个基本因素外，运行性因素占有十分重要的地位。这里主要是讲管理（软件）。目前在我国，无论是管理还是软件都比较落后，这是生产力低下的一个主要原因。如很多进口设备（硬件）很先进，但由于管理水平跟不上，这些进口设备往往不能充分发挥作用，有的企业各种生产能力不配套，设备能力大小不匹配；有的设备管理很差，事故频繁发生等，使生产力系统的整体生产力受到限制。正如《生产力经济学概论》中所述：“手工生产力不需要现代化管理，而对现代化的生产力来说，落后的旧式管理是不能适应的。例如，有一个年产100万吨钢材的现代化冷轧薄板钢厂，一度由于没有现代化的电子计算机管理设备，主体设备能力只能发挥60%。”这种事例在我国并不少见。

从生产要素角度来说，“产品的生产过程，也是多种生产要素有机结合、组合和整合的过程。在现实经济活动中，单一的生产要素或几种生产要素的简单累

① 见2002年2月5日的《中国三峡工程报》。

积不可能形成现实的生产力。只有多种生产要素的有机结合和优化组合才能形成生产力，促进经济增长……”这些论点都说明，现实的生产力是由多种生产要素（因素）构成的一个系统，必须用系统的观点看待先进生产力发展所依靠的主要因素。综上所述，伐木业的生产力最初是靠刀或锯，它们的锋利程度决定着生产力的高低；后来发展到机械化伐木，生产力的高低主要取决于机械化的先进程度和对它们的管理水平。如果设备管理不到位或很落后，机械化作业就难以正常运行，生产力将受到极大影响。对于现代化的劳动工具——机器设备，必须用现代化的管理手段和方法，才能使其获得最高的生产力。

（四）设备管理是生产力的一项重要因素

综上所述，可以得出以下结论：一是现代生产力是由多因素构成的一个生产系统；二是这个系统的构成因素有实体性因素和非实体性因素（有的说是物质与精神、客体与主体生产力），或称硬件和软件；三是在非实体性因素中又可分为渗透性因素（科技、教育）和运行性因素（主要是管理）；四是在现代生产力系统中，管理是一项非常重要的因素，有人称其“居于关键性地位”。把管理看成生产力，向管理要效益是西方20世纪20年代的主题。所谓“三分技术，七分管理”说的就是突出管理的重要地位。当然，作为生产力系统的运行因素之一的管理，不仅是设备管理，也包括各职能部门的管理。但从现代生产力的三个最基本的因素（实体性因素）来说，决定性因素应该是劳动工具——机器设备。从政治经济学的理论也可以佐证这个问题：“劳动资料是人们用来影响或改变劳动对象的一切物质资料，其中最主要的是生产工具，它是社会生产力发展水平的测量器，标志着人们支配和改造自然的程度。特别是生产资料中的生产工具，它是社会生产力发展水平和发展状况的最主要的标志。”

作为生产力系统运行性因素之一的管理，首先要管好生产工具（劳动工具）——机器设备，如同部队一样，如果武器管不好，打仗时大炮打不响，战机上不去，导弹发不出，坦克开不动，其他的管理再好也无法保证战斗力。在现代生产力系统中，设备管理之所以占有重要地位，理由和依据也在于此。当然，现代设备管理不仅限于使机器设备保持良好的技术状态，更重要的还在于不断地进行现代化改造（改装）和更新，使生产力不断地得到发展。

日本学者中岛清一所著的《设备综合工程学》中讲到，“设备管理或设备工程、设备综合工程学在工厂的生产活动中占有什么地位呢？通常把人、设备、原材料看作生产的三要素，再加上资金和方法，就构成了五要素。这些生产要素就是进行生产的输入物。与此相应的输出物又是什么呢？这就是多年延续下来的PQCDSM六个方面，即P——产量，Q——质量，C——成本，D——交货期，S——安全、卫生、环境，M——劳动情绪。从这里可以明显地看出，设备管理与输出物PQCDSM六个方面都有关系。随着省力化自动化程度的提高，生产的主体由人力渐渐向设备转移，影响PQCDSM输出物的主要因素就是设备，无论是产量、质量、成本、安全、环境等无不被设备所左右”。还指出：“就设备一生来说，由于设备的有效使用，发挥了提高企业劳动生产率（或者说减少损失机会）的机能，即称之为设备管理。”因此，三峡工程提出“设备为纲，重在管理”的口号，是把握了代表先进生产力发展的方向。在当今设备管理普遍不被重视的情况下，更是难能可贵。

附 录

附表 1 标准正态分布表（1）

z	0.00	0.01	0.02	0.03	0.04	0.05	0.06	0.07	0.08	0.09
0.0	0.5000	0.5040	0.5080	0.5120	0.5160	0.5199	0.5239	0.5279	0.5319	0.5359
0.1	0.5398	0.5438	0.5478	0.5517	0.5557	0.5596	0.5636	0.5675	0.5714	0.5753
0.2	0.5793	0.5832	0.5871	0.5910	0.5948	0.5987	0.6026	0.6064	0.6103	0.6141
0.3	0.6179	0.6217	0.6255	0.6293	0.6331	0.6363	0.6406	0.6443	0.6480	0.6517
0.4	0.6554	0.6591	0.6628	0.6664	0.6700	0.6736	0.6772	0.6808	0.6844	0.6879
0.5	0.6915	0.6950	0.6985	0.7019	0.7054	0.7088	0.7123	0.7157	0.7190	0.7224
0.6	0.7257	0.7291	0.7324	0.7357	0.7389	0.7422	0.7454	0.7486	0.7517	0.7549
0.7	0.7580	0.7611	0.7642	0.7673	0.7703	0.7734	0.7764	0.7794	0.7823	0.7852
0.8	0.7881	0.7910	0.7939	0.7967	0.7995	0.8023	0.8051	0.8078	0.8106	0.8133
0.9	0.8159	0.8186	0.8212	0.8238	0.8264	0.8289	0.8315	0.8340	0.8365	0.8389
1.0	0.8413	0.8438	0.8461	0.8485	0.8508	0.8531	0.8554	0.8577	0.8599	0.8621
1.1	0.8643	0.8665	0.8686	0.8708	0.8729	0.8749	0.8770	0.8790	0.8810	0.8830
1.2	0.8849	0.8869	0.8888	0.8907	0.8925	0.8914	0.8962	0.8980	0.8997	0.90147
1.3	0.90320	0.90490	0.90658	0.90824	0.90988	0.91149	0.91309	0.91466	0.91621	0.91774
1.4	0.91924	0.92073	0.92220	0.92364	0.92507	0.92647	0.92785	0.92922	0.93056	0.93189
1.5	0.93319	0.93448	0.93574	0.93699	0.93822	0.93943	0.94062	0.94179	0.94295	0.94408
1.6	0.91520	0.94630	0.94738	0.94845	0.94950	0.95053	0.95154	0.95254	0.95352	0.95449
1.7	0.95543	0.95637	0.95728	0.95818	0.95907	0.95994	0.96080	0.96164	0.96246	0.96327
1.8	0.96407	0.96485	0.96562	0.96638	0.96712	0.96784	0.96856	0.96926	0.96995	0.97062
1.9	0.97128	0.97193	0.97257	0.97320	0.97381	0.97441	0.97500	0.97558	0.97615	0.97670
2.0	0.97725	0.97778	0.97831	0.97882	0.97932	0.97982	0.98030	0.98077	0.98124	0.98169
2.1	0.98214	0.98257	0.98300	0.98341	0.98382	0.98422	0.98461	0.98500	0.98537	0.98574

续表

z	0.00	0.01	0.02	0.03	0.04	0.05	0.06	0.07	0.08	0.09
2.2	0.98610	0.98645	0.98679	0.98713	0.98745	0.98778	0.98809	0.98840	0.98870	0.98899
2.3	0.98928	0.98956	0.98983	0.920097	0.920358	0.920613	0.920863	0.921106	0.921344	0.921576
2.4	0.921802	0.922024	0.922240	0.922451	0.922656	0.922857	0.923053	0.923244	0.923431	0.923613
2.5	0.923790	0.923963	0.924132	0.924297	0.924457	0.924614	0.924766	0.924915	0.925060	0.925201
2.6	0.925339	0.925473	0.925604	0.925731	0.925855	0.925975	0.926093	0.926207	0.926319	0.926427
2.7	0.926533	0.926636	0.926736	0.926833	0.926928	0.927020	0.927110	0.927197	0.927282	0.927365
2.8	0.927445	0.927523	0.927599	0.927673	0.927744	0.927814	0.927882	0.927948	0.928012	0.928074
2.9	0.928134	0.923193	0.928250	0.928305	0.928359	0.928411	0.928462	0.928511	0.928559	0.928605
3.0	0.928650	0.928694	0.928736	0.928777	0.928817	0.928856	0.928893	0.928930	0.928965	0.928999
3.1	0.930324	0.930646	0.930957	0.931260	0.931553	0.931836	0.932112	0.932378	0.932636	0.932886
3.2	0.933129	0.933363	0.933590	0.933810	0.934024	0.934230	0.934429	0.934623	0.934810	0.934991
3.3	0.935166	0.935335	0.935499	0.935658	0.935811	0.935959	0.936103	0.936242	0.936376	0.936505
3.4	0.936631	0.936752	0.936869	0.936982	0.937091	0.937197	0.937299	0.937398	0.937493	0.937585
3.5	0.937674	0.937759	0.937842	0.937922	0.937999	0.938074	0.938146	0.938215	0.938282	0.938347
3.6	0.938409	0.938469	0.938527	0.938583	0.938637	0.938689	0.938739	0.938787	0.938834	0.938879
3.7	0.938922	0.938964	0.940039	0.940426	0.940799	0.941158	0.941504	0.941838	0.942159	0.94268
3.8	0.942765	0.943052	0.943327	0.943593	0.943848	0.944094	0.944331	0.944558	0.944777	0.944988
3.9	0.945190	0.945385	0.945573	0.945753	0.945926	0.946092	0.946253	0.946406	0.946554	0.946696
4.0	0.946838	0.946964	0.947090	0.947211	0.947327	0.947439	0.947546	0.947649	0.947748	0.947843
4.1	0.947934	0.948022	0.948106	0.948186	0.948263	0.948338	0.948409	0.948477	0.948542	0.948605
4.2	0.948665	0.948723	0.948778	0.948832	0.948882	0.948931	0.948978	0.950226	0.950655	0.951066
4.3	0.951460	0.951837	0.952199	0.952545	0.952876	0.953193	0.953497	0.953788	0.954066	0.954332
4.4	0.954587	0.954831	0.955065	0.955288	0.955502	0.955706	0.955902	0.958089	0.956268	0.956439
4.5	0.956602	0.956759	0.956908	0.957051	0.957187	0.957318	0.957442	0.957561	0.957675	0.957784
4.6	0.957888	0.957987	0.958081	0.958172	0.958258	0.958340	0.958419	0.958494	0.958566	0.958634
4.7	0.958699	0.958761	0.958821	0.958877	0.958931	0.958983	0.960320	0.960789	0.961235	0.961661
4.8	0.962067	0.962453	0.962822	0.963173	0.962508	0.963827	0.964131	0.964420	0.964696	0.964958
4.9	0.965208	0.965446	0.965673	0.965889	0.966094	0.966289	0.966475	0.966652	0.966321	0.966981

附表 2　标准正态分布表（2）

z	0.00	0.01	0.02	0.03	0.04	0.05	0.06	0.07	0.08	0.09
−0.0	0.5000	0.4960	0.4920	0.4880	0.4840	0.4801	0.4761	0.4721	0.4681	0.4641
−0.1	0.4602	0.4562	0.4522	0.4483	0.4443	0.4404	0.4364	0.4325	0.4286	0.4247
−0.2	0.4207	0.4168	0.4129	0.4090	0.4052	0.4013	0.3974	0.3936	0.3897	0.3859
−0.3	0.3821	0.3783	0.3745	0.3707	0.3669	0.3632	0.3594	0.3557	0.3520	0.3483
−0.4	0.3446	0.8409	0.3372	0.3336	0.3300	0.3264	0.3228	0.3192	0.3156	0.3121
−0.5	0.3085	0.3050	0.3015	0.2981	0.2946	0.2912	0.2877	0.2843	0.2810	0.2776
−0.6	0.2743	0.2709	0.2676	0.2643	0.2611	0.2578	0.2546	0.2514	0.2483	0.2451
−0.7	0.2420	0.2389	0.2358	0.2327	0.2297	0.2266	0.2236	0.2206	0.2177	0.2148
−0.8	0.2119	0.2090	0.2061	0.2033	0.2005	0.1977	0.1949	0.1922	0.1894	0.1867
−0.9	0.1841	0.1814	0.1788	0.1762	0.1736	0.1711	0.1685	0.1660	0.1635	0.1611
−1.0	0.1587	0.1562	0.1539	0.1515	0.1492	0.1469	0.1446	0.1423	0.1401	0.1379
−1.1	0.1357	0.1335	0.1314	0.1292	0.1271	0.1251	0.1230	0.1210	0.1190	0.1170
−1.2	0.1151	0.1131	0.1112	0.1093	0.1075	0.1056	0.1038	0.1020	0.1003	0.09853
−1.3	0.09680	0.09510	0.09342	0.09176	0.09012	0.08851	0.08691	0.08534	0.08379	0.08226
−1.4	0.08076	0.07927	0.07780	0.07636	0.07493	0.07353	0.07215	0.07078	0.06944	0.06811
−1.5	0.06681	0.06552	0.06426	0.06301	0.06178	0.06057	0.05938	0.05821	0.05705	0.05592
−1.6	0.05480	0.05870	0.05262	0.05155	0.05050	0.04947	0.04846	0.04746	0.04643	0.04551
−1.7	0.04457	0.04363	0.04272	0.04182	0.04093	0.04006	0.03920	0.03836	0.03754	0.03673
−1.8	0.03593	0.03515	0.03438	0.03362	0.03288	0.03216	0.03144	0.03074	0.03005	0.02938
−1.9	0.02872	0.02807	0.02743	0.02680	0.02619	0.02559	0.02500	0.02442	0.02385	0.02330
−2.0	0.02275	0.02222	0.02169	0.02118	0.02063	0.02018	0.01970	0.01923	0.01876	0.01831
−2.1	0.01786	0.01743	0.01700	0.01659	0.01618	0.01578	0.01539	0.01500	0.01463	0.01426
−2.2	0.01390	0.01355	0.01321	0.01287	0.01255	0.01222	0.01191	0.01160	0.01130	0.01101
−2.3	0.01072	0.01044	0.01017	0.029903	0.029642	0.029387	0.029137	0.028894	0.028656	0.028424
−2.4	0.028198	0.027976	0.027760	0.027549	0.027344	0.027143	0.026947	0.026756	0.026569	0.026387
−2.5	0.026210	0.026037	0.025868	0.025703	0.025543	0.025386	0.025234	0.025085	0.024940	0.024799
−2.6	0.024661	0.024527	0.024396	0.024269	0.024145	0.024025	0.023907	0.023793	0.023681	0.023573
−2.7	0.023467	0.023364	0.023264	0.028167	0.023072	0.022980	0.022890	0.022803	0.022718	0.022635
−2.8	0.022555	0.022477	0.022401	0.022327	0.022256	0.022186	0.022118	0.022052	0.021988	0.021926
−2.9	0.021866	0.021807	0.021750	0.021695	0.021641	0.021589	0.021538	0.021489	0.021441	0.021395

续表

z	0.00	0.01	0.02	0.03	0.04	0.05	0.06	0.07	0.08	0.09
−3.0	0.021350	0.021306	0.021264	0.021223	0.021183	0.021144	0.021107	0.021070	0.021035	0.021001
−3.1	0.039676	0.039354	0.039043	0.038740	0.038447	0.038164	0.037888	0.037622	0.037364	0.037114
−3.2	0.036871	0.036637	0.036410	0.036190	0.035976	0.035770	0.035571	0.035377	0.035190	0.035009
−3.3	0.034834	0.034665	0.034501	0.034842	0.034189	0.034041	0.033897	0.033758	0.033624	0.033495
−3.4	0.033369	0.033248	0.033131	0.033018	0.032909	0.032803	0.032701	0.032602	0.032507	0.032415
−3.5	0.032326	0.032241	0.032158	0.032078	0.032001	0.031926	0.031854	0.031785	0.031718	0.031653
−3.6	0.031591	0.031531	0.031473	0.031417	0.031363	0.031311	0.031261	0.031213	0.031166	0.031121
−3.7	0.031078	0.031036	0.049961	0.049574	0.049201	0.048842	0.048496	0.048162	0.047841	0.047532
−3.8	0.047235	0.046948	0.046673	0.046407	0.046152	0.045906	0.045669	0.045442	0.045223	0.045012
−3.9	0.044810	0.044615	0.044427	0.044247	0.044074	0.043908	0.043747	0.043594	0.043446	0.043304
−4.0	0.043167	0.043036	0.042910	0.042789	0.042673	0.042561	0.042454	0.042351	0.042252	0.042157
−4.1	0.042066	0.041978	0.041894	0.041814	0.041737	0.041662	0.041591	0.041523	0.041458	0.041395
−4.2	0.041335	0.041277	0.041222	0.041168	0.041118	0.041069	0.041022	0.059774	0.059345	0.058934
−4.3	0.058540	0.058163	0.057801	0.057455	0.057124	0.056807	0.056503	0.056212	0.055934	0.055668
−4.4	0.055413	0.055169	0.054935	0.054712	0.054498	0.054294	0.054098	0.053911	0.053732	0.053561
−4.5	0.053398	0.053241	0.053092	0.052949	0.052813	0.052682	0.052558	0.052439	0.052325	0.052216
−4.6	0.052112	0.052013	0.051919	0.051828	0.051742	0.051660	0.051581	0.051506	0.051434	0.051866
−4.7	0.051301	0.051239	0.051179	0.051123	0.051069	0.051017	0.069680	0.069211	0.068765	0.068339
−4.8	0.067933	0.067547	0.067178	0.066827	0.066492	0.066173	0.065869	0.065580	0.065304	0.065042
−4.9	0.064792	0.064554	0.064327	0.064111	0.063906	0.063711	0.063525	0.063348	0.063179	0.063019

附表 3　终值系数 $[P \rightarrow S]_n^i$；$(1+i)^n$

n \ i	1%	3%	5%	6%	7%	8%	10%	12%	14%	16%	18%	20%
1	1.01000	1.03000	1.05000	1.06000	1.07000	1.08000	1.10000	1.12000	1.14000	1.16000	1.18000	1.20000
2	1.02010	1.06090	1.10250	1.12360	1.14490	1.16640	1.21000	1.25440	1.29960	1.34560	1.39240	1.44000
3	1.03030	1.09273	1.15762	1.19102	1.22504	1.25971	1.33100	1.40493	1.48154	1.56090	1.64303	1.72800
4	1.04060	1.12551	1.21551	1.26248	1.31080	1.36049	1.46410	1.57352	1.68896	1.81064	1.93878	2.07360
5	1.05101	1.15927	1.27628	1.33823	1.40255	1.46933	1.61051	1.76234	1.92541	2.10034	2.28776	2.48832
6	1.06152	1.19405	1.34010	1.41852	1.50073	1.58687	1.77156	1.97382	2.19497	2.43640	2.69955	2.98598
7	1.07214	1.22987	1.40710	1.50363	1.60578	1.71382	1.94872	2.21068	2.50227	2.82622	3.18547	3.58318
8	1.08286	1.26677	1.47746	1.59385	1.71819	1.85093	2.14359	2.47596	2.85259	3.27841	3.75886	4.29982
9	1.09369	1.30477	1.55133	1.68948	1.83846	1.99900	2.35795	2.77308	3.25195	3.80296	4.43545	5.15978
10	1.10462	1.34392	1.62889	1.79085	1.96715	2.15892	2.59374	3.10585	3.70722	4.41144	5.23384	6.19174
11	1.11567	1.38423	1.71034	1.89830	2.10485	2.33164	2.85312	3.47855	4.22623	5.11726	6.17593	7.43008
12	1.12683	1.42576	1.79586	2.01220	2.25219	2.51817	3.13843	3.89598	4.81790	5.93603	7.28759	8.91610
13	1.13809	1.46853	1.88565	2.13293	2.40984	2.71962	3.45227	4.36349	5.49241	6.88579	8.59936	10.6993
14	1.14947	1.51259	1.97993	2.26090	2.57853	2.93719	3.79750	4.88711	6.26135	7.98752	10.1472	12.8392
15	1.16097	1.55797	2.07893	2.39656	2.75903	3.17217	4.17725	5.47357	7.13794	9.26552	11.9737	15.4070
16	1.17258	1.60471	2.18287	2.54035	2.95216	3.42594	4.59497	6.13039	8.13725	10.7480	14.1290	18.4884
17	1.18430	1.65285	2.29202	2.69277	3.15882	3.70002	5.07774	6.86604	9.27646	12.4677	16.6722	22.1861
18	1.19615	1.70243	2.40662	2.85434	3.37993	3.99602	5.55992	7.68997	10.5752	14.4625	19.6732	26.6233
19	1.20811	1.75351	2.52695	3.02560	3.61653	4.31570	6.11591	8.61276	12.0557	16.7765	23.2144	31.9480
20	1.22019	1.80611	2.65330	3.20714	3.86968	4.66096	6.72750	9.64629	13.7435	19.4608	27.3930	38.3376
21	1.23239	1.86029	2.78596	3.39956	4.14056	5.03383	7.40025	10.8039	15.6676	22.5745	32.3238	46.0051
22	1.24472	1.91610	2.92526	3.60354	4.43040	5.43654	8.14027	12.1003	17.8610	26.1864	38.1421	55.2061
23	1.25716	1.97359	3.07152	3.81975	4.74053	5.87146	8.95430	13.5524	20.3616	30.3762	45.0076	66.2474

续表

n \ i	1%	3%	5%	6%	7%	8%	10%	12%	14%	16%	18%	20%
24	1.26973	2.03279	3.22510	4.04893	5.07237	6.34118	9.84973	15.1786	23.2122	35.2364	53.1090	79.4968
25	1.28243	2.09378	3.38635	4.29187	5.42743	6.84848	10.8347	17.0001	26.4619	40.8742	62.6686	95.3962
26	1.29526	2.15659	3.55567	4.54938	5.80735	7.39335	11.9182	19.0408	30.1666	47.4141	73.9490	114.475
27	1.30821	2.22129	3.73346	4.82235	6.21387	7.98806	13.1100	21.3245	34.3899	55.0004	87.2598	137.371
28	1.32129	2.28793	3.92013	5.11169	6.64884	8.62711	14.4210	23.8839	39.2045	63.8004	102.967	164.845
29	1.33450	2.35657	4.11614	5.41839	7.11426	9.31727	15.8631	26.7499	44.6931	74.0085	121.501	197.814
30	1.34785	2.42726	4.32194	5.74349	7.61226	10.0627	17.4494	29.9599	50.9502	85.8499	143.371	237.376
32	1.37494	2.57508	4.76494	6.45339	8.71527	11.7371	21.1138	37.5817	66.2148	115.520	199.629	341.822
34	1.40258	2.73191	5.25335	7.25103	9.97811	13.6901	25.5477	47.1425	86.0528	155.443	277.964	292.224
36	1.43077	2.89828	5.79182	8.14725	11.4239	15.9682	30.9127	59.1356	111.834	209.164	387.037	708.802
38	1.45953	3.07478	6.38548	9.15425	13.0793	18.6253	37.4043	74.1797	145.340	281.452	538.910	1020.67
40	1.48886	3.26204	7.03999	10.2857	14.9745	21.7245	45.2593	93.0510	188.884	378.721	750.378	1469.77
44	1.54932	3.67145	8.55715	12.9855	19.6285	29.5560	66.2641	146.417	319.017	685.727	1454.87	3047.72
48	1.61223	4.13225	10.4013	16.3939	25.7289	40.2106	97.0172	230.391	538.807	1241.61	2820.57	6319.75
52	1.67769	4.65089	12.6428	20.6969	33.7254	54.7060	142.043	362.524	910.023	2248.10	5468.45	13104.6
56	1.74581	5.23461	15.3674	26.1293	44.2071	74.4270	207.965	570.439	1536.99	4070.50	10602.1	27173.8
60	1.81670	5.89160	18.6792	32.9877	57.9464	101.257	304.482	897.597	2595.92	7370.20	20555.1	56347.5
70	2.00676	7.91782	30.4264	59.0759	113.989	218.606	789.747	2787.80	9623.64	32513.2		
80	2.21672	10.6409	49.5614	105.796	224.234	471.955	2048.40	8658.48	35677.0			
90	2.44863	14.3005	80.7304	189.465	441.103	1018.92	5313.02	26891.9				
100	2.70481	19.2186	131.501	339.302	867.716	2199.76	13780.6	83522.3				
110	2.98780	25.8282	214.202	607.638	1706.93	4749.12	35743.4					
120	3.30039	34.7110	348.912	1088.19	3357.79	10253.0	92709.1					

附表 4　现值系数 $[S \to P]_n^i$；$\frac{1}{(1+i)^n}$

n \ i	0.5%	1%	2%	3%	4%	5%	6%	7%	8%	9%	10%	11%
1	0.99502	0.99010	0.98039	0.97087	0.96154	0.95238	0.94340	0.93458	0.92593	0.91743	0.90909	0.90090
2	0.99007	0.98030	0.96117	0.94260	0.92456	0.90703	0.89000	0.87344	0.85734	0.84168	0.82645	0.81162
3	0.98515	0.97059	0.94232	0.91514	0.88900	0.86384	0.83962	0.81630	0.79383	0.77218	0.75131	0.73119
4	0.98025	0.96098	0.92385	0.88849	0.85480	0.82270	0.79209	0.76290	0.73503	0.70843	0.68301	0.65873
5	0.97537	0.95147	0.90573	0.86261	0.82193	0.78353	0.74726	0.71299	0.68058	0.64993	0.62092	0.59345
6	0.97052	0.94205	0.88797	0.83748	0.79031	0.74622	0.70496	0.66634	0.63017	0.59627	0.56447	0.53464
7	0.96569	0.93272	0.87056	0.81309	0.75992	0.71068	0.66506	0.62275	0.58349	0.54703	0.51316	0.48166
8	0.96089	0.92348	0.85349	0.78941	0.73069	0.67684	0.62741	0.58201	0.54027	0.50187	0.46651	0.43393
9	0.95610	0.91434	0.83676	0.76642	0.70259	0.64461	0.59190	0.54393	0.50025	0.46043	0.42410	0.39092
10	0.95135	0.90529	0.82035	0.74409	0.67556	0.61391	0.55839	0.50835	0.46319	0.42241	0.38554	0.35218
11	0.94661	0.89632	0.80426	0.72242	0.64958	0.58468	0.52679	0.47509	0.42888	0.38753	0.35049	0.31728
12	0.94191	0.88745	0.78849	0.70138	0.62460	0.55684	0.49697	0.44401	0.39711	0.35553	0.31863	0.28584
13	0.93722	0.87866	0.77303	0.68095	0.60057	0.53032	0.46884	0.41496	0.36770	0.32618	0.28966	0.25751
14	0.93256	0.86996	0.75788	0.66112	0.57748	0.50507	0.44230	0.38782	0.34046	0.29925	0.26333	0.23199
15	0.92792	0.86135	0.74301	0.64186	0.55526	0.48102	0.41727	0.36245	0.31524	0.27454	0.23939	0.20900
16	0.92330	0.85282	0.72845	0.62317	0.53391	0.45811	0.39365	0.33873	0.29189	0.25187	0.21763	0.18829
17	0.91871	0.84438	0.71416	0.60502	0.51337	0.43630	0.37136	0.31657	0.27027	0.23107	0.19784	0.16963
18	0.91414	0.83602	0.70016	0.58739	0.49363	0.41552	0.35034	0.29586	0.25025	0.21199	0.17986	0.15282
19	0.90959	0.82774	0.68643	0.57029	0.47464	0.39573	0.33051	0.27651	0.23171	0.19449	0.16351	0.13768
20	0.90506	0.81954	0.67297	0.55368	0.45639	0.37689	0.31180	0.25842	0.21455	0.17843	0.14864	0.12403
21	0.90056	0.81143	0.65978	0.53755	0.43883	0.35894	0.29416	0.24151	0.19866	0.16370	0.13513	0.11174
22	0.89608	0.80340	064684	0.52189	0.42196	0.34185	0.27751	0.22571	0.18394	0.15018	0.12285	0.10067
23	0.89162	0.79544	0.63416	0.50669	0.40573	0.32557	0.26180	0.21095	0.17032	0.13778	0.11168	0.09069

续表

n \ i	0.5%	1%	2%	3%	4%	5%	6%	7%	8%	9%	10%	11%
24	0.88719	0.78757	0.62172	0.49193	0.39012	0.31007	0.24698	0.19715	0.15770	0.12640	0.10153	0.08170
25	0.88277	0.77977	0.60953	0.47761	0.37512	0.29530	0.23300	0.18425	0.14602	0.11597	0.09230	0.07361
26	0.87838	0.77205	0.59758	0.46369	0.36069	0.28124	0.21981	0.17220	0.13520	0.10639	0.08391	0.06631
27	0.87401	0.76440	0.58586	0.45019	0.34682	0.26785	0.20737	0.16093	0.12519	0.09761	0.07628	0.05974
28	0.86966	0.75684	0.57437	0.43708	0.33348	0.25509	0.19563	0.15040	0.11591	0.08955	0.06934	0.05382
29	0.86533	0.74934	0.56311	0.42435	0.32065	0.24295	0.18456	0.14056	0.10733	0.08215	0.06304	0.04849
30	0.86103	0.74192	0.55207	0.41199	0.20832	0.23138	0.17411	0.13137	0.09938	0.07537	0.05731	0.04368
32	0.85248	0.72730	0.53063	0.38834	0.28506	0.20987	0.15496	0.11474	0.08520	0.06344	0.04736	0.03545
34	0.84402	0.71297	0.51003	0.36604	0.26355	0.19035	0.13791	0.10022	0.07305	0.05339	0.03914	0.02878
36	0.83564	0.69892	0.49022	0.34503	0.24367	0.17266	0.12274	0.08754	0.06262	0.04494	0.03235	0.02335
38	0.82735	0.68515	0.47119	0.32523	0.22529	0.15661	0.10924	0.07646	0.05369	0.03783	0.02673	0.01896
40	0.81914	0.67165	0.45289	0.30656	0.20829	0.14205	0.09722	0.06678	0.04603	0.03184	0.02209	0.01538
44	0.80296	0.64545	0.41840	0.27237	0.17805	0.11686	0.07701	0.05095	0.03383	0.02255	0.01509	0.01013
48	0.78710	0.62026	0.38654	0.24200	0.15219	0.09614	0.06100	0.03887	0.02487	0.01598	0.01031	0.00668
52	0.77155	0.59606	0.35710	0.21501	0.13010	0.07910	0.04832	0.02965	0.01828	0.01132	0.00704	0.00440
56	0.75631	0.57280	0.32991	0.19104	0.11121	0.06507	0.03827	0.02262	0.01344	0.00802	0.00481	0.00290
60	0.74137	0.55045	0.30478	0.16973	0.09506	0.05354	0.03031	0.01726	0.00988	0.00568	0.00328	0.00191
70	0.70530	0.49831	0.25003	0.12630	0.06422	0.03287	0.01693	0.00877	0.00457	0.00240	0.00127	0.00067
80	0.67099	0.45112	0.20511	0.09398	0.04338	0.02018	0.00945	0.00446	0.00212	0.00101	0.00049	0.00024
90	0.63834	0.40839	0.16826	0.06993	0.02931	0.01239	0.00528	0.00227	0.00098	0.00043	0.00019	0.00008
100	0.60729	0.36971	0.13803	0.05203	0.01980	0.00760	0.00265	0.00115	0.00045	0.00018	0.00007	0.00003
110	0.57774	0.33469	0.11324	0.03872	0.01338	0.00467	0.00165	0.00059	0.00021	0.00008	0.00003	0.00001
120	0.54963	0.30299	0.09289	0.02881	0.00904	0.00287	0.00092	0.00030	0.00010	0.00003	0.00001	0.00000

附表 5 资本回收系数 $[P \rightarrow M]_n^i$

n \ i	6%	7%	8%	9%	10%	11%	12%	13%	14%	15%	16%	18%
1	1.06000	1.07000	1.08000	1.09000	1.10000	1.11000	1.12000	1.13000	1.14000	1.15000	1.16000	1.18000
2	0.54544	0.55309	0.56077	0.56847	0.57619	0.58393	0.59170	0.59948	0.60729	0.61512	0.62296	0.63872
3	0.37411	0.38105	0.38803	0.39505	0.40211	0.40921	0.41635	0.42352	0.43073	0.43798	0.44526	0.45992
4	0.28859	0.29523	0.30192	0.30867	0.31547	0.32233	0.32923	0.33619	0.34320	0.35027	0.35738	0.37174
5	0.23740	0.24389	0.25046	0.25709	0.26380	0.27057	0.27741	0.28431	0.29128	0.29832	0.30541	0.31978
6	0.20336	0.20980	0.21632	0.22292	0.22961	0.23638	0.24323	0.25015	0.25716	0.26424	0.27139	0.28591
7	0.17914	0.18555	0.19207	0.19869	0.20541	0.21222	0.21912	0.22611	0.23319	0.24036	0.24761	0.26236
8	0.16104	0.16747	0.17401	0.18067	0.18744	0.19432	0.20130	0.20839	0.21557	0.22285	0.23022	0.24524
9	0.14702	0.15349	0.16008	0.16680	0.17364	0.18060	0.18768	0.19487	0.20217	0.20957	0.21708	0.23239
10	0.13587	0.14238	0.14903	0.15582	0.16275	0.16980	0.17698	0.18429	0.19171	0.19925	0.20690	0.22251
11	0.12679	0.13336	0.14008	0.14695	0.15396	0.16112	0.16842	0.17584	0.18339	0.19107	0.19886	0.21478
12	0.11928	0.12590	0.13270	0.13965	0.14676	0.15403	0.16144	0.16899	0.17667	0.18448	0.19241	0.20863
13	0.11296	0.11965	0.12652	0.13357	0.14078	0.14815	0.15568	0.16335	0.17116	0.17911	0.18718	0.20369
14	0.10758	0.11434	0.12130	0.12843	0.13575	0.14323	0.15087	0.15867	0.16661	0.17469	0.18290	0.19968
15	0.10296	0.10979	0.11683	0.12406	0.13147	0.13907	0.14682	0.15474	0.16281	0.17102	0.17936	0.19640
16	0.09895	0.10586	0.11298	0.12030	0.12782	0.13552	0.14339	0.15143	0.15962	0.16795	0.17641	0.19371
17	0.09544	0.10243	0.10963	0.11705	0.12466	0.13247	0.14046	0.14861	0.15692	0.16537	0.17395	0.19149
18	0.09236	0.09941	0.10670	0.11421	0.12193	0.12984	0.13794	0.14620	0.15462	0.16319	0.17188	0.18964
19	0.08962	0.09675	0.10413	0.11173	0.11955	0.12756	0.13576	0.14413	0.15266	0.16134	0.17014	0.18810
20	0.08718	0.09439	0.10185	0.10955	0.11746	0.12558	0.13388	0.14235	0.15099	0.15976	0.16867	0.18682
21	0.08500	0.09229	0.09983	0.10762	0.11562	0.12384	0.13224	0.14081	0.14954	0.15842	0.16742	0.18575
22	0.08305	0.09041	0.09803	0.10590	011401	0.12231	0.13081	0.13948	0.14830	0.15727	0.16635	0.18485
23	0.08128	0.08871	0.09642	0.10438	0.11257	0.12097	0.12956	0.13832	0.14723	0.15628	0.16545	0.18409

续表

n \ i	6%	7%	8%	9%	10%	11%	12%	13%	14%	15%	16%	18%
24	0.07968	0.08719	0.09498	0.10302	0.11130	0.11979	0.12846	0.13731	0.14630	0.15543	0.16467	0.18345
25	0.07823	0.08581	0.09368	0.10181	0.11017	0.11874	0.12750	0.13643	0.14550	0.15470	0.16401	0.18292
26	0.07690	0.08456	0.09251	0.10072	0.10916	0.11781	0.12665	0.13565	0.14480	0.15407	0.16345	0.18247
27	0.07570	0.08343	0.09145	0.09973	0.10826	0.11699	0.12590	0.13498	0.14419	0.15353	0.16296	0.18209
28	0.07459	0.08239	0.09049	0.09885	0.10745	0.11626	0.12524	0.13439	0.14366	0.15306	0.16255	0.18177
29	0.07358	0.08145	0.08962	0.09806	0.10673	0.11561	0.12466	0.13387	0.14320	0.15265	0.16219	0.18149
30	0.07265	0.08059	0.08883	0.09734	0.10608	0.11502	0.12414	0.13341	0.14280	0.15230	0.16189	0.18126
32	0.07100	0.07907	0.08745	0.09610	0.10497	0.11404	0.12328	0.13266	0.14215	0.15173	0.16140	0.18091
34	0.06960	0.07780	0.08630	0.09508	0.10407	0.11326	0.12260	0.13207	0.14165	0.15131	0.16104	0.18065
36	0.06839	0.07672	0.08534	0.09424	0.10334	0.11263	0.12206	0.13162	0.14126	0.15099	0.16077	0.18047
38	0.06736	0.07580	0.08454	0.09354	0.10275	0.11213	0.12164	0.13126	0.14097	0.15074	0.16057	0.18033
40	0.06646	0.07501	0.08386	0.09226	0.10226	0.11172	0.12130	0.13099	0.14075	0.15056	0.16042	0.18024
44	0.06501	0.07376	0.08280	0.09208	0.10153	0.11113	0.12083	0.13060	0.14044	0.15032	0.16023	0.18012
48	0.06390	0.07283	0.08204	0.09146	0.10104	0.11074	0.12052	0.13037	0.14026	0.15018	0.16013	0.18006
52	0.06305	0.07214	0.08149	0.09103	0.10071	0.11049	0.12033	0.13023	0.14015	0.15010	0.16007	0.18003
56	0.06239	0.07162	0.08109	0.09073	0.10048	0.11032	0.12021	0.13014	0.14009	0.15006	0.16004	0.18002
60	0.06188	0.07123	0.08080	0.09051	0.10033	0.11021	0.12013	0.13009	0.14005	0.15003	0.16002	0.18001
70	0.06103	0.07062	0.08037	0.09022	0.10013	0.11007	0.12004	0.13003	0.14001	0.15001	0.16000	0.18000
80	0.06057	0.07031	0.08017	0.09009	0.10005	0.11003	0.12001	0.13001	0.14000	0.15000	0.16000	0.18000
90	0.06032	0.07016	0.08008	0.09004	0.10002	0.11001	0.12000	0.13000	0.14000	0.15000	0.16000	0.18000
100	0.06018	0.07008	0.08004	0.09002	0.10001	0.11000	0.12000	0.13000	0.14000	0.15000	0.16000	0.18000
110	0.06010	0.07004	0.08002	0.09001	0.10000	0.11000	0.12000	0.13000	0.14000	0.15000	0.16000	0.18000
120	0.06006	0.07002	0.08001	0.09000	0.10000	0.11000	0.12000	0.13000	0.14000	0.15000	0.16000	0.18000

附表 6 年金现值系数 $[M \to P]_n^i$；$\frac{(1+i)^n-1}{i(1+i)^n}$，$\frac{1-(1+i)^{-n}}{i}$

n \ i	1%	3%	5%	6%	7%	8%	10%	12%	14%	16%	18%	20%
1	0.99010	0.97087	0.95238	0.94340	0.93458	0.92593	0.90909	0.89286	0.87719	0.86207	0.84746	0.83333
2	1.97040	1.91347	1.85941	1.83339	1.80802	1.78326	1.73554	1.69005	1.64666	1.60523	1.56564	1.52778
3	2.94099	2.82861	2.72325	2.67301	2.62432	2.57710	2.48685	2.40183	2.32163	2.24589	2.17427	2.10648
4	3.90197	3.71710	3.54595	3.46511	3.38721	3.31213	3.16987	3.03735	2.91371	2.79818	2.69006	2.58873
5	4.85343	4.57971	4.32948	4.21236	4.10020	3.99271	3.79079	3.60478	3.43308	3.27429	3.12717	2.99061
6	5.79548	5.41719	5.07569	4.91732	4.76654	4.62288	4.35526	4.11141	3.88867	3.68474	3.49760	3.32551
7	6.72819	6.23028	5.78637	5.58238	5.38929	5.20637	4.86842	4.56376	4.28830	4.03857	3.81153	3.60459
8	7.65163	7.01969	6.46321	6.20979	5.97130	5.74664	5.33493	4.96764	4.63886	4.34359	4.07757	3.83715
9	8.56602	7.78611	7.10782	6.80169	6.51523	6.24689	5.75902	5.32825	4.94637	4.60654	4.30302	4.03097
10	9.47130	8.53020	7.72173	7.36009	7.02358	6.71008	6.14457	5.65022	5.21612	4.83323	4.49409	4.19247
11	10.3676	9.25262	8.30641	7.88687	7.49867	7.13896	6.49506	5.93770	5.45273	5.02864	4.65601	4.32706
12	11.2551	9.95400	8.86325	8.38384	7.94269	7.53608	6.81369	6.19437	5.66029	5.19711	4.79322	4.43922
13	12.1337	10.6350	9.39357	8.85268	8.35765	7.90378	7.10336	6.42355	5.84236	5.34233	4.90951	4.53268
14	13.0037	11.2961	9.89864	9.29498	8.74547	8.24424	7.36669	6.62817	6.00207	5.46753	5.00806	4.61057
15	13.8650	11.9379	10.3797	9.71225	9.10791	8.55948	7.60608	6.81086	6.14217	5.57546	5.09158	4.67547
16	14.7179	12.5611	10.8378	10.1059	9.44665	8.85137	7.82371	6.97399	6.26506	5.66850	5.16235	4.72956
17	15.5622	13.1661	11.2741	10.4773	9.76322	9.12164	8.02155	7.11963	6.37286	5.74870	5.22233	4.77463
18	16.3983	13.7535	11.6896	10.8276	10.0591	9.37189	8.20141	7.24967	6.46742	5.81785	5.27316	4.81219
19	17.2260	14.3238	12.0853	11.1581	10.3356	9.60360	8.36492	7.36578	6.55037	5.87746	5.31624	4.84350
20	18.0455	14.8775	12.4622	11.4699	10.5940	9.81815	8.51356	7.46944	6.62313	5.92884	5.35275	4.86958
21	18.8570	15.4150	12.8211	11.7641	10.8355	10.0168	8.64869	7.56200	6.68696	5.97314	5.38368	4.89132
22	19.6604	15.9369	13.1630	12.0416	11.0612	10.2007	8.77154	7.64465	6.74294	6.01133	5.40990	4.90943
23	20.4558	16.4436	13.4886	12.3034	11.2722	10.3711	8.88322	7.71843	6.79206	6.04425	5.43212	4.92453

续表

n \ i	1%	3%	5%	6%	7%	8%	10%	12%	14%	16%	18%	20%
24	21.2434	16.9355	13.7986	12.5504	11.4693	10.5288	8.98474	7.78432	6.83514	6.07263	5.45095	4.93710
25	22.0232	17.4131	14.0939	12.7834	11.6536	10.6748	9.07704	7.84314	6.87293	6.09709	5.46691	4.94759
26	22.7952	17.8768	14.3752	13.0032	11.8258	10.8100	9.16095	7.89566	6.90608	6.11818	5.48043	4.95632
27	23.5596	18.3270	14.6430	13.2105	11.9867	10.9352	9.23722	7.94255	6.93515	6.13636	5.49189	4.96360
28	24.3164	18.7641	14.8981	13.4062	12.1371	11.0511	9.30657	7.98442	6.96066	6.15204	5.50160	4.96967
29	25.0658	19.1884	15.1411	13.5907	12.2777	11.1584	9.36961	8.02181	6.98304	6.16555	5.50983	4.97472
30	25.8077	19.6004	15.3724	13.7648	12.4090	11.2578	9.42691	8.05518	7.00266	6.17720	5.51681	4.97894
32	27.2696	20.3888	15.8027	14.0840	12.6466	11.4350	9.52638	8.11159	7.03498	6.19590	5.52773	4.98537
34	28.7027	21.1318	16.1929	14.3681	12.8540	11.5869	9.60857	8.15656	7.05985	6.20979	5.53557	4.98984
36	30.1075	21.8322	16.5468	14.6210	13.0352	11.7172	9.67651	8.19241	7.07899	6.22012	5.54120	4.99295
38	31.4846	22.4925	16.8679	14.8460	13.1935	11.8289	9.73265	8.22099	7.09371	6.22779	5.54525	4.99510
40	32.8347	23.1148	17.1591	15.0463	13.3317	11.9246	9.77905	8.24378	7.10504	6.23350	5.54815	4.99660
44	35.4554	24.2543	17.6628	15.3832	13.5579	12.0771	9.84909	8.27642	7.12047	6.24089	5.55174	4.99836
48	37.9740	25.2667	18.0772	15.6500	13.7305	12.1891	9.89693	8.29716	7.12960	6.24497	5.55359	4.99921
52	40.3942	26.1662	18.4181	15.8614	13.8621	12.2715	9.92960	8.31036	7.13501	6.24722	5.55454	4.99962
56	42.7200	26.9655	18.6985	16.0288	13.9626	12.3320	9.95191	8.31872	7.13821	6.24846	5.55503	4.99982
60	44.9550	27.6756	18.9293	16.1614	14.0392	12.3765	9.96716	8.32405	7.14011	6.24915	5.55529	4.99991
70	50.1685	29.1234	19.3427	16.3845	14.1604	12.4428	9.98743	8.33034	7.14211	6.24981	5.55550	4.99999
80	54.8882	30.2008	19.5965	16.5091	14.2220	12.4735	9.99512	8.33237	7.14266	6.24996	5.55555	5.00000
90	59.1609	31.0024	19.7523	16.5787	14.2533	12.4877	9.99812	8.33302	7.14280	6.24999	5.55555	5.00000
100	63.0289	31.5989	19.8479	16.6175	14.2692	12.4943	9.99927	8.33323	7.14284	6.25000	5.55556	5.00000
110	66.5305	32.0428	19.9066	16.6392	14.2773	12.4974	9.99972	8.33330	7.14285	6.25000	5.55556	5.00000
120	69.7005	32.3730	19.9427	16.6513	14.2815	12.4988	9.99989	8.33332	7.14286	6.25000	5.55556	5.00000

附表 7　年金终值系数 $[M \to S]_n^i$；$\frac{(1+i)^n-1}{i}$

n \ i	1%	3%	5%	6%	7%	8%	10%	12%	14%	16%	18%	20%
1	1.00000	1.00000	1.00000	1.00000	1.00000	1.00000	1.00000	1.00000	1.00000	1.00000	1.00000	1.00000
2	2.01000	2.03000	2.05000	2.06000	2.07000	2.08000	2.10000	2.12000	2.14000	2.16000	2.18000	2.20000
3	3.03010	3.09090	3.15250	3.18360	3.21490	3.24640	3.31000	3.37440	3.43960	3.50560	3.57240	3.64000
4	4.06040	4.18363	4.31012	4.37462	4.43994	4.50611	4.64100	4.77933	4.92114	5.06650	5.21543	5.36800
5	5.10101	5.30914	5.52563	5.63709	5.75074	5.86660	6.10510	6.35285	6.61010	6.87714	7.15421	7.44160
6	6.15202	6.46841	6.80191	6.97532	7.15329	7.33593	7.71561	8.11519	8.53552	8.97748	9.44197	9.92992
7	7.21354	7.66246	8.14201	8.39384	8.65402	8.92280	9.48717	10.0890	10.7305	11.4139	12.1415	12.9159
8	8.28567	8.89234	9.54911	9.89747	10.2598	10.6366	11.4359	12.2997	13.2328	14.2401	15.3270	16.4991
9	9.36853	10.1591	11.0266	11.4913	11.9780	12.4876	13.5795	14.7757	16.0853	17.5185	19.0858	20.7989
10	10.4622	11.4639	12.5779	13.1808	13.8164	14.4866	15.9374	17.5487	19.3373	21.3215	23.5213	25.9587
11	11.5668	12.8078	14.2068	14.9716	15.7836	16.6455	18.5312	20.6546	23.0445	25.7329	28.7551	32.1504
12	12.6825	14.1920	15.9171	16.8699	17.8884	18.9771	21.3843	24.1331	27.2707	30.8502	34.9311	39.5805
13	13.8093	15.6178	17.7130	18.8821	20.1406	21.4953	24.5227	28.0291	32.0886	36.7862	42.2187	48.4966
14	14.9474	17.0863	19.5986	21.0151	22.5505	24.2149	27.9750	32.3926	37.5811	43.6720	50.8180	59.1959
15	16.0969	18.5989	21.5786	23.2760	25.1290	27.1521	31.7725	37.2797	43.8424	51.6595	60.6953	72.0351
16	17.2579	20.1569	23.6575	25.6725	27.8880	30.3243	35.9497	42.7533	50.9803	60.9250	72.9890	87.4421
17	18.4304	21.7616	25.8404	28.2129	30.8402	33.7502	40.5447	48.8837	59.1176	71.6730	87.0680	105.931
18	19.6147	23.4144	28.1324	30.9056	33.9990	37.4502	45.5992	55.7497	68.3941	84.1407	103.740	128.117
19	20.8109	25.1169	30.5390	33.7600	37.3790	41.4463	51.1591	63.4397	78.9692	98.6032	123.414	154.740
20	22.0190	26.8704	33.0659	36.7856	40.9955	45.7620	57.2750	72.0524	91.0249	115.380	146.628	186.688
21	23.2392	28.6765	35.7192	39.9927	44.8652	50.4229	64.0025	81.6987	104.768	134.841	174.021	225.021
22	24.4716	30.5368	38.5052	43.3923	49.0057	55.4568	71.4027	92.5026	120.436	157.415	206.345	271.031
23	25.7163	32.4529	41.4305	46.9958	53.4361	60.8933	79.5430	104.603	138.297	183.601	244.487	326.237

续表

n \ i	1%	3%	5%	6%	7%	8%	10%	12%	14%	16%	18%	20%
24	26.9735	34.4265	44.5020	50.8156	58.1767	66.7648	88.4973	118.155	158.659	213.978	289.494	392.484
25	28.2432	36.4593	47.7271	54.8645	63.2490	73.1059	98.3471	133.334	181.871	249.214	342.603	471.981
26	29.5256	38.5530	51.1134	59.1564	68.6765	79.9544	109.182	150.334	208.333	290.088	405.272	567.377
27	30.8209	40.7096	54.6691	63.7058	74.4838	87.3508	121.100	169.374	238.499	337.502	479.221	681.853
28	32.1291	42.9309	58.4026	68.5281	80.6977	95.3388	134.210	190.699	272.889	392.503	566.481	819.223
29	33.4504	45.2188	62.3227	73.6398	87.3465	103.966	148.631	214.583	312.094	456.303	669.447	984.068
30	34.7849	47.5754	66.4388	79.0582	94.4608	113.283	164.494	241.333	356.787	530.312	790.948	1181.88
32	37.4941	52.5028	75.2988	90.8898	110.218	134.214	201.138	304.848	465.820	715.747	1103.50	1740.11
34	40.2577	57.7302	85.0670	104.184	128.259	158.627	245.477	384.521	607.520	965.270	1538.69	2456.12
36	43.0769	63.2759	95.8363	119.121	148.913	187.102	299.127	484.463	791.673	1301.03	2144.65	3539.01
38	45.9527	69.1594	107.710	135.904	172.561	220.316	364.043	609.831	1031.00	1752.82	2988.39	5098.37
40	48.8864	75.4013	120.800	154.762	199.635	259.057	442.593	767.091	1342.03	2360.76	4163.21	7343.86
44	54.9318	89.0484	151.143	199.758	266.121	356.950	652.641	1211.81	2271.55	4279.55	8076.76	15233.6
48	61.2226	104.408	188.025	256.565	353.270	490.132	960.172	1911.59	3841.48	7753.78	15664.3	31593.7
52	67.7689	121.696	232.856	328.281	467.505	671.326	1410.43	3012.70	6493.02	14044.4	30374.7	65518.2
56	74.5810	141.154	287.348	418.822	617.244	917.837	2069.65	4745.33	10971.4	25434.4	58895.1	
60	81.6697	163.053	353.584	533.128	813.520	1253.21	3034.82	7471.64	18535.1	46057.5		
70	100.676	230.594	588.529	967.932	1614.13	2720.08	7887.47	23233.3				
80	121.672	321.363	971.299	1746.60	3189.06	5886.94	20474.0	72145.7				
90	144.863	443.349	1594.61	3141.08	6287.19	12723.9	53120.2					
100	170.481	607.288	2610.03	5638.37	12381.7	27484.5						
110	198.780	827.608	4264.03	10110.6	24370.4							
120	230.039	1123.70	6958.24	18119.8	47954.1							

参考文献

[1] 马克思:《马克思恩格斯全集》(第24卷)第195页。

[2] 陈后宋:《现代工业设备管理》,浙江科学技术出版社1991年再版本。

[3] 关国伟等主编:《设备管理与维修工作手册》,湖南科技出版社1989年版。

[4] 中国技术经济研究会:《成本研究班教材》,天津出版社1981年版。

[5] 苏联:《设备修理和技术维护的组织》,设备维修杂志社1984年版。

[6] 李东陆:《李东陆设备管理论文集》(内部交流资料)。

[7] 沈亮安:《设备实物形态和价值形态管理》,《设备管理与维修》1996年第8期。

后　记

出版这本书主要有两个目的：一是希望同行们重视马克思提出的“机器的中年期”这一概念的现实意义，并进行更广泛、更深入的研究与应用，“不断汲取马克思主义的科学智慧和理论力量”，让这一极为重要的具有现实指导意义的思想在我国设备管理和国有资产管理这两个经济领域开花结果。

二是希望有关领导部门和同行们重视我提出的“设备维修（更新）的黄金原则”。我当年提出的“缩短设备更新周期，相应提高设备折旧率，不但可以降低生产成本，增加国家财政收入，更是促进机械工业和重工业健康发展的上乘之策”①。当时我国设备折旧率很低（平均3%），设备使用年限很长，长达二三十年。企业的生产设备老旧不堪，维修费用很高，经济效益很差，机械工业饥不择食，整个工业不景气。

1984年我又在《财会通讯》杂志上发表了《必须改造落后的折旧观》（见第四篇的“论文集”）。国家在1985年就颁发了新的固定资产折旧条例，其中设备折旧年限从过去的二三十年缩短到了十二三年，折旧率从原来的3%提高到8%。这完全符合我当年提出的主张：两个大修理周期，平均12年左右（见第四篇第1~4篇论文）。

我建立这个理论体系的核心是：提高设备折旧率，要相应缩短设备的更新周期。否则，同过去一样用二三十年后再来更新设备，维修费用有增无减，那势必会大幅度增加生产成本。这是很糟糕的行为。实际上，现在有些企业设备折旧率提高了，但没有相应地缩短设备更新周期。为此，我在《中国设备工程》2005年第4期

① 见1982年2月8日《世界经济导报》第1版。

上发表了《以科学发展观统领设备管理》的文章。文中讲到了这个问题，并提出“不要穿新鞋走老路”——喻指设备折旧率用新的，设备更新周期还是老一套。

今天，本书又提出了“设备维修（更新）的黄金原则”，在激烈的市场竞争环境下，这条“原则”做得如何，直接关系到企业的竞争力。一个企业也相当于国家的一个“细胞”，只有每个“细胞”都能有很强的新陈代谢能力——按新规定的折旧年限及时地进行设备更新，使企业的技术装备不断地提高现代化水平——我们国家的综合实力就能无敌于天下。这就是我今天提出“设备维修（更新）的黄金原则”的重大意义所在。希望广大读者理解我的良苦用心，并予以支持与宣传！

我在三十多年以前，绞尽脑汁，不知花了多少心血专门研究如何提高我国固定资产的折旧率，加速设备更新，前后几年发表了四篇文章。后来（1985 年）国务院颁发了新的《全民所有制企业固定资产折旧条例》（试行），设备的折旧率大幅度提高了，设备折旧年限大大地缩短了。这也可以说已实现了我的愿望。但到底有多少企业按新的折旧年限及时地更新已折旧完的老旧设备呢？我不知道，我相信国家有关部门也不一定清楚。如果大多数企业都不能及时地更新已折旧完的老旧设备，那我的理论就不灵了！因为我这个理论体系的核心就在于“提高设备折旧率，相应缩短更新周期”。只有这样，才不会增加生产成本，否则，生产成本就会大幅度增加了。这是我在三十多年后的今天提出“设备维修（更新）黄金原则”的本意所在。希望有关部门支持我这种苦心，大力支持本书的正式出版，大力宣传有利于我国经济发展的这条黄金原则！这条黄金原则也符合李克强总理在 2014 年 9 月 24 日召开的国务会议上，有关加速固定资产折旧和设备更新的讲话精神。其中有一条规定：“从 2014 年 1 月 1 日购进的设备，允许按规定年限 60% 缩短折旧年限，或按双倍余额递减折旧法折旧。”这里讲的“按规定年限”肯定是按 1985 年国务院颁发的《全民所有制企业固定资产折旧条例》（试行）中规定的设备折旧年限，其中大多在 10~14 年（两个大修理周期），如果现在有些企业真的缩短到 60%折旧，其折旧年限只有 5~7 年了，折旧率高达 16.6%。如果你再不及时更新已折旧完而需要大修理的旧设备，那问题就大了！

作　者

2018 年 5 月 30 日